装备保障任务规划理论与方法

张 炜 赵 田 著

国防工业出版社

·北京·

内 容 简 介

本书对装备保障任务规划进行了系统研究,介绍了任务规划发展现状,构建了装备保障任务规划基础理论,探索了装备保障任务分析方法,建立了装备保障力量配置、战场装备抢修、装备物资库存、装备物资供应等装备保障任务规划模型,研究了四类规划模型的解算方法,建立了装备保障任务规划评估指标体系和评估模型。

本书可作为高等院校教师、研究生和科研单位人员,以及从事装备保障的军队人员学习研究装备保障任务规划的参考书,也可作为装备保障任务规划系统研发人员的参考资料。

图书在版编目(CIP)数据

装备保障任务规划理论与方法/张炜,赵田著.
北京:国防工业出版社,2024.8.—ISBN 978-7-118-13250-2

Ⅰ.E145.6

中国国家版本馆 CIP 数据核字第2024C3W927号

※

国防工业出版社出版发行
(北京市海淀区紫竹院南路23号 邮政编码100048)
天津嘉恒印务有限公司印刷
新华书店经售

*

开本 710×1000 1/16 印张 16¼ 字数 292 千字
2024年8月第1次印刷 印数 1—2000 册 定价 98.00 元

(本书如有印装错误,我社负责调换)

国防书店:(010)88540777   书店传真:(010)88540776
发行业务:(010)88540717   发行传真:(010)88540762

前　言

装备保障任务规划聚焦未来战争精确保障要求,将先进保障理念与前沿科技相结合,瞄准保障需求精准预测、保障任务科学分配、保障资源整体优化、保障过程动态调控,以最优或近似最优的解决方案,为装备保障筹划决策提供有力支持。为提升信息化智能化作战装备保障筹划决策水平,支撑装备保障任务规划系统建设,适应装备保障转型升级,我们开展了装备保障任务规划研究,对装备保障任务规划基础理论、装备保障任务分析、保障力量配置规划、战场装备抢修规划、装备物资库存规划、装备物资供应规划以及装备保障方案评估等进行系统研究,创新形成一套装备保障任务规划理论成果。

全书共 9 章。第 1 章阐述了装备保障任务规划研究的背景意义,介绍了任务规划发展现状。第 2 章论述了任务规划相关基础知识、装备保障任务规划基本问题、装备保障任务规划机制分析,初步建立装备保障任务规划基础理论。第 3 章从任务分解与任务建模两个方面,论述基于任务清单和综合微观分析相结合的装备保障任务分析方法,实现装备保障任务分解;从时间、空间、信息三个维度对装备保障任务进行定量描述,实现对装备保障任务建模。第 4 章基于网络化保障理念,考虑随机因素影响,建立战时装备保障力量配置规划模型,提出基于随机模拟和神经网络的混合遗传算法。第 5 章针对战场装备损伤集中突发问题,着眼待修装备优先度,建立装备战场抢修任务规划模型与算法。第 6 章面向多品种装备物资联合订购,寻求库存控制的优化策略,构建装备物资库存规划模型与算法。第 7 章针对任务部队之间的物资需求竞争,建立基于非合作博弈的装备物资分配规划模型及其解算方法;针对运输路径规划的多目标特征,建立运输路径规划模型及其解算方法。第 8 章构建装备保障任务规划方案评估指标体系,建立基于概率神经网络和 Hopfield 神经网络的装备保障任务规划方案评估模型,基于案例设计方案评估实施流程,并对案例数据进行计算验证。第 9 章从研究进展、创新点、发展展望和发展建议等方面进行了总结。

本书研究获得国家社会科学基金项目支持。在撰写过程中,作者参阅和引用了国内外大量文献资料,在此向领域专家的创造性劳动表示崇高的敬意!限于作者学术水平和研究精力,书中难免存在纰漏和错讹之处,恳请读者批评指正。

目　录

第1章　绪论 ··· 001

　1.1　背景情况 ·· 001
　1.2　研究意义 ·· 003
　1.3　卫星任务规划 ·· 004
　1.4　无人机任务规划 ·· 008
　1.5　军事行动任务规划 ·· 010
　1.6　本书主要结构 ·· 016

第2章　装备保障任务规划基础理论 ····································· 018

　2.1　任务规划基础 ·· 018
　2.2　装备保障任务规划基本问题 ······································ 024
　2.3　装备保障任务规划机制 ·· 047
　2.4　本章小结 ·· 054

第3章　装备保障任务分析 ··· 056

　3.1　研究现状 ·· 056
　3.2　装备保障任务分析基础 ·· 061
　3.3　装备保障任务分解 ·· 063
　3.4　装备保障任务建模 ·· 070
　3.5　本章小结 ·· 076

第4章　战时装备保障力量配置规划 ····································· 078

　4.1　研究现状 ·· 078

V

4.2 战时装备保障力量配置规划基础 ……………………………………… 087
4.3 战时装备保障力量配置规划问题分析 …………………………………… 093
4.4 战时装备保障力量配置规划模型构建 …………………………………… 095
4.5 战时装备保障力量配置规划模型求解 …………………………………… 102
4.6 本章小结 …………………………………………………………………… 111

第5章 战场装备抢修规划 ……………………………………………………… 113

5.1 研究现状 …………………………………………………………………… 113
5.2 战场装备抢修规划基础 …………………………………………………… 117
5.3 战场装备抢修规划问题分析 ……………………………………………… 120
5.4 战场装备抢修相关参数模型 ……………………………………………… 122
5.5 基于负载的战场装备抢修规划模型与算法 ……………………………… 130
5.6 不确定条件下战场装备抢修规划模型 …………………………………… 133
5.7 本章小结 …………………………………………………………………… 142

第6章 装备物资库存规划 ……………………………………………………… 143

6.1 研究现状 …………………………………………………………………… 143
6.2 装备物资库存规划基础 …………………………………………………… 151
6.3 基于定期订货的多品种联合订购模型 …………………………………… 154
6.4 基于定点订货的多品种联合订购模型 …………………………………… 162
6.5 本章小结 …………………………………………………………………… 168

第7章 装备物资供应规划 ……………………………………………………… 169

7.1 研究现状 …………………………………………………………………… 169
7.2 装备物资供应规划基础 …………………………………………………… 176
7.3 装备物资分配规划 ………………………………………………………… 181
7.4 物资运输路径规划 ………………………………………………………… 191
7.5 本章小结 …………………………………………………………………… 202

第8章 装备保障任务规划方案评估 …………………………………………… 204

8.1 研究现状 …………………………………………………………………… 204
8.2 方案评估指标体系构建 …………………………………………………… 212
8.3 基于云重心评判的方案评估模型构建 …………………………………… 223

8.4　基于组合神经网络的方案评估模型构建 ……………………… 233
　8.5　案例分析 ……………………………………………………… 237
　8.6　本章小结 ……………………………………………………… 240

第 9 章　研究进展与发展展望 …………………………………………… 241
　9.1　研究进展 ……………………………………………………… 241
　9.2　主要创新点 …………………………………………………… 243
　9.3　发展展望 ……………………………………………………… 244
　9.4　发展建议 ……………………………………………………… 245

参考文献 ……………………………………………………………………… 247

第 1 章
绪　　论

近几场局部战争充分表明,全域多维的作战空间、多元融合的参战力量、整体联动的作战行动、精确高效的指挥决策、精细集约的综合保障已成为信息化条件下作战的突出特征。装备保障指挥决策面临的战场态势、遂行任务、资源分配、规划决策日趋复杂,对装备保障规划计划、保障行动过程管控、保障资源动态调度等均提出了新的挑战和更高要求。仅凭传统基于经验粗放式的指挥决策手段必然无法有效应对这些矛盾与挑战,必须发展和运用以装备保障任务规划为代表的先进军事科技成果,对保障任务进行重组细化、对保障资源进行优化整合、对保障行动进行监督调控,排除资源冲突、最大保障效益,提高装备保障指挥筹划决策的科学性和时效性,保证装备保障计划方案的精确性和适用性,促进保障行动精准高效、方案评估全面深刻,推动装备保障筹划决策和规划计划从传统粗放型向全面精确型转变,从而实现装备保障指挥的科学决策和装备保障行动的精确控制。

1.1　背景情况

任务规划的概念最初起源于美国的空间探索领域。20 世纪 80 年代,外军开始研究任务规划在军事飞行器中的运用。以美国、英国、法国为代表的西方军事强国的研究较为深入,应用也较为广泛。美军各军兵种、各指挥层级先后发展了多种类型的任务规划系统,并在近年来的历次局部战争中得到了实战检验。

从任务规划理论研究来看,以"Mission Planning"为关键词对 IEL 全文数据库进行检索可以发现,自 2000 年至今国际范围对任务规划的关注度呈上升趋势,如图 1-1 所示。在装备保障领域,信息化条件下作战对装备保障的要求越来越高,随着现代战争的突发性、激烈性加剧,装备资源消耗在时间上呈现全周期的无规律性,在空间上呈现全范围的可触发性,在数量上呈现高量级的爆发性,致使指挥员及其后装保障要素面临极大的指挥决策压力。为了解决上述问题,任务规划技术在装备保障领域的应用将成为行之有效的解决途径。从这个意义上讲,开展装备保障任务规划研究是顺应世界军事科技发展趋势的有效举措。

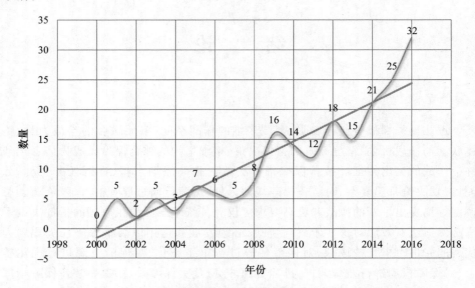

图1-1 国外任务规划相关论文发表情况(2000—2018年)

信息化条件下作战装备保障在保障空间、保障力量、保障组织、保障内容、保障方式等诸多方面均发生着深刻变革,对装备保障指挥筹划决策和规划计划提出了全新要求。由于战场环境错综复杂、指挥要素情况多变,装备保障指挥决策呈现动态性、循环性、复杂性等特征。在现行决策模式下,各级或各国军队指挥员及其后装保障要素主要依靠工作经验的积累完成装备保障指挥筹划决策和规划计划,决策方案粗略且决策周期较长,同时还难以实现对保障决策的动态修正与实时调控。从有效性和时效性两方面均难以形成保障决策优势并转化为保障行动优势,势必会影响装备保障计划的针对性和适用性,从而降低装备保障行动的质量效益。装备保障任务规划运用现代信息技术,将保障思想、保障理念、保障经验、保障法规等相融合,分配保障任务、调度保障资源、控制保障进程,为装备保障指挥筹划决策和规划计划提供有力支持。装备保障任务规划紧贴战场实际,其本质是对未来战争装备保障活动的深刻理解和内在把握,是装备保障实战化训练的有力支持,能够解决装备保障行动干什么、怎么干,保障训练训什么、怎么训的问题。借助装备保障任务规划,指挥员能够准确把握未来装备保障行动的流程和方法,全面认知新的保障样式、更新保障理念、改变传统思维模式,从而实现信息化条件下作战装备保障能力生成模式的根本转变。

在此背景下，为提升信息化条件下体系作战装备保障指挥决策水平，适应新体制下装备保障能力生成模式转型的现实需求，开展装备保障任务规划理论与方法研究，对装备保障任务分析、保障力量配置规划、战场装备抢修规划、装备物资库存规划、装备物资供应规划，以及装备保障方案评估等内容的理论和方法进行系统研究，致力于形成一套较为完整的装备保障任务规划理论成果，为装备保障任务规划理论研究与系统建设提供借鉴和参考。

1.2 研究意义

随着高技术武器装备发展和新型作战样式的丰富，装备保障活动的组织实施呈现许多新动态、新特点，进而对装备保障指挥决策提出了更为严格的要求，迫切需要以装备保障任务规划为抓手，切实转变保障力生成模式，加速推进装备保障转型建设。此外，军事装备保障学科理论体系综合性较强，与社会科学、自然科学以及军事科学之间相互交叉渗透，处于不断丰富和发展的进程之中。本项目综合运用装备保障学、军事运筹学、系统工程理论、应用数学理论、信息科学理论、计算机科学理论等，构建了装备保障任务规划理论与方法框架，并将上述理论应用于装备保障任务规划及相关领域的研究与探索。因此开展装备保障任务规划研究，在实践和理论上均具有积极的意义，具体体现为以下四个方面：

（1）提高装备保障指挥决策能力的必然要求。信息化条件下现代战争，各种行动时空交织、任务多样、节奏紧凑，装备保障行动划分、手段对象、力量运用千变万化，保障指挥筹划面临多资源约束、多任务分配、多领域交互、多行动调控的复杂情况，对装备保障方案计划的精确性、灵活性、可靠性提出了更高的要求。解决这些问题，仅依靠传统的手工作业筹划手段已无法实现，必须发展和运用先进的任务规划技术，对任务、过程、要素等进行优化细化，对装备保障行动进行信息化、数据化解构与重组，对关键环节进行冲突分析与消解，提高保障任务筹划的深度、广度、精度和时效性，使计划方案更客观、更周密、更精确，临机决策更灵敏、更快捷、更高效，检验评估更准确、更全面、更深刻，推动装备保障指挥筹划从传统粗放型向全面精确型转变，使装备保障指挥筹划决策和规划计划建立在科学高效的技术方法之上。

（2）推进装备保障任务规划研究的有益探索。目前各国任务规划研究工作"群雄并起"，既有理论研究，对任务规划的概念、方法、内容和系统建设等进行界定和探讨，也有系统研发，以作战任务规划为主进行相关系统的研制开发。但这些从不同层次、不同起点、不同角度进行的研究和建设工作缺乏整体性、共享性、普适性，特别是装备保障领域成果十分有限。因此，开展装备保障任务规划研究,要牢牢把握提高装备保障指挥筹划决策和规划计划能力这一核心目标,分析装备保障领域任务规划的特点规律,总结现有理论研究成果,把握装备保障任务规划的本质核心,紧贴保障实际情况,面向作战任务特点,从保障任务分析、行动规划、方案评估、控制实施全流程,探索一条科学有效的装备保障任务规划研究路径,为实现装备保障任务规划科学化建设提供参考和借鉴。

(3)实现联合作战装备精确保障的有效支撑。信息化条件下局部战争的突出特点是以信息优势引导火力优势。作战进程的加速推进、作战能量的精准释放、作战消耗的集中爆发,对各类作战单元实施主动感知、及时高效的精确化保障提出更高要求。作战形态的多元联合、作战要素的体系对抗、作战空间的全域覆盖,迫切需要指挥员统筹各类保障资源,协同配合、密切衔接,确保有限保障资源和固有保障能力的高效释放。实现装备精确保障,其中一个关键环节是对所需资源实施精确调配和运用。传统装备保障指挥决策主要依靠主观经验,这种粗放型保障模式带有浓厚的机械化战争色彩,强调的是量的积累,立足点是追求资源规模和数量优势,以数量和规模换取保障的持续和目标的达成,与信息化条件下精确化装备保障背道而驰。装备保障任务规划具有精确性、多样性、创造性、协同性、高效性、实时性等特点,科学运用系统工程、军事运筹学、计算机技术等学科理论和技术,将任务分析、行动规划、方案评估、控制实施等环节有机链接,根据保障需求的动态变化对保障资源进行精确调度与控制,为实现装备精确化保障提供有力的筹划决策支持。

(4)丰富军事装备保障理论体系的客观需要。当前,作战领域任务规划的建设发展正如火如荼,国外任务规划的成功经验与国内典型系统的样板效应,为任务规划在装备保障领域的探索和发展提供了有益借鉴和示范作用。加之,以精确化保障、一体化保障、实时化保障等为代表的装备保障新思想、新实践,为装备保障理论发展提供了新鲜养分。开展装备保障任务规划研究,可以通过创新信息主导、突出整体效益、聚焦精确实施的保障理念,结合装备保障相关军事需求和科研成果,提取装备保障任务规划问题的典型特征、关键环节、主要流程,探索创新装备保障任务规划的理论成果,重塑装备保障指挥决策的组织方法,为装备保障任务规划深入研究和长远发展提供理论支撑。

1.3 卫星任务规划

人造卫星简称卫星,是由人类建造,通过太空飞行载具发射到太空中,像天然卫星一样环绕地球或其他星球的航天器。由于其通过空间优势获取信息优势的特性,使其在国民经济、社会发展、国防建设、世界影响等诸多方面发挥重要作用,已经成为衡量一个国家综合实力的重要因素。特别是在国防建设方面,对制天权、制空权、制海权、制信息权等起到关键作用,具有决定性的影响。随着各国卫星技术的快速发展和应用,太空资源愈发紧张,卫星对空间资源的需求膨胀与有限的太空资源之间产生激烈的矛盾。卫星任务规划在整个对地观测过程中起着关键作用,其结果直接影响对地观测卫星系统的任务执行。卫星规划过程中涉及多种规划要素,包括参与规划卫星资源、数传资源、观测任务请求,以及其他影响规划的因素。卫星任务规划的重要作用和实践价值愈发凸显。

1.3.1 卫星任务规划系统的应用

目前,有关卫星任务规划的通用商业软件系统有美国 Veridian 公司开发的 GREAS 系统、美国 AGI(Analytical Graphics Inc)公司开发的卫星工具包(Satellite Tool Kit,STK)软件的调度模块 STK/Scheduler、美国国家航空航天局(NASA)开发的 ASPEN 系统和 ASTER 系统等。其中,Veridian 公司的 GREAS 系统(Generic Resource Event and Activity Scheduler,GREAS),即通用资源、事件及活动调度程序,是一个专门用于构建卫星任务规划及资源调度应用的软件平台,通过构建通用资源、事件、活动模型,将卫星调度问题建模为 CSP 约束满足问题,然后基于约束规划方法,通过创建代表活动、资源、事件以及约束的对象来进行建模,并集成了成熟的商业优化软件(如 ILOG)进行任务调度。但是,GREAS 系统只适合于单星应用,没有对可选资源(或者说一个任务)由多个备选卫星完成应用需求的处理功能,对数据记录和传送活动的处理能力也较差。

美国 AGI 公司在 2003 年 5 月推出的 STK/Scheduler,采用神经网络和贪婪算法等优化技术进行成像卫星任务调度,得到了广泛的应用。但是,STK/Scheduler 系统对可选资源(或者说一个任务)由多个备选卫星完成的处理能力较弱,不能定义与数据传送相关的活动和约束。

NASA 开发的 ASPEN 软件系统被用于航天器任务规划调度,包括约束描述语言、约束管理系统、搜索策略、时态推理系统、可视化界面等部分。其采用一种基于局部邻域搜索(Local Search)的算法进行任务调度,并已经成功解决了 EO-Ⅰ 卫星和 SAR 成像卫星的日常调度问题。该算法的基本思想是,首先生成一个初始调度方案,其次通过调整变量取值不断消解冲突,最后获得问题的可行解。EO-Ⅰ是 NASA 新千年计划(New Millennium Project,NMP)中第一次对地观测实验的实验卫星,目的是通过空间飞行来验证与下一代卫星相关的技术。ASTER 调度系统主要用于 AM-Ⅰ卫星的任务规划。AM-Ⅰ卫星是 NASA 地球观测系统(EOS)项目的第一颗卫星,于 1999 年 12 月 18 日成功发射。ASTER 调度系统基于观测区域的形状和分布,计算备选成像区段的优先级,按照优先级的顺序采用贪婪算法求解对地观测卫星调度问题,规划过程中考虑了卫星的存储容量和侧视约束,没有建立明确的问题模型且模型通用性有限,对其他问题的适应性不足。

我国目前已拥有包括光学卫星、SAR成像卫星、电子侦察卫星等多种类型的对地观测卫星。《国家民用空间基础设施中长期发展规划(2015—2025年)》明确提出:按照一星多用、多星组网、多网协同的发展思路,根据观测任务的技术特征和用户需求特征,重点发展陆地观测、海洋观测、大气观测三个系统,构建由七个星座及三类专题卫星组成的遥感卫星系统,逐步形成高、中、低空间分辨率合理配置、多种观测技术优化组合的综合高效全球观测和数据获取能力。统筹建设遥感卫星接收站网、数据中心、共享网络平台和共性应用支撑平台,形成卫星遥感数据全球接收和全球服务能力。未来我国将建立一个高、中、低轨道结合,大、中、小卫星协同,粗、中、细、精分辨率互补的全球综合对地观测信息网络系统,对地观测卫星将具有更强、更完善的能力,从而能够更好地服务于国民经济建设中的更多领域。

1.3.2 卫星任务规划研究现状

根据卫星数目的多少,可将卫星任务规划分为单星任务规划和多星任务规划;根据任务规划系统的工作平台不同,又分为离线(地面)任务规划和星上在线规划。参考赵珂等的研究成果,对单星离线任务规划、多星离线联合任务规划、星上在线自主任务规划的现状总结如下。

1.3.2.1 单星离线任务规划

美国对任务规划的研究最多,主要是针对民用或科学研究目的的成像卫星,NASA等机构在相关领域获得了大量的研究成果。Hall将空间任务规划问题建模为机器调度(SM)问题,在其SM模型中为每个任务及任务间的执行顺序均分配了决策变量,但因仅考虑了任务执行的时间关系,因而很难适用于有数传需求的任务规划。Potter等研究了Landsat-7资源卫星的成像调度问题,他们使用一种被称为"Multi-Pass"的调度算法,以任务优先级为依据,采用带部分回看功能的贪婪算法,分多个步骤完成调度。Wolfe等研究了美国宇航局地球观测系统中的单星成像问题,将该问题映射为带时间窗约束的打包(Window-constrained Packing)问题,比较了优先级分派构造贪婪算法、具有前瞻功能的贪婪算法和遗传算法三种算法。实验表明,当问题规模较大时遗传算法取得的调度效果最好。Pemberton在研究中没有考虑星上存储设备和数据传输,且以假定任务间不存在任何的时间和逻辑关系为条件,建立了数学规划模型,并提出了一种对基于动态规划思想进行迭代求解的方法。

法国是欧洲的航天大国，Agnese 和 Bensana 基于约束满足方法对 SPOT 成像调度问题进行了深入研究，并对几种常用的精确算法和近似算法进行了测试。Gabrel 和 Vasquez 基于整数规划方法求解 SPOT5 成像调度问题，采用了禁忌搜索、列生成、多准则标记更新最长路径算法等方法求解，并基于线性松弛、部分约束松弛和拉格朗日松弛等方法获取优化问题的上界。法国的 Lemaitre 基于 ILOG Solver 求解 SPOT5 成像调度问题，获得了优于基于 VCSP 的分支定界和模拟退火等算法的结果。

在其他国家和地区的研究中，英国防卫评价与研究局的 Harrison 根据单颗成像卫星的成像约束条件建立了整数规划模型，并使用基于树的穷尽搜索思想求解规模较小的任务调度问题。韩国的 Lee 研究了 COMS 多用途卫星的任务调度问题，他把问题看作特殊的加工调度，提出一种可调节的任务丢弃调度算法，以解决任务调度时的冲突问题，没有给出具体的约束条件和处理方法。中国台湾的 Wu 介绍了 ROCSAI-2 卫星的成像特点及成像调度系统。Lin 建立了整数规划问题模型，并基于禁忌搜索和拉格朗日松弛方法求解 ROCSAT-2 卫星的成像调度问题。

1.3.2.2 多星离线联合任务规划

相对于单星调度，目前关于多星任务规划问题的资料较少，从可以检索到的资料来看，主要有以下研究。

面向多星的星上自主规划可以看作是卫星传感器网络问题。NASA 对卫星传感器网络的定义为："是协调观测的基础设施，由功能单一的、自主的、面向任务的、动态自适应和可重新配置的分布式观测系统构成，通过面向服务的标准接口提供原始的和处理后的数据，以及相关元数据。"Morris 等研究了大量单传感器小卫星的协同工作问题，他们采用集中式任务分配方式为各卫星分配成像任务，然后在各星上采用星上自主的方式进行具体的成像调度；基于上述思想，设计了一种分布式地球科学观测任务规划系统（DESOPS）。Sherwood 总结分析了传感器网络中相关的重要概念、研究方向和趋势。

NASA 的 Frank 和 Dungan 等将多星成像调度问题描述为约束优化问题，他们以基于间隔约束（Constraint Based Interval，CBI）框架为基础表示成像调度问题，并基于随机搜索的贪婪算法求解，实现了一个称为欧罗巴（EUROPA）的调度系统。NASA 的 Globus 等将多星成像调度问题表示成置换序列，并基于贪婪调度算子为置换序列分配成像资源，通过多类方法的比较，得出了模拟退火法效果较好的结论。

英国剑桥大学 Charles Stark Draper 实验室的 Abramson 针对大量小卫星进行

了调度研究,建立了整数线性规划模型,采用分层解决机制,将求解问题分解为多个层次进行。意大利的 Bianchessi 基于整数规划数学模型,分别研究了 Pleiades 星座和 COSMO-SkyMed 星座的成像调度问题,其中 Pleiades 星座是光学卫星星座,COSMO-SkyMed 星座是 SAR 卫星星座。德国的 Florio 采用具有预测(Look Ahead)功能的优先级分配策略解决了 SAR 卫星星座任务规划问题。

1.3.2.3 星上在线自主任务规划

针对单星星上自主规划问题,美国的 Sherwood、Rabideau 和 Chien 等研究了 EO-I 卫星的成像调度系统使用自主科学实验(Autonomous Sciencecraft Experiment, ASE)软件的体系结构。该软件既可以在地面完成卫星的成像调度,又可以赋予卫星一定的自主任务调度能力。NASA 的 Khatib 研究了卫星传感器的星上自主调度问题,提出了一种调度和执行交错进行的动态星上调度算法。法国的 Verfaillie 和 Damiani 也研究了多星星座星上自主规划问题和星地之间规划机制问题,本质上讲没有多星之间配合的多星规划仍是单星自主规划问题。

1.4 无人机任务规划

无人机(Unmanned Aerial Vehicle,UAV)是一种以自身程序或人在回路控制的不载人飞行器。与有人驾驶飞行器相比,无人驾驶飞行器具有不需要冒人员伤亡的风险、成本较低、不需战斗机护航即可潜入高威胁区域执行多种任务等显著优势。无人机任务规划的目的是根据无人机性能载荷及作战任务的不同对无人机进行合理的分配,以保证完成任务的前提下总的油耗代价及威胁代价最小。从时间上来说,任务规划可分为预先规划和实时规划。预先规划是在无人机执行任务前,由地面控制站制定的,主要是综合任务要求、地形环境和无人机任务载荷等因素,预先进行规划。实时规划是在无人机飞行过程中,根据实际的飞行情况、环境、威胁等对先前规划进行修改,因此又称为重规划。从层次功能上来说,任务规划可包含航路规划、任务载荷规划、数据链路规划和系统保障与应急预案规划等。目前无人机任务规划研究的重点是任务分配优化及航路规划。

1.4.1 无人机任务规划的应用

无人机任务规划系统是根据所要完成的任务、无人机的数量及任务载荷的不同,对各架无人机进行任务分配并通过航路规划技术制定飞行路线,在飞行过程中,可以控制无人机任务载荷,以便完成侦察、攻击、评估等任务。无人机任务规划的主要应用包括以下几方面。

（1）任务分配。通过任务规划系统，在多任务、多目标及多无人机之间进行合理规划，充分考虑无人机载荷及其性能的不同，合理调配无人机及其载荷资源，实现时间及代价最小化，并完成既定任务。

（2）航路规划。制定满足相关限制条件的无人机起飞、降落、接近监测点、侦察监测区域、离开监测点、返航及应急飞行等任务过程的飞行航路，实现威胁代价最小化和使用收益最大化的目标。

（3）调度、管理和控制。通过无人飞行器载荷及空间数据链路可以实时、动态地监控飞行器各模块的执行状态和任务规划的实施情况，并用动态更新后的信息调整各模块的决策，协调各模块的冲突。

（4）仿真演示。其主要包括飞行仿真演示、武器威胁仿真演示、侦察效果演示。能够在数字地图上叠加飞行路线，仿真飞机的飞行过程，检验飞行高度、燃油消耗等飞行指标的可行性；能够在数字地图上演示各类威胁的可能程度，使飞行器尽可能地规避飞行路线上的威胁；可进行基于数字地图的合成图像计算，显示在不同的巡逻位置及不同的海拔高度上观察到的场景，使操作员能为执行任务选择最佳方案。目前，比较新颖的是采用基于 VR – GIS（虚拟现实 – 地理信息系统）技术的三维仿真验证平台。

1.4.2　无人机任务规划的影响因素

无人机任务规划的实施受多种因素影响，其中有来自外部的威胁和障碍，也有来自无人机自身技术性能的约束。

（1）无人机的自身性能。一是最小转弯半径。它限制生成的航迹只能大于或等于预先确定的最小转弯半径。该约束条件取决于具体飞行器的性能和飞行任务需求。二是最大爬升和俯冲角。由飞行器自身的机动性能决定，它限制了航迹在垂直平面内爬升和俯冲的最大角度。三是最小航迹段长度。它限制飞行器在开始改变飞行姿态前必须直飞的最短距离。为减少导航误差，飞行器在远距离飞行时一般不希望迂回行进和频繁转弯。四是最低飞行高度。为避免飞行器坠毁事故的发生，还应根据无人飞行器的技术性能，设置安全飞行高度。

（2）无人机的协作要求。无人机的协同合作性能是任务规划必须考虑的重要因素之一。例如，某任务需要多架无人机同时在预定空域实施同步机动，如果某一无人机遇到特殊情况而改变了其到达时间，则其他无人机也必须做出相应的调整。这时，整个无人机编队的到达时间一定不是原规划时间，而是在整个规划过程中相互协调的动态结果。

（3）任务规划的实时性要求。当预先具备完整精确的环境信息时，通常可以一次性规划出最佳航迹,但由于各类不确定性因素影响,很难保证各类信息不发生变化。因此,良好的实时性能够保证航迹始终处于最优状态,目标的选择始终是最佳的。

1.4.3 无人机任务规划的研究现状

目前,国内外关于无人机任务分配问题的研究成果主要表现为无人机任务分配问题建模和无人机任务分配优化算法两个方面。

(1)无人机任务分配问题建模。在无人机任务分配问题建模方面,现阶段的研究成果主要包括:Secrest 等建立的多旅行商问题(MTSP)模型,ORourke 等建立的车辆路径问题(VRP)模型,Alighanbari 等建立的混合整数线性规划(MILP)模型等。美国空军研究实验室在无人机任务分配研究中建立了带时间窗的不同能力约束车辆路径问题(CVRPTW)模型,并将其应用于"全球鹰"无人机和"捕食者"无人机的侦察任务规划问题建模。随着无人机技术不断增强,其执行任务的复杂程度也随之增强,不同任务之间存在着复杂的时序以及时间约束。对于这类复杂的任务集合,目前大多数任务分配模型都无法对其进行有效的描述。Lemaire 等针对分布式的多 UCAV 协同控制,采用基于投标、竞标等市场机制的合同网方法,协调多个 UCAV 间的任务,具有通信量少、鲁棒性能好等优点,但各 UCAV 对自身收益和代价的评价局限于任务的平衡,没有考虑自身的战术指标。

(2)无人机任务分配优化算法。国防科技大学的叶媛媛等提出了求解多 UCAV 协同任务分配的整数规划方法,通过设计决策变量和灵活地对各种约束条件形式化,建立了多 UCAV 任务分配问题的形式化模型。霍霄华等综合考虑实战中多 UCAV 同时攻击同一目标和使用软杀伤武器这两种典型情况对 UCAV 执行任务的影响,建立了针对攻击任务的多 UCAV 协同任务分配模型。李湘清等针对多 UCAV 动态任务规划问题提出了单任务类型动态规划模型,与多任务类型模型相比,单任务类型模型有效地减小了可能解的规模,寻优过程计算量小,但该模型在建模时未考虑 UCAV 之间类型的差异,对于限制条件的研究较少,同时,单任务类型的模型难以满足实际任务分配需求。西北工业大学的张安等依据多人冲突理论建立了 UCAV 编队对地攻击协同任务分配的整体价值优势矩阵,并由此根据决策变量与约束条件构建了任务分配问题的数学模型。

1.5 军事行动任务规划

自 20 世纪 70 年代以来,西方军事强国大力发展作战任务规划系统,成为其筹划组织作战的必备工具,其中以美军发展的作战任务规划系统最为先进、最具代表性。目前,美军已经建立从战术、战役到战略多个层级的作战任务规划系统,支持从武器运用、作战行动筹划到军事战略制定等多个层次,涵盖周密规划、危机行动规划及动态规划与战场管理的各个作战阶段,经历了海湾战争、伊拉克战争等多次实战检验,在全面提升美军体系作战能力方面发挥了不可或缺的作用。

1.5.1 系统发展情况

美军任务规划系统主要按照陆军、海军、空军、联合的区分方式,发展涵盖战术级和战区/战役级的多型任务规划系统。

1.5.1.1 战术级任务规划系统

从 20 世纪 80 年代起,美军开始着手战术/武器级任务规划系统的研制,按照从简单到复杂、从平台到联合的发展思路开发了一系列任务规划系统。

第一代辅助计算。20 世纪 80 年代初,美军研制开发了计算机辅助任务规划系统(Computer Aided Mission Planning System,CAMPS),随着"战斧"巡航导弹的研制,美军同步研制了巡航导弹任务规划系统(TMPS)。同期,美军从 F-16 飞机入手,研制了作战飞机任务支持系统(MSS Ⅰ 和 MSS Ⅱ),通过提供电子地图标绘和简单的飞行诸元辅助计算,实现了单一型号飞机任务规划从"纸上作业"到"电子地图作业"的转变,使得精确制导武器的首战命中率倍增。作为美军战术级任务规划系统的开端,第一代任务规划系统仅支持特定型号装备,且自动化程度低、操作复杂,仅具备相对简单的辅助计算功能。

第二代自动规划。海湾战争后,美军开始研制和部署第二代战术级任务规划系统,自动化程度和作业效率都有了大幅度提升。在 MSS Ⅰ、MSS Ⅱ 成功经验的基础上,美军根据作战需求和系统应用经验,开发了 MSS ⅡA、MSS Ⅱ+、MSS Ⅱ Block 等后续型号,自主规划能力逐步完善。在巡航导弹任务规划系统方面,"战斧"Block Ⅳ型及其后续型号通过 GPS 修正制导、更新数据链传输等技术,使导弹在保有预先任务规划的基础上,增加了任务重规划、空中巡逻、毁伤评估、状态监控等能力,作战成本和作战效能大幅跃升。同期,美军开始注重系统的统型发展,并初步实现了军种内部任务规划系统的统一,规划内容由飞行航线扩展到平台、武器、传感器、电子对抗设备的综合运用,主要包括:空军任务支持系统(AFMSS),海军战术飞机任务规划系统(TAMPS),海军任务规划系统(NMPS),海军陆战队地图、操作、维修站系统(MOMS),陆军任务规划系统(TMPW)等一系列任务规划系统。在沙漠风暴行动中,美军运用 NMPS 制定了作战飞机与巡航导弹协同的精确作战计划,为空地一体战的成功实施提供重要技术支持。第二代任务规划系统着重于提供更好的数据集成技术,主要解决系统通用性差、自动化程度低等问题,具备较强的自动规划支持能力,但存在多型系统、多个版本并存,技术体制不统一,相互不完全兼容的问题。

1.5.1.2 战区/战役级任务规划系统

美军战区级任务规划系统主要以联合作战规划与执行系统(JOPES)、美国空军先进任务规划系统(APS)、战区战斗管理核心系统(TBMCS)为代表。

美军战区级任务规划系统最早可追溯至20世纪60年代,起初定位于计算机辅助系统,开发了联合作战计划系统(JOPS)和联合部署系统(JDS)。80年代起,美军面向信息化联合作战需求,在JOPS和JDS基础上整合开发了联合作战规划与执行系统。该系统将多军兵种的作战过程和标准规范进行有机融合,具备一体化的战区级联合作战计划制定与实施功能,在战区层由战区司令部门负责,用以解决诸如态势评估、任务分配、兵力规划、行动协调、后装保障等一系列具体问题,制定和下达联合作战预案和作战指令,进行任务过程中的监控和调整,以满足信息化联合作战的需求,并在包括海湾战争在内的几场高技术局部战争中得到了实战的检验,有效支撑了诸如"沙漠盾牌"等行动的筹划与实施。

APS是包括战术专家任务规划系统(TEMPLAR)、军级任务规划系统(FLAPS)在内的上层任务规划系统的代表。作为战区级任务规划系统,其具有态势分析、威胁预计、航线规划、方案评估等多种功能模块,具备规划效率高、工作成本低、时间周期短等显著优势,为空军任务规划部门进行战区规划、指挥决策提供有力的技术支撑。

20世纪90年代,为满足空中联合作战需求,美军研制了应急战区自动规划系统(CTAPS)。该系统的主要功能是空中任务指令的拟制和分配。随后,在CTAPS基础上,美军又发展了战区战斗管理核心系统,并于2000年形成初始作战能力。在2003年的伊拉克战争中,战区战斗管理核心系统得到了实战化检验,为一个阶段完整规模的作战行动安排了四万余次空中出击任务,达到了良好的实战效果。从2004年起,为满足网络中心战需求,美军对TBMCS的底层框架进行了改进,在其基础上面向空地联合作战、海上联合作战和两栖作战需求,进一步拓展研发了陆军作战指挥系统(ABCS)和联合海上指挥信息系统(JMCIS)。

美军经过1995年的波黑战争,暴露出各型任务规划系统不能互联、互通、互操作等问题,使其充分认识到联合任务规划的重要作用。根据《2020联合构想》规划,美军开始联合任务规划系统(Joint Mission Planning System,JMPS)的研制。JMPS集成陆、海、空多型任务规划系统,采用模块化结构设计,在以网络为中心的框架下,将任务规划的相关要素有机整合,功能可扩展、可裁剪,适应不同作战飞机、不同任务、不同规模任务规划需求,具备航线规划、传感器运用规划、精确弹药规划、电子战规划等多重能力,实现了多军种联合战术任务规划目标。目前,美军已将 JMPS 装备于各军兵种的多型战斗机、无人机、轰炸机、预警机、加油机、直升机,并在 JMPS 基础上拓展研发了航母编队任务规划系统(JMPS - CVIC)、海军陆战队任务规划系统(JMPS - E)等多型任务规划系统。

1.5.2 理论成果情况

1.5.2.1 国外情况

美军在大力开发一系列任务规划系统的同时,也注重对任务规划相关理论的总结和凝练,制定了一系列法规文件,取得了一系列突破性的理论成果。虽然美军对其核心军事科技一贯保持高度敏感和保密,外界很难获得其具体的任务规划理论文档资料,但是从其他相关理论成果的接连发表,可以一窥美军任务规划理论成果的端倪。例如,《美国国防部体系结构框架》(Department of Defense Architecture Framework,DoDAF)、《通用联合作战任务清单》(Universal Joint Task List,UJTL)、《联合技术体系结构》(Joint Technical Architecture,JTA)、《核心体系结构数据模型》(Core Architecture Data Model,CADM)、《信息系统互操作性等级》(Levels of Information Systems Interoperability,LISI)、《美国国防信息基础设施公共操作环境》(Defense Information Infrastructure Common Operating Environment,CIICOE)等标准、法规、专著的相继发表,为美军任务规划的建设和发展提供了理论支持。

其中,《美国国防部体系结构框架》为各系统建设的一体化、交互性及费效比提供标准保障,成为一套完善的指导性指南;《通用联合作战任务清单》是以联合作战为背景的具有现实指导性的文件,对联合作战任务进行了细化分解,生成联合作战各类任务清单;《联合技术体系结构》以其完整的体系结构设计指导文件,为各类系统开发提供了方法和工具;《核心体系结构数据模型》关注于体系结构中共用得最少的信息要素集,通过建立逻辑数据模型,为体系结构信息提供通用的组织、描述方法。

1.5.2.2 国内情况

国内学者对任务规划的关注度很高,在总结系统开发应用的基础上,取得了一定的理论成果。缪旭东、王永春在《舰艇编队协同防空任务规划理论及应用》一书中,对舰艇编队协同防空任务规划的内涵、作用、结构、特征、模式等基础理论进行了研究,针对舰艇编队协同防空的特殊性,从态势分析、目标识别、兵力配置、威胁评估、任务分配、兵力调度、二次规划共七个模块对任务规划进行了解构、建模、仿真、解算。孙正在借鉴外军有益经验的基础上,提出了联合战役决策支持系统的总体目标和原则,构建了总体设计方法,按照需求分析、军事总体设计、技术总体设计的步骤,分别研究了联合战役作战决策过程和内容,建立了包括综合分析判断、方案辅助生成、方案评估选择等决策支持模型体系框架,提出了技术实现的总体思路和重难点解决方法。朱昱、张维明等在《作战计划系统技术》一书中,对作战计划系统的核心问题进行了研究,构建了计划生成与评估系统框架,采用一种新的作战计划描述方法,建立了基于 SysML 的作战行动序列模型,研究了兵力组织结构设计的方法、框架、流程、算法,分析了面向作战计划推演的仿真模型体系。

汪飞针对空降兵空中投送这一专项问题,主要从任务规划的方法与程序角度进行研究和探索,将空降兵空中投送的一般过程分解为三个阶段共九项内容,采用定性与定量相结合的方法,研究规划方法,建立决策模型,取得了初步成果。管井标首先对层级任务网络规划技术进行了研究,在其基础上研究了基于约束修正的任务分解规划算法和基于案例推理的任务分解规划算法;其次,在评估方法方面,研究了基于统计的资源约束评估法和基于仿真的作战效果评估法;最后,设计了联合火力打击计划辅助生成与评估原型系统,分析了系统的结构、功能和流程。鲁音隆针对多兵种联合作战的战役计划问题,以登岛作战为例,对使命任务进行任务分解,采用 MDLS 算法解决任务调度问题,设计完成了原型系统框架。刘志忠按照多主体规划技术思想,采用基于本体的计划描述模型和基于位置推理技术的计划生成算法,研究了适用于空军战役规划的组织结构模型和计划融合算法。寇力按照基于案例推理的规划思想,分析了空中进攻作战计划的制定流程、组成要素、概念模型等,构建了作战计划生成的过程模型,提出了基于案例推理和规划推理的计划生成算法,最后提出了原型系统的设计思想、框架、流程、功能、结构等。王德鑫针对联合作战计划描述和生成问题,采用分层结构对计划进行了描述建模,提出了计划生成模型的系统框架,研究了系统关键问题的实现方法。

1.5.3 装备保障任务规划理论研究

按照目前已检索资料情况,由于国外技术资源的限制管控,装备保障任务规划方面的资料主要来源于国内学者的研究成果,且存量较少。对现有研究资料分析可以发现,随着任务规划的持续发展,从 21 世纪初,其已经开始向作战领域之外发展延伸,特别是在装备保障领域尤为凸显。

雷琳针对空军一体化装备保障任务规划问题,借鉴美军基于任务清单的规划方法,引入空军装备保障任务清单(AWSTL)概念,建立任务规划框架,分析规划程序、原则、数据、模型等相关内容,分别对空军装备保障的四个关键问题(筹措、储备、补给、选址)建立规划模型,并采用智能优化算法进行模型解算,最后在上述研究的基础上搭建了原型平台,具有一定的参考价值。

张斯嘉针对战时装备维修任务规划的重难点问题,引用不确定理论构建了任务规划模型,设计了算法流程,并以实例验证了方法的可行性。张春润等分析了装备保障任务规划系统的军事需求,论述了系统的基本功能,设计了多保障力量协同任务规划系统体系结构和逻辑结构。周其忠等通过分析作战任务规划技术的运用现状,演绎归纳了任务规划技术在装备综合保障中的应用设想和功能作用。

王正元等在《装备维修保障辅助决策方法》一书中,重点对装备维修保障指挥决策过程中的备件需求预计、备件存储与运输、预防性维修策略、维修任务调度、保障能力评估五个重点问题进行了分析、建模和解算,为实现装备维修保障的科学决策提供了技术支持,同时对装备保障任务规划的研究起到了参考借鉴的作用。

张春润等按照系统需求分析、系统基本功能、系统体系结构、系统功能结构、系统逻辑结构等步骤对装备保障任务规划系统的本质特征、体系结构、逻辑结构等内容进行了研究,具有较高的参考价值。何勇等针对舰船装备维修保障存在的特点规律,按照计划维修和应急维修两种任务类型对其进行了划分,并针对任务与资源之间的关系,引入维修资源偏好的概念,量化了任务对资源的倾向程度,基于约束规划思想建立了基于ILOG语言的计划维修和应急维修任务模型。程路尧等本着提高装备保障指挥决策的准确性、有效性的目的,将任务规划与装备保障相结合,提出了航空装备保障任务规划系统的理念,并采用基于数据管道的三层体系结构方法,为航空装备保障任务规划系统设计了系统功能、结构和关键技术,对装备保障任务规划系统的研究进行了有益的尝试。夏旻等本着在有限资源条件下最大化满足保障任务的目标,在分析舰船抢修任务特点规律的基础上,引入规划调度理论,分析了贪婪随机变邻域搜索算法,建立了舰船抢修任务规划的约束模型,研究了问题求解的算法框架和启发式构造规则。

1.5.4 经验总结

回顾美军任务规划的发展历程,可归纳以下几方面有益经验:

(1)坚持持续发展。美军从20世纪80年代着手开发任务规划系统,如今已成为网络中心战等新型作战思想的关键支持技术,虽然历经多次调整和检验,但始终坚持持续发展的目标,确保了系统建设的长远持续。

（2）遵循渐进拓展。美军任务规划系统建设从简单计算向自主规划发展，从单一功能向复合集成发展，从武器平台向联合战役发展，始终遵循循序渐进的原则，确保了系统建设的质量效益。目前，美军任务规划系统已能支持《2020联合构想》中所有类型的作战任务。

（3）着力联合统型。在以网络为中心的框架下，美军着力破解系统"烟囱式"的发展格局，打通系统间横向壁垒，提升联合作战任务规划能力，对现有任务规划系统进行联合统型，满足现代联合作战的应用需求。

（4）战技融合推动。任务规划系统是军事理论和现代技术高度融合的产物，它是以信息技术为基础，将作战思想、标准依据、决策流程、规划技术等物化为计划方案，并在实施过程中不断调整完善。

（5）注重基础建设。美军高度重视任务规划系统的基础性建设工作，特别是以数据、模型、标准为焦点，坚持与系统建设同步发展，并实时更新数据库、标准库、模型库，以保证任务规划系统建设的科学性、有效性。

1.6 本书主要结构

本书以信息化条件下体系作战装备保障能力生成模式转变为背景，以装备保障任务规划基础理论构建为研究工作的重点和起点，按照任务分析、行动规划、方案评估的规划流程，以装备保障任务分析为关键环节，将模糊的复杂任务分解为一系列清晰的可量化描述的简单任务；分别从保障力量配置、战场装备抢修、装备物资库存、装备物资供应四项战时装备保障主要任务行动入手，构建相应分支行动的规划模型和求解算法；从加强方案论证和动态控制的角度，构建装备保障任务规划方案评估指标体系和评估模型。在充分调研、论证、分析的基础上，按照"发现问题—分析问题—解决问题"的思路开展研究工作。

（1）发现问题。通过阐述项目背景、分析研究意义、梳理现有国内外研究现状、设计研究思路、搭建框架，找到立题之本。

（2）分析问题。解决装备保障任务规划是什么的问题。作为任务规划在装备保障领域拓展与实践的产物，装备保障任务规划基础理论的研究应建立在任务规划基本理论之上，并结合装备保障的特殊实际。因此，在整体上把握装备保障任务规划理论脉络的同时，着重从概念内涵、功能作用、特点规律、遵循原则、要素组成、内部运行、研究方法、主要流程八个方面构建装备保障任务规划基础理论框架，便于后续章节准确把握研究方向、有效开展研究工作。

（3）解决问题。在装备保障任务规划基础理论指导下，按照任务分析、行动规划、方案评估的规划流程开展研究。任务分析是为后续分支行动规划做好准备,将任务清单技术与综合微观分析相结合,把模糊的、不可操作的装备保障复杂任务分解为清晰的、可操作的装备保障简单任务,并对任务的时间、空间、信息属性进行量化描述;行动规划是解决如何规划的问题,从保障力量配置、战场装备抢修、装备物资库存、装备物资供应四项战时装备保障主要工作入手,构建相应分支行动的规划模型和解算方法,其目的是为装备保障指挥筹划决策和规划计划提供各分支行动的初始规划方案;方案评估是解决规划结果与现实需求偏差的问题,针对初始规划方案的优劣、利弊进行综合评估,为指挥员实施指挥决策提供方案论证和决策支持。

第 2 章

装备保障任务规划基础理论

装备保障任务规划是一项新兴军事事物,是任务规划技术在装备保障领域的拓展。目前尚未形成成熟的装备保障任务规划理论体系,亟需从装备保障和任务规划的相关理论入手,重点对装备保障任务规划的概念内涵、功能作用、特点规律、遵循原则、要素组成、研究方法等多个方面进行研究,分析装备保障任务规划的机制,建立装备保障任务规划基础理论框架,为后续研究提供理论支撑。

2.1 任务规划基础

任务规划在军事作战领域得到了长足发展,并取得了一系列显著成果。本书从任务规划的概念入手,辨析任务规划与相关术语的联系与区别,归纳任务规划的方法途径和实现形式,并对任务规划系统的典型分类进行总结。

2.1.1 任务规划及相关术语

作战任务规划是根据作战任务需求,对作战资源进行合理调度与配置,制定出作战方案的过程。其是在综合考虑作战资源能力和任务要求的基础上,生成能够达成使命的行动计划,为各行动分配资源,确定行动起止时间,排除资源使用冲突,最大化行动效益,并对计划执行过程进行监控和适应性调整,确保计划的顺利执行。为更加准确地把握任务规划的概念,列举与其相关的术语进行分析。

2.1.1.1 任务规划与决策支持

决策支持的基本含义是用计算机以及软件技术来达到如下目的:帮助决策者在半结构化或非结构化的问题中做决策;支持决策者的决策,而不代替决策者制定决策;重点是提高决策的效用(Effectiveness),而不在于提高它的效率(Efficiency)。将任务规划和决策支持进行对比,不难发现以下几点主要区别:

(1)决策支持主要面向半结构化或非结构化问题,而任务规划则主要面向结构化和半结构化问题。问题的结构化程度是根据该问题能否用明确的语言(数学的、逻辑的、定量的、推理的、形式的、非形式的)准确描述来决定的。结构化问题的特点包括:有明确的可定量描述的目标,影响因素清晰可述,处理原则明确,可以运用数学方法解算。非结构化问题是指难以用确定的语言精确描述的一类问题,该类问题较为复杂,没有固定的规律和原则加以遵循,更多地依靠主体的主观行为对其施加影响,难以借助计算机实现。半结构化问题是指介于结构化和非结构化之间的一类问题,既可以用结构化语言对部分问题建模,又需要借助主体的知识、逻辑加以解决。就面向问题类型而言,决策支持主要帮助指挥员在面对半结构化和非结构化问题时做出科学的指挥决策,而任务规划主要是针对可以被计算机所描述的结构化和半结构化问题,按照一定的规划流程组织任务规划,其规划结果可以运用相关语言准确清晰地表述。

(2)同样支持决策者进行决策,但是任务规划还承担了计划生成的角色。决策支持通过多种技术和方法,为指挥人员提供良好的决策工具和决策环境,以利于发挥指挥人员的智慧、经验和创造性,通过对决策过程提供建议和对决策方案进行评估等方式,帮助指挥人员进行决策,而不是代替指挥人员决策。对于任务规划而言,由于其起源于空间探索领域,并最早在无人机等武器平台上开展军事应用的开发,随着其应用拓展逐步向军用领域发展。如果将任务规划视为一个系统,则该系统的输出除了决策方案还包括计划生成。任务规划的结果是作战行动的依据。对有人化武器平台而言,任务规划结果主要作为指挥人员的决策参考和依据;对无人化武器平台而言,规划即控制,其结果是武器平台作战运用的指令来源。

(3)决策支持注重提高决策的效用,而任务规划兼顾决策的效用和效率。效用是物质或劳务本身所具有的使用价值,是物质或劳务的客观属性。在决策支持和任务规划方面,效用是指决策或规划的产物所体现的军事价值,即符合战场客观实际的程度和为指挥人员提供指挥决策支持的质量。效率是消耗的劳动量与所获得的劳动效果的比率。在决策支持和任务规划方面,消耗的劳动量体现在进行决策和规划过程所占用的时间、人力、物力等。由于决策支持是帮助指挥人员进行战前的指挥决策,因此更多地关注决策质量,而不是决策效率。但是,在作战过程中,除了关注指挥决策的质量,还关心指挥决策的时效性。如作战飞机任务规划,在任务前的预先规划指令下执行作战任务,当临战情况发生变化,预先规划已不符合战场态势实际变化时,就需要进行在线实时规划,根据新的态势变化和作战数据,对作战飞机进行任务动态规划,这对任务规划的时效性有较高的要求。

（4）决策支持注重"决策",而任务规划在关注决策的同时也关注对行动的监控和调整,即"决策和控制"。决策支持是将指挥人员的经验、智慧、能力、逻辑等主观因素和计算机模型、数据、规则等客观因素相结合,为指挥人员提供一个良好的决策工具和决策空间,并为指挥人员充分发挥指挥艺术提供决策支持。它不能代替指挥人员决策判断,而是根据指挥人员的决策倾向,在指挥决策的全过程提供决策支持。就任务规划而言,除了具备决策的功能外,同时还关注对决策方案的控制执行。任务规划是通过融合多方作战数据信息,按照一定的作战规则,对作战任务进行分析、分解、分配,最终以近优化的行动计划方案作为任务规划产品输出。此外,为保障规划成果的有效实施,任务规划还对行动执行过程进行监控,根据战场态势变化,不断对后续行动方案进行动态调整,使指挥决策和作战行动符合战场实际情况,排除行动冲突,最大化行动效益,实现对作战行动的精确控制。

2.1.1.2　任务规划与作战筹划

作战筹划是指挥员及其参谋机构依据上级意图和敌情、我情、战场环境等客观情况,对作战行动进行的运筹谋划和整体设计。它是作战指挥的重要组成部分,是在战争观指导下,认识论与方法论的高度统一、指挥艺术与指挥科学的综合反映。

作战筹划的范畴大于作战任务规划,作战任务规划从属于作战筹划,是作战筹划的重要内容,其目的是借助信息化的工具和手段,沿着作战构想提供的任务主线,辅助制定作战方案、分析评估作战效果,使作战方案和计划变得合理可行。

2.1.1.3　任务规划与作战决心

作战决心是指挥员对作战目的和行动所做的基本决定。其内容包括作战企图、主要进攻或防御方向、基本行动方法、作战部署、作战保障、作战发起时间或完成作战准备时限等。定下作战决心是作战指挥的基本任务和核心,也是制定作战计划和组织作战协同、作战保障,控制和协调作战行动的基本依据。作战决心是作战筹划的核心,形成定下作战决心是贯穿作战筹划全程的主线。作战决心是在筹划过程中反复研究、逐步深化、不断完善的,定下决心是对作战筹划形成的结果做出最终选择和确认。当决心定下后,随着情况变化,应当不断修订完善作战决心。

作战决心是任务规划的上游产品,作战任务规划服务和服从于作战决心,任务规划是作战决心确定之后对作战行动的筹划计算。从某种意义上讲,任务规划是利用工程化工具对作战决心的细化,其结果直接影响作战决心的具体实施。

2.1.1.4　任务规划与作战方案计划

作战方案计划是战备计划、作战预案、作战方案和作战计划的统称。它用于对所属机关、部队规定完成任务的目的、内容、方法、步骤、时间和要求等,是组织实施作战和应急军事行动的基本依据。作战方案是对作战进程和战法的设计,通常包括情况判断结论、上级企图和本部队任务、友邻任务、作战部署、作战阶段、情况预想及处置方案、保障措施、指挥的组织等内容。作战方案通常基于指挥员的作战构想制定,一般会制定多套作战方案,通过优选确定比较合适的作战方案。作战计划是为遂行作战任务而制定的具体作战实施计划,包括作战总计划和各类分支计划等。作战方案是制定作战计划的基础。

作战任务规划与作战方案计划是过程与目标的关系。作战任务规划是过程和活动,其目的是辅助制定作战方案计划,推演论证作战方案,分析评估作战效果。作战方案计划重在描述作战行动由谁做、何时做、何地做。作战任务规划重在通过科学的方法设计相对粗糙粒度的作战行动,并尽可能通过规划各类作战活动将作战导向胜利。

2.1.1.5　任务规划与方案评估

作战方案评估是对各种作战方案的评价和度量。其目的是分析各作战方案的优劣,为指挥员确定最佳作战方案提供支撑。随着战争形态的演变,作战方案评估的手段和工具不断更新,评估的结果越来越体现作战进程的发展趋势,一定程度上能为指挥员提供更加可靠、多元、全面的预测结果,另外也为作战任务规划提供了客观评估结果的支撑。

作战方案评估是作战任务规划的重要内容,规划形成的方案是否合理需要作战方案评估的检验,评估的主体是作战方案,手段是运用作战推演、作战计算、作战仿真等规划工具,方法是模拟推演,目的是验证其可行性和优缺点,评估行动效能,为优化优选和细化完善方案计划提供数据支持。

2.1.2　任务规划的方法途径

根据规划活动实施者和规划活动的关注点不同,任务规划的方法途径可分为以下四类:

(1)基于经验判断的任务规划。经验是实践的积累,是关于军事客观存在的主观认识。任务规划经验是作战指挥员、参谋人员在进行作战指挥、任务筹划等军事实践过程中,对任务规划领域及相关事物、规律产生的认识和理解,并逐步积累固化的结果。基于经验判断的任务规划,通过对有限信息资源的处理,依靠规划实施者个人能力和经验做出规划方案。这种单纯凭借规划实施者经验判断的任务规划方式,能够充分发挥指挥员、参谋人员的指挥决策艺术。但是,同样存在规划结果粗略、规划效率低下的问题,特别是在指挥员、参谋人员经验不一、能力有限的客观实际下,其规划结果的科学性、有效性、稳定性得不到保障。

(2)基于专业分工的任务规划。从组织机构设置和人员配备上对任务规划实施者进行规划协助,为任务规划实施者配备参谋人员和设立参谋机构,使参谋工作和规划工作相对分离,依靠参谋人员和参谋机关的专业素养和岗位能力的积累和物化,为任务规划实施者提供规划决策支持。这种规划方式可以充分发挥专家群体和业务人员在专业领域的优势和力量,对情报信息、战场态势进行准确的分析判断,并提供专业的意见建议,进而有助于任务规划实施者筹划、决策切实可行的任务规划方案。

(3)基于简单模型的任务规划。这是一种典型的规范化任务规划方式,强调的是规划模型的具象应用,主要面向结构化问题,通过简单模型的解算为规划活动实施者提供任务规划解决方案。但是,这种基于简单模型的方法在解决实际问题中遇到了麻烦。由于面向规划问题较为单一,对规划问题所应具备条件要求苛刻,考虑影响规划结果的因素有限,规划方案的易用性、适用性不高,规划结果与实际情况相差甚远,欠缺规划执行者对规划过程、规划结果的主观影响,因此限制了该方法在任务规划中的广泛应用。

(4)基于信息技术的任务规划。信息技术是用于管理和处理信息所采用的各种技术的总称,主要是应用计算机科学和通信技术来设计、开发、运行信息系统及应用软件。信息技术在军事领域的广泛应用,为世界军事技术的发展带来了根本性的变革。基于信息技术的任务规划,充分发挥了信息技术在规划决策方面的优势,改变了简单依靠规划工具和辅助人员的传统模式。既考虑规划决策的客观规律性,同时也尊重规划实施者的思维和偏好,将规划实施者的期望和目标引入任务规划过程,并指导和影响规划实施者做出客观、可行的规划方案。它有效弥补了前几种规划方法的缺陷和不足,在基于规划理论基础上,充分综合多方信息资源和科学技术,重视规划实施者的主观作用,在信息技术充分发挥的同时又保证了指挥艺术的有效发挥,切实提高了任务规划的效益与水平。

2.1.3 任务规划的实现形式

(1)经验积累,手工作业。在长期以来的发展历程中,传统的依靠规划实施者和参谋辅助人员的经验积累,采用简单工具进行手工作业的任务规划方式,占据主导地位。这种粗放式的规划模式,强调的是量的积累,以数量规模换取任务目标的达成。由于人员的经验差异、能力有别以及规划过程中的不稳定性、不可预见性,致使规划结果不确定性大、可行性低、精确度差,无法有效适应信息化条件下战争模式的发展需求。

(2)数据处理,基础建模。以电子计算机的应用为标识,任务规划开始发展自动化数据处理和基础规划模型构建。自动化数据处理,将海量数据以编码形式存储于计算机中,帮助规划实施者从繁杂的数据分析工作中解放出来,工作效率大大提高,为依托计算机做出复杂的规划决策提供数据支持。基础规划模型构建,使任务规划发展到数据处理与规划模型相结合的阶段,逐步强调规划方案的支持作用,并作为后期任务规划模型的基础和核心起到关键作用。

(3)网络支持,信息交互。网络信息技术的应用为任务规划的发展拓宽了空间。在自动数据处理和基础规划建模基础上,发展了人—机—网交互的任务规划模式,实现了数据库、模型库、信息库的共享,拓展了高效的联合任务规划机制。除此之外,还广泛运用新型数据库技术、分布式交互仿真技术、虚拟现实技术等,使任务规划不仅聚焦规划方案的生成,还关注规划过程的控制,进一步提高了任务规划的创造性和适应性。

(4)分布智能,综合集成。随着战争形态的发展、规划层次的提升,大规模、高层级任务规划活动不便于也不可能集中实施。整个规划过程涉及多层次、多部门的规划实施者,所需信息资源、模型资源等分散范围较广,这就需要分布式规划技术为这些既相互独立又密切联系的指挥人员和机构提供有效支持。任务规划所涉及的问题多为结构化和半结构化问题,而人工智能凭借其多种技术途径和模式,能够有效发挥定性和定量、精确和模糊知识对任务规划的积极作用,从而实现专家系统与任务规划的有机结合。综合集成技术将任务规划所涉及的各种思想、技术、因素、工具等有效集成,进一步提高人机结合程度,重视人员知识与计算机信息的相互融合和有效管理,依据多样化的任务规划思路,将相关环节有机衔接,实现规划过程与规划结果的高效集成。

2.1.4 任务规划的典型分类

任务规划是为满足现代复杂军事系统需求,根据作战任务和资源约束对作战行动进行优化调度和有效控制的新型军事技术产物。其规划对象覆盖军事系统全领域,规划资源包括各类武装力量和武器系统,规划活动聚焦军事力量的指挥决策及控制运用问题。根据规划对象领域、资源特征、活动类别的不同,任务规划有多种区分方式。

(1)按照任务层级区分。按照任务层级可分为战略任务规划、战役/战区任务规划、战术/武器平台任务规划。现代任务规划系统的发展主要集中于战役/战区和战术/武器平台级任务规划两方面,这是从简单到复杂、从单一向联合的发展过程。对于战略任务规划而言,目前尚处于理论探索阶段,还没有实体系统的存在,但是战略规划的个别特征已经在某些战役/战区任务规划系统上有所体现。目前典型的战役/战区任务规划系统主要包括联合作战规划与执行系统(JOPES)、美国空军先进任务规划系统(APS)、战区战斗管理核心系统(TBMCS),战术/武器平台级任务规划系统主要包括任务支持系统(MSS)系列、战斧巡航导弹任务规划系统(Block)系列等。

(2)按照任务类型区分。按照任务类型可分为作战任务规划和保障任务规划。自20世纪80年代起,以美国为代表的西方军事强国就致力于发展作战任务规划系统。经过多年的发展实践,特别是多次局部战争的实战检验,作战任务规划的军事效用得到广泛的认可和关注,并逐步成为组织筹划作战的必备工具。现代战争中,保障与作战密不可分,是保证作战实施的重要物质和技术基础。特别是信息化条件下作战的动态性、不确定性,对保障的组织筹划、指挥实施提出了更高的要求。作战任务规划的效益作用与发展经验对保障任务规划研究和发展起到良好的引领示范作用,并牵引保障任务规划的深入研究和创新发展。

(3)按照军兵种区分。这种方式主要根据面向对象的军兵种属性加以区分,如联合任务规划,陆军任务规划、海军任务规划、空军任务规划等军种任务规划,陆战队任务规划、导弹任务规划等兵种任务规划。任务规划的发展是趋向于联合与统型,打破军兵种壁垒、突破装备型号界限,面向信息化条件下的联合作战,着力发展具有通用性、灵活性、可重组的模块化联合任务规划。目前,具有代表性的联合任务规划系统有美军联合任务规划系统(JMPS),陆军任务规划系统有美国陆军任务规划系统(TMPW),海军任务规划系统有美国海军任务规划系统(NMPS),空军任务规划系统有美国空军任务支持系统(AFMSS)等。

(4)按照时效方式区分。按照时效方式可分为在线任务规划和离线任务规划。在线任务规划具有实时性特点,往往与行动部队和武器平台相绑定,能够及时响应任务指令和态势变化。但是,由于空间限制和便携性要求,势必会在功能的完备性和通用性方面有所影响。离线任务规划适用于对时效性要求不紧迫的军事需求,多用于战前计划方案的拟制、推演、评估等工作,空间与时间的约束并不强烈,能够具备较为强大的态势感知、情报融合、方案拟定、推演评估等功能,可以采用模块化设计理念,具有较强的通用性、灵活性等特点。

2.2　装备保障任务规划基本问题

目前,装备保障任务规划的研究尚处于萌芽阶段,相关研究成果十分有限。综合分析来看,主要集中于以下几个问题还未解决:一是装备保障任务规划的概念内涵未得到澄清,不能准确回答"什么是装备保障任务规划";二是装备保障任务规划的功能作用未得到澄清,不能准确回答"装备保障任务规划什么"的问题;三是装备保障任务规划的特点规律、遵循原则未得到澄清,不能准确回答"装备保障任务规划依据"的问题;四是装备保障任务规划的要素组成、内部运行未得到澄清,不能准确回答"装备保障任务规划内部结构"的问题;五是装备保障任务规划的研究方法、规划流程未得到澄清,不能准确回答"装备保障任务如何规划"的问题。因此,针对上述问题开展装备保障任务规划基础理论的研究工作。

2.2.1 概念界定

作为任务规划在装备保障领域的拓展,装备保障任务规划能够有效满足多样化、激烈化、广域化的装备保障需求,利于实现装备保障计划科学编制、装备保障资源优化配置、装备保障进程精确控制。由于尚处于探索研究阶段,装备保障任务规划的概念还没有得到权威的论述。本书通过归纳装备保障任务规划活动的实践规律,结合作战任务规划的演绎分析,综合装备保障任务规划现有理论成果,对装备保障任务规划的概念做如下界定:装备保障任务规划是在综合遂行保障任务需求与保障资源能力的基础上,分配装备保障任务、设计行动控制策略、排除资源利用冲突、发挥最大保障效益,形成最优或近似最优的装备保障方案,并根据方案执行情况进行动态调度,以实现装备保障指挥的科学决策和装备保障行动的精确控制。

2.2.2 主要内涵

装备保障任务规划是为解决装备保障目标需求与资源能力这一突出矛盾,对装备保障活动进行的包括任务分析、优化决策、动态控制等在内的规划活动过程,与作战筹划相一致,贯穿于作战实施的全过程。它是根据部队担负的作战任务和保障任务,在综合考虑保障资源、保障能力、保障需求的基础上,通过融合多方信息,将装备保障思想、法规等具体物化为决策依据,对装备保障任务进行分解、对节点控制策略进行设计、对装备保障资源进行分配,排除资源冲突、最大保障效益,形成最优或近似最优的装备保障方案,进而分解细化成装备保障计划指令,并对计划执行过程进行动态监控和适应性调整。其内涵关系到装备保障任务规划基本属性和发展方向的深刻理解和准确把握,主要包括以下五个方面:

(1)规划目标紧密围绕担负的装备保障任务。任务是装备保障任务规划工作的起点。在"确定目标—采集信息—拟制方案—评估优选—执行控制"这一指挥决策的全周期内贯穿始终。通过对装备保障任务的分析、分配,将其按照一定的规则拆分为一系列元任务,结合指导思想、法规制度、上级指示、首长意图、环境态势等多方因素,对元任务赋予任务指令,并将任务指令转化为保障行动,划分起止时间,排除资源冲突,使装备保障行动达成最优或接近最优。

(2)规划本质是实现保障效益最大化。信息化条件下的现代战争,作战行动快速多变,物资弹药消耗严重,装备战损集中突发,装备保障需求压力巨大,与此对应的装备保障资源往往十分有限,需求与资源之间的矛盾对装备保障指挥决策提出严峻的挑战。装备保障任务规划的本质是为达成既定装备保障任务,在综合多方因素的基础上,对现有装备保障资源进行整合优化,解决不确定的保障需求与有限的保障资源之间的矛盾,在一定程度上实现整体保障效益的最大化。

(3)规划目的是提高保障指挥决策的科学有效。装备保障任务规划是指挥员实施装备保障指挥决策的一种方式,它是将主观指导应用于装备保障指挥决策的特殊实践活动,其目的在于实现主观构想最大化地符合客观规律。对于现代战争这种复杂巨系统,如何解决指挥决策的科学性、有效性将直接关系到战争的成败。针对该问题,装备保障任务规划立足于客观的装备保障目标需求与资源能力,依据正确的规划原则、遵循合理的规划程序、运用科学的规划技术,对装备保障活动进行全过程的任务规划,以实现装备保障指挥决策的科学有效。

(4)规划注重对装备保障行动的动态控制。装备保障行动的动态控制是指挥员为达成既定的装备保障目标,依据装备保障计划方案,通过改变和创造装备保障条件,对保障力量施加动态性的监督、决策和控制。其过程是实时掌握保障行动的进程和效果,及时收集、传输、分析、处理各类保障信息,准确掌握行动实际与预设方案之间的矛盾,态势发展与既定目标之间的偏差,结合保障资源、保障能力等多方因素,综合确定纠偏措施,把握时机、适时修正、动态调整。其目的是为充分发挥保障力量的整体合力,最大限度地掌控和利用保障资源,富有成效地实现装备保障目标。

(5)规划成果是决定装备保障行动的计划指令。装备保障指挥决策的关键在于装备保障计划方案的制定。装备保障计划方案是法规制度、保障准则、上级意图、指挥艺术、保障能力等因素的集中体现,它是在各类装备保障信息的获取、传输、分析、处理的基础上,科学决断、充分协调各方因素条件,为合理运用装备保障力量,最大化装备保障效益进行的筹划、优选、决断的成果。装备保障行动指令是对装备保障计划方案的进一步细化,为各装备保障力量明确保障行动的时间、空间、方式、方法等内容,更有利于指挥装备保障行动的组织实施。

2.2.3 功能作用

装备保障任务规划的功能作用是其内部固有能力和外部交互作用的集中体现,可以总结为以下五个方面:

(1)装备保障系统运行的核心枢纽功能。装备保障任务规划是装备保障的核心枢纽,能够将指挥员、后装保障要素、装备保障部(分)队、作战任务部队、装备物资弹药及相关设施设备等装备保障系统要素紧密联系在一起。成为作战达成与保障服务的核心枢纽,成为部队需求与保障能力的核心枢纽,成为指挥决策与保障实施的核心枢纽,成为资源冲突与统筹优化的核心枢纽,从而激发装备保障能力提升,促进装备保障效益发挥。

(2)保障指挥的筹划决策和规划计划功能。作为一项新型军事技术,装备保障任务规划的核心功能是为指挥员及后装保障要素提供装备保障指挥的筹划决策和规划计划支持。针对战时装备保障的主要内容,从保障力量的部署运用,装备物资的储备、运输、供应,装备战场抢救、抢修,战时装备管理等多个模块,综合分析各类作战信息、保障信息,排除保障资源冲突、最大装备保障效益,为装备保障指挥决策提供科学、适用、高效的规划支持功能。

(3)装备保障资源的统筹优化功能。装备保障任务规划对各类装备保障资源具有显著的统筹优化功能。一方面,装备保障任务规划在装备保障理论的指导下,引入系统科学、军事运筹、信息技术、计算机技术等,形成军事理论与科学技术的有机融合体,有利于科学优化装备保障决策方案;另一方面,装备保障任务规划辅助指挥员及后装保障要素统筹多方保障资源,聚焦目标需求与资源能力这对矛盾,统筹有限的装备保障资源,最大限度地满足装备保障需求。

(4)保障行动的实时评估与动态调控功能。装备保障任务规划的控制功能体现在对规划方案实施的实时监督和动态调整。因此,装备保障任务规划设计了科学的节点控制策略,运用信息融合技术采集、分析作战、保障、环境、资源等信息因素,运用深度学习技术建立装备保障专家资源库,运用数据挖掘技术对保障理论、法规制度进行提取和挖掘,遵循装备保障组织实施的普遍规律,对各项保障活动实施情况进行实时评估,及时发现偏差与短板并进行针对性调整与控制。

(5)实现装备保障信息化、精确化的推动功能。未来战争是信息化的战争,信息化条件下作战思想和作战模式的深刻变化对装备保障能力生成模式转变提出新的要求。装备保障任务规划运用现代信息技术,将保障思想、保障经验、保障法规等相融合,力求实现保障资源和保障行动的实时监控,为装备保障指挥提供科学的决策支持和精确的行动控制,进而有效促进传统保障思想的改变,提高保障认知、更新保障理念,推动装备保障从传统粗放型向全面精细化转变,从技术和理念两方面实现装备保障能力生成模式的根本转变。

2.2.4　特点规律

装备保障任务规划是信息化条件下装备保障理论与科学技术方法的有机结合体,符合信息化条件下联合作战的普遍规律,又具备区别于作战任务规划的特殊属性。通过对装备保障任务规划的演绎分析,可以总结出以下特点规律:

(1)实战性。着眼"能打仗、打胜仗"的总要求,是装备保障建设发展的着眼点和落脚点。装备保障任务规划紧贴实战需要,以圆满完成遂行装备保障任务为牵引,注重战时装备保障能力的有效发挥,从战前计划方案拟制到战中动态调控指挥,从力量部署运用到前出后送、装备抢修等战时装备保障关键节点和主要内容,为指挥员及后装保障要素提供高效益、低风险的装备保障指挥决策支持。特别是突出保障环境的不确定性和要素属性的时变性,在数据分析和模型构建中充分考虑不确定性因素,在规划求解和方案支持上着重解决多目标、多约束条件下的次优解问题。

(2)系统性。装备保障任务规划将多维要素整合为一个整体。如运用时间上将战时保障指挥与平时保障训练相融合,空间力量上涵盖前沿保障部队、中继支撑站点、后方保障基地,业务工作上将力量配置、装备储备、物资供应、战场抢修、技术准备等相衔接,规划对象上实现战役、战术级通装保障和专装保障全覆盖。因此,需要运用系统的思维,对装备保障任务规划进行综合研究,去繁从简、去伪存真,厘清各要素间的交互关系及作用方式,充分体现装备保障任务规划的系统性特征。

(3)时效性。现代战争战场态势瞬息万变,特别是对于战役、战术装备保障而言,可供实施保障的时间窗口十分有限,如果装备保障指挥决策不够及时有效而贻误战机,则由此带来的严重后果将不可估量。因此,装备保障任务规划具备显著的时效性特点。不仅要提高信息的采集、传输、处理速度,而且要注重发挥人机结合指挥决策功能,有效缩短作战筹划阶段的保障方案规划周期,提高战时保障行动实时监控、动态调整的在线规划能力。在建立规划模型、研究规划算法时,应选择适当的颗粒度,在计算精度允许范围内追求模型解算的速度。

(4)灵活性。装备保障任务规划的灵活性主要体现在两个方面:一是应用的灵活性,装备保障服从并服务于作战,作战态势进程的变化,必然要求装备保障任务规划能够灵活发挥各组成要素及模块的功能作用和交互关系,特别是分析、决策、监控、调整这一循环反馈过程,更加体现了装备保障任务规划的灵活性特征;二是范围的灵活性,装备保障任务规划不仅应用于战时各层级、各要素装备保障行动,而且还可应用于平时装备保障训练和非战争军事行动装备保障等领域,具有广泛且灵活的运用空间。

(5)精确性。装备保障任务规划的精确性不仅体现在规划成果的指向精确,可以直接用于指挥、指导各类保障力量实施装备保障活动、履行装备保障任务的各类装备保障计划和装备保障指令,而且体现在规划质量的精确,力求在时间方面准确把握保障时机,为保障对象提供适时的保障活动;在空间方面精确定位保障地域,为保障对象提供适地的保障支持;在数质量方面全程监控保障资源的存储、流通、供应,为保障对象提供适量的保障资源。

2.2.5 遵循原则

作为一项复杂的系统工程,装备保障任务规划的研究需要遵循科学的规划原则,主要包括以下四个方面。

(1)目标原则。目标是事物发展的预期结果,对事物发展具有决定性作用。对于装备保障任务规划而言,其目标一经确定,必将引导规划活动向既定的方向发展,并激励规划活动达到预期的保障效果。因此,装备保障任务规划首先要树立目标原则,选择正确的规划目标,采用科学的技术、方法和步骤确保装备保障任务规划目标的实现。保障服务于作战。装备保障任务规划目标的确立,主要依据部队担负的作战任务和上级赋予的装备保障任务。但是,由于战场的复杂不确定性,规划目标并非一成不变,只有实时感知态势变化,及时评估修正规划目标,才能保证装备保障任务规划的有效实施。

(2)柔性原则。关于柔性,夏良华的论述是系统适应新情况、新环境、新任务的决策反应能力,体现为环境、条件或过程状态发生变化时系统快速响应和跟随变化的能力。现代战争复杂多变、不确定因素多、偶然性大,为提高适应性和有效性,装备保障任务规划需要具有一定的柔性特征。装备保障任务规划的柔性原则,体现在多案预想的基础上具备灵活调整的能力,在装备保障的关键节点留有一定余地,在装备保障任务规划全过程具备实时监控和动态规划功能,使其能够有效应对战场环境、敌情我情带来的保障需求变化。

(3)时间原则。装备保障任务规划的时间原则主要体现在时间价值和时间参数两方面。时间价值即时效性,是指装备保障任务规划在一个特定时间段对装备保障活动所具有的价值属性,它决定了规划成果的生效时间。现代战争瞬息万变,为有效提高装备保障任务规划的时间价值,需要运用科学的规划工具对装备保障相关信息进行实时的感知、精确的控制、高效的利用。装备保障任务规划是对各类保障资源进行有效规划,排除资源冲突,最大化行动效益的活动过程。时间作为保障资源要素,对时间参数的规划就显得十分重要。特别是为装备保障力量合理规划保障行动的起止时间,是有效协同多方保障力量、避免行动冲突的重要措施和途径。

(4)整体原则。装备保障任务规划的整体原则是系统思想的现实体现,也是现代管理理论在装备保障任务规划领域的具体发展和重要指导。装备保障任务规划是依据任务的执行规则、内在联系,将一系列装备保障分任务、子任务按照特定的方式进行统筹优化,以期形成整体合力、发挥整体优势。其中,各分任务、子任务的调整、执行,直接影响了装备保障整体任务的达成。依据系统的思想,局部最优不等于全局最优,特别是在复杂军事系统中,极易陷入求解局部最优的漩涡,而失去对全局的把握。因此,需要牢牢把握整体原则,通过梳理装备保障任务的作用机理,科学规划各任务要素的运行方式和发展方向,有效促进保障任务整体结构的优化,进而实现装备保障任务规划的整体效能发挥。

2.2.6 要素组成

装备保障任务规划的要素组成是维持装备保障任务规划运行,构成装备保障任务规划客观存在的必不可少的基本元素。其主要由规划主体、规划客体、规划任务、规划资源、规划工具、规划成果组成。

(1)规划主体。规划主体是指对装备保障任务规划活动具有认识和实践能力的特定人员或特定机构的集合。在信息化条件下联合作战背景中,各级指挥员及其后装保障要素作为装备保障任务规划的主体发挥相应的职能作用。其中指挥员起到主导作用,后装保障要素起到辅助作用,两者共同组成装备保障任务规划的主体部分。

(2)规划客体。相较规划主体而言,规划客体是装备保障任务规划作用对象的集合,以装备保障活动执行机构为代表。它是具体执行由装备保障任务规划主体综合作战任务、保障任务以及其他相关因素后,对装备保障行动做出规划筹划的相关机构。

(3)规划任务。规划任务是规划主体遂行的装备保障任务,是装备保障力量在保障过程中应达到的保障目标和担负的保障责任,也是实施装备保障任务规划的逻辑起点和依据来源。规划任务涵盖较宽的范畴,既可能是顶层、宏观、笼统、抽象的保障任务,也可能是底层、微观、精确、具体的保障任务;既可能是一项特定的保障任务,也可能是一系列保障任务的集合。因此,除了要考虑规划任务的适用粒度、任务分解等问题外,还要考虑规划任务的特征、属性、指标等元素。

(4)规划资源。规划资源是指一切作用于装备保障任务规划的物质、信息的总和。这种影响的施加兼顾直接与间接、有形与无形、主动与被动,如战场信息,人员、物资、弹药消耗等。装备保障问题的实质是解决保障供需矛盾问题。对于装备保障任务规划而言,需要厘清规划资源现状,把握资源变化规律,在适当的时间、适当的地点,做到规划资源的适当处置,从而保证规划任务的顺利达成。

(5)规划工具。规划工具是指在装备保障任务规划过程中,规划主体为达到其特定的规划目标,用以支持装备保障任务规划全过程而采用的包括工具、系统、方法、技术等在内的各类手段的总和。在信息化条件下作战背景中,以任务规划系统为代表的各类信息系统对于保持和提高部队战斗力具有十分重要的作用。对于装备保障任务规划而言,不仅关注于传统的工具、器具,还关注用于任务规划建设的各类理论方法、技术成果,以及支持任务规划系统运行的标准、模型、数据、算法等。

(6)规划成果。规划成果是装备保障任务规划的直接产品,它是能够直接用于指挥、指导规划客体实施装备保障活动、履行装备保障任务的各类装备保障计划和装备保障指令。其具体包括保障行动总体计划、保障行动分支计划、协同计划等。其中,保障行动分支计划包括力量部署、兵力机动、物资供应、装备抢修、战场管理、保障防卫等计划。

装备保障任务规划六个组成要素之间具有密切的信息、物质交互关系,如图2-1所示。规划任务以控制流和信息流的方式向规划主体施加作用;规划主体可对规划客体、规划工具、规划资源施加控制,同时也接收来自于规划成果和规划资源的有关信息;规划工具在规划主体控制下,对来自于规划主体、规划资源的有关信息加以处理并得出规划成果;规划资源在规划主体的控制下为规划客体提供物资供应,并将资源变化信息及时反馈给规划主体;规划客体受控于规划主体,实时将相关保障信息反馈给规划主体,并在规划成果的指导下进行一系列装备保障活动。

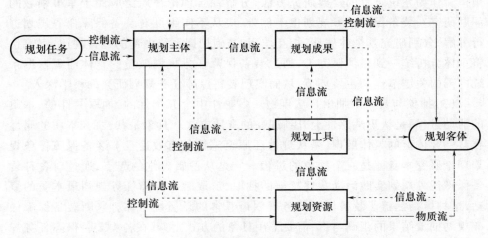

图2-1 装备保障任务规划构成要素关系图

2.2.7 研究方法

装备保障任务规划是多学科理论、多领域技术相融合的产物,应坚持从装备保障实际出发,综合运用多种研究方法,准确认识装备保障任务规划本质属性,深刻揭示装备保障任务规划的内在矛盾和规律,从而实现装备保障任务规划的健康发展和科学实践。研究装备保障任务规划除了以马克思主义唯物辩证法为基础,还应灵活运用以下研究方法:

(1)归纳与演绎。归纳是从经验观察出发,通过对大量现象的观察,概括出具有普遍性和一般性的结论。演绎是从一般原理或理论出发,通过逻辑推理来解释具体的事件或现象。归纳是演绎的起点,演绎是归纳的延伸。归纳演绎方法在装备保障任务规划研究领域的运用,需要深入调研部队装备保障实践,牢牢抓住装备保障能力提升这一关键目标,深入研究保障资源统筹优化和保障行动精准调控的方法途径,总结归纳出装备保障任务规划的一般性理论,并将该理论运用于装备保障任务规划实践,通过不断的检验、校正,促进装备保障任务规划理论的发展完善。

(2)分解与综合。分解是将研究对象整体分解为多个局部,分别对其进行研究的方法。它是以剖析的方式将多个部分从研究对象整体中分离,深入分析各部分的本质属性,以及各部分之间的联系方式、交互作用,进而实现对研究对象的深刻认识,准确把握其内在规律。综合是将原本分散的个体进行整合,从整体上对其进行研究的方法。它是在准确把握个体属性及其规律的基础上,采用综合的途径研究其整体属性和实质,在个体多样性的基础上抽取其共性特征和规律。作为系统工程的经典研究方法,分解综合理论被广泛应用于军事领域的问题研究。装备保障任务规划也不例外,应从不同维度对装备保障任务规划进行分解,分别研究其个体属性、相互作用,准确把握系统内部的运行规律。然后,将个体分析统一到整体研究上,通过装备保障任务规划效益的整体涌现挖掘系统内部的关键节点和主要环节,从而实现装备保障任务规划研究的科学深入。

(3)抽象与具象。抽象是从事物众多属性中舍弃个性的,抽取共性的、本质的活动过程,是认识从感性上升到理性的有效方法。具象是共性的、本质的属性在某一客体上的具体展现,是从理性还原至感性的有效途径。装备保障任务规划理论研究本身就是一个抽象的过程。它是从逻辑思维的起点,通过对各种装备保障任务规划实践活动共性特征的抽取,形成装备保障任务规划最本质的概括,这种概括涵盖了装备保障任务规划最基本的矛盾统一体。判断装备保障任务规划抽象结果的正确与否,需要采用具象的方式,将其在各类装备保障任务规划实践中具体呈现并进行检验,通过严谨的逻辑推演保证装备保障任务规划研究的科学正确。

(4) 定性与定量。定性是通过调查问卷、文献查阅等方法积累研究资料,由研究人员依据个人主观经验、知识理解进行的研究方法。定量是通过统计调查、作战实验等方法收集完整的资料样本和精确的实验数据,并对这些样本数据进行统计分析的研究方法。定性关注于对研究对象"质"的分析,定量关注于对研究对象"量"的分析,两种方法相辅相成。装备保障任务规划研究不仅需要运用归纳、演绎、分解、综合等逻辑思维方法进行定性研究,还应进行大量的模型构建、数据分析、仿真实验等定量研究。准确把握装备保障任务规划"量"的变化,才能更加深刻地认识装备保障任务规划的"质"。同样,在装备保障任务规划定性研究的成果上,运用定量研究方法对其进行检验,是装备保障任务规划研究趋于深入的有效途径。

2.2.8 相关理论

装备保障任务规划是军事装备保障学与多个学科交叉的衍生理论,主要涉及以下理论体系。

2.2.8.1 管理学

管理即是管辖、治理的意思。我国学者认为:"管理是通过计划、组织、控制、激励和领导等环节来协调和利用组织的人力、物力、财力、社会信用、时间、信息、社会关系等资源,以期更好地达到组织目标的过程。"

(1) 管理的主要内涵。首先,管理是一个过程,是为实现组织目标服务的,是一个有意识、有目的地进行的过程。其次,管理由若干个职能构成,即计划、组织、控制、领导和协调。管理工作的过程是由一系列相互关联、连续进行的活动所构成的。再次,管理工作是在一定的环境条件下开展的,环境既提供了机会,又构成了威胁。也就是说,管理需将所服务的组织看作一个开放的系统,它不断地与外界环境产生相互的影响和作用。最后,管理的工作内容是优化使用组织的人力、物力和财力等各种资源。管理工作通过综合运用组织中的各种资源来实现组织的目标。

(2) 管理的基本职能。一是计划职能。计划职能的主要任务是在收集大量基础资料的基础上,对组织未来环境的发展趋势做出预测,根据预测的结果和组织拥有的可支配资源建立组织目标,然后制定各种实施目标的方案、措施和具体步骤,为组织目标的实现做出完整的谋划。二是组织职能。组织职能有两层含义:一方面是进行组织结构的设计、建造和调整,如成立某些机构或对现有机构进行调整和重塑;另一方面是为达成计划目标所进行的必要的组织过程,如进行人员、资金、技术、物资等的调配,并组织实施等。三是领导职能。领导职能是指组织的各级管理者利用各自的职位权力和个人影响力指挥和影响下属为实现组织目标而努力的过程。领导职能主要涉及组织中人的问题,往往和激励职能、协调职能一起发挥作用。四是控制职能。控制职能的作用是检查组织活动是否按既定的计划、标准和方法进行,及时发现偏差、分析原因并进行纠正,以确保组织目标的实现。由此可见,控制职能与计划职能具有密切的关系,计划是控制的标准和前提,控制的目的是计划的实现。五是协调职能。协调职能有三层含义:首先是协调组织内部各种资源、要素、职能之间的关系;其次是协调组织内部与组织外部环境各因素之间的关系;最后是实现组织内部、组织与外部环境之间的全面协调,克服和消除组织内外不协调现象,以提高组织管理效益。

(3)管理的要素组成。一是管理者。管理者是指在组织中从事管理活动的全体人员,即在组织中担负计划、组织、领导、控制和协调等工作,以期实现组织目标的人。可以将一个组织的管理者分为高层、中层和基层三个层次。不同层次管理者的工作重点不同。通常而言,作为一名管理人员应具备的管理技能包括专业技能、人际技能、概念技能三方面。专业技能是指使用某一专业领域内有关的工作程序、技术和知识完成组织专业任务的能力。人际技能是指与处理人事关系有关的技能,即理解、激励他人并与他人共事的能力。人事关系这项技能,对于高、中、低层管理者有效地开展管理工作是非常重要的,因为各层次的管理者都必须在进行有效沟通的基础上相互合作,共同完成组织的目标。概念技能是指综观全局、认清为什么要做某事的能力,也就是洞察组织与环境相互影响的复杂性能力。具体来说,概念技能包括:理解事物的相互关系从而找出关键影响因素的能力,确定和协调各方面关系的能力以及权衡不同方案优劣和内在风险的能力等。二是管理对象。管理对象也称为管理的客体,是指管理者实施管理活动的对象。在一个组织中,管理对象主要是指人、财、物、信息、技术、时间、社会信用等一切资源,其中最重要的是对人的管理。对人的管理主要涉及人员分配、工作评价、人力开发等。对资金的管理主要涉及财务管理、预算控制、成本控制、资金使用、效益分析等。对物的管理主要涉及资源利用、物料的采购、存储与使用,设备的保养与更新、办公条件和办公设施等。对信息的管理主要涉及组织外部、内部信息的快速收集、传递、反馈、处理与利用、发展趋势的准确预测等。对技术的管理主要涉及新技术新方法的研发、引进与使用,各种技术标准引用与贯彻方法的制定与执行等。对时间的管理主要是如何合理安排工作时间并提高工作效率,在最短的时间内达到组织目标等。对信用的管理,如通过组织的实践活动、媒体宣传和从事公益事业等手段,树立本组织良好的社会声誉和社会地位,为组织目标的实现创造良好的环境。

(4)管理学的主要特征。管理学以一般组织的管理为研究对象,研究包括管理的基本概念、原理、方法和程序,探讨人、财、物、信息、技术、方法、时间的计划和控制问题,组织的结构设计问题,对组织中人的领导与激励问题等。它作为一门学科具有如下特性:一是管理的实践性。管理理论与方法是人们通过对各种管理实践活动的深入分析、总结、升华得到的,反过来它又被用于指导人们的管理实践活动。管理学是应用性学科,也是实践性科学。二是管理的发展性。随着社会进步和全球科学技术的发展,特别是计算机和网络技术的广泛应用,产生了许多新的管理问题,需要人们研究、解决,而所产生的新的管理理论和方法将会大大推动管理学理论体系的更新和扩展。因此,管理学是一门在实践中每时每刻都在发展的学科。三是管理的软科学性。如果将组织中的人力、财力、物力、技术等看作实实在在的客观硬件,而管理则可看作软件。管理是将上述要素合理利用和组合,是无形的。管理的主要任务是充分调动人的积极性,发挥人员的内在潜力,这是将管理学看作软科学的第一层含义。管理者必须借助于被管理者及其他各种条件来创造社会价值,在这种价值中很难区分出有多少是由管理而得到的,这是将管理学看作软科学的第二层含义。某些管理措施是否有效往往需要较长时间的实践才能看出,很难在事前准确地评价,这是将管理学看作软科学的第三层含义。四是管理的二重性。管理的二重性是指管理的自然属性和社会属性。管理理论、技术和方法是人类长期从事实践的产物,可以在不同社会制度下、不同国家中使用,这就是管理的自然属性。此外,管理是在一定的社会关系条件下进行的,必然会体现管理者管理意志,这样在管理学中便形成了另一部分属于社会关系范畴的内容。五是管理的科学性与艺术性。管理揭示了一系列具有普遍应用价值的管理规律,总结出许多科学的管理原则,这是管理的科学性。同时,管理又是一门艺术,要灵活地采用相应的管理手段和方法,这是管理具有的艺术性。

2.2.8.2 军事运筹学

运筹学的名称最早出现在第二次世界大战前夕,其英文是 Operation Research。我国科学家把它译为"运筹学",原指那些应用于研究作战问题的科学方法。20 世纪 50 年代初,由于电子计算机的出现,促使运筹学在科研生产和国民经济各领域中得到广泛应用,并形成了一门新的学科。

(1)功能作用。作为运筹学在军事领域的专项发展,军事运筹学是应用数学工具和现代计算技术对军事问题进行定量分析,从而为决策提供数量依据的一种科学方法,它是一门综合性应用科学。随着现代军事技术装备的发展,军事运筹学作为现代条件下用以提高军事工作效率为目标的一项系统的组织管理技术,已成为现代军事科学的一个重要组成部分。军事运筹学主要用于为制定总的战略方针、作战原则提供定量依据;还可以用于作战评估分析、装备效能分析;

确定部队战斗能力,选择战斗行动的最优方案;评估指挥、训练、保障系统的效能;预测未来战争与武器装备的发展趋势;分析国防经济实力、行政管理效益等诸多方面。运用军事运筹学可以使指挥员养成数学分析和逻辑思维的良好习惯,对作战、训练及其他各类军事活动进行定量分析和多方案选优决策,即在限定条件下以最少的人力、财力消耗获取最大的军事效果。但必须指出的是,军事问题中存在着许多难以定量的因素,如指挥员的才能、士兵的训练程度及士气等。指挥员只有结合其他定性方法进行综合分析,才能更有效地解决军事决策问题。

(2) 一般步骤。根据需解决问题的不同,军事运筹学采取的步骤也有所区别,但是一般包括以下几步:一是认识问题。通过对目的、对象、时间、地点、人员、方法等方面的详细调查研究,形成对军事问题的初步认识。二是确定问题。在对事实进行观察了解的基础上,需要确定运筹问题的定义、范畴、目的以及衡量指标等。三是建立模型。找出组成该问题各元素间相互的数学关系,建立一个或一组数学方程。四是进行计算、评价和分析。五是根据实践或试验对模型进行调整和改进,如果出现很不理想的情况,则需要进一步分析原因,确定内部因素和外部因素对结果的影响。据此进行反馈和改进方案后再进行计算,直至试验或实践中符合要求为止。

(3) 常用方法。军事运筹学解决问题的方法有很多,根据具体问题类型而确定。常用的方法包括线性规划、动态规划、对策论、决策论、统筹法、作战模拟等。

① 线性规划。回答线性规划是什么,首先要从数学规划说起。数学规划是研究某些可控因素(变量)在给定的约束条件下,应如何取值以使选定的目标达到最优的理论。数学规划的基本概念主要包括目标函数、约束条件、可行解、最优解等。目标函数是决策者所追求的目标(因变量)与决策影响因素(自变量)间的数学关系式;约束条件是对决策影响因素(也称决策变量)的限制条件;可行解是满足约束条件的解;最优解是在一定条件下,可行解中达到最满意效果的解。研究在线性等式或不等式约束下,线性目标函数的极值的数学规划称为线性规则。线性规划在军事上可用于寻找使效率最高或代价最小的兵力或兵器的分配、兵力部署方案,以及军用物资的调配和运输等问题的运筹分析中。线性规划模型建立的步骤包括:研究和明确问题的要求和条件;设定决策变量;选定向量目标函数的数量指标(费用、成本、消耗、完成任务的数量等);收集和确定数学模型所有参数的数据资料;列出所有约束条件的线性数学表达式;列出目标函数的数学表达式。

② 动态规划。动态规划是研究具有动态性质决策过程的最优化问题的理论和方法,它是军事运筹学的一个分支。该方法是由美国数学家贝尔曼等,在

20世纪50年代首先提出的。他们根据一类多阶段决策问题的特点,将多阶段决策问题变换为一系列互相联系的单阶段问题,然后逐个加以解决。与此同时,贝尔曼提出了解决这类问题的"最优性原理",通过研究许多实际问题,创建了解决最优化问题的一种新的方法——动态规划。动态规划在制定多阶段作战中的兵力、火力分配计划,制导武器的最优控制及国防资源的分配等方面的运筹分析中有着广泛的应用。根据贝尔曼的最优化原理,"在多阶段决策过程中,最优策略具有如下性质:即不论先前的状态和决策是什么,对于由先前的决策所造成的状态来说,后续采取的决策,必然构成一个最优策略。"动态规划的基本原理是:一个最优策略的子策略总是最优的。根据这个原理,对于多阶段决策过程最优化问题,可通过逐段逆推求后部最优子策略的方法,来求得全过程的最优策略。利用动态规划模型解决问题,一般分为以下几个步骤:根据系统状态变化的实际情况,将问题适当地划分为若干阶段;确定适当的状态变量,使它既描述过程的全部特征,表现出过程的演变,又具有无后效性(某一阶段的状态只与前一阶段状态及决策有关,而与更前的状态及决策无关);规定决策变量,确定各阶段的允许决策集合;列出状态转移方程(状态转移方程不一定是数学表达式,可以只给出状态转移的某种规划);确定阶段性指标(阶段性指标依赖于该阶段初始状态和采取的策略,并符合问题优化目标);列出最优子策略指标函数的递推方程,以及初始条件。

③ 对策论。定量研究人类社会冲突现象的理论称为对策论,也称博弈论。对策论的基本问题是把实际冲突现象抽象为对策模型,即用数学语言描述冲突各方所采取的策略,以及各方的得失,并用适当的算法找到各方的最优策略。作战行动无疑是双方实力的拼搏,但它也是作战双方指挥策略的较量。高明的策略可以以少胜多,以弱敌强;错误的策略可以导致功败垂成,或者遭受不应有的损失。古今中外的战争中,这样的事例不胜枚举。因此,对策论的研究对于军事决策具有重要意义。对策过程中,双方都力图采取可能的策略使对方陷于失败或遭受最大的损失,夺取己方的胜利或避免遭受大的损失,取得最好的结果。这是确定最优策略的准则时需要考虑的一个方面。正因为对策双方都认识到,在任何情况下对方总要千方百计使自己处于不利地位,所以不能把己方的策略建立在对方犯错误的假定上。相反,应假定对方是理智的、精明的,不论自己采取哪种策略,对方总要使自己处于最不利的地位。因此,必须从最不利的条件出发确定自己的策略,这是确定最优策略准则需要考虑的另一方面。把这两方面统一起来,就可以得出确定最优策略的准则:从各种行动策略下最不利的情况出发,争取最好的结果。该准则称为"最大—最小准则"。只有按该准则确定的最优策略,才是稳妥可靠的策略。

④ 决策论。研究决策者做出决策过程的一种系统的理论和方法,就是决策

论。研究的目的是使决策过程符合科学的原则,并使所做出的决策最大限度地满足决策者的需要。它是决策科学的一个分支,可运用在军事领域的许多方面,如在制定军事战略、确定作战方案、进行兵力部署、实施作战指挥和保障以及对军队进行管理和武器装备的研制、采购等的军事运筹分析中有广泛的应用。决策论起源于20世纪50年代,美国学者A·瓦尔德奠基的统计决策理论。决策论的一些基本概念,如主观概率、贝叶斯分析方法、效用函数等,与更早期的统计学和经济学的发展有密切关系。现代决策理论与行为科学、心理学、经济学以及军事科学等有关学科交叉发展,其内容已远远超出这些经典文献所包含的内容。依据掌握信息量的不同,决策问题可分为确定型决策、不确定型决策与随机型决策。确定型决策是指决策者完全掌握了将出现的客观情况,从而在该情况下,从多个备选行动方案中选择一个最有利的方案;在完全不掌握客观情况的概率规律性条件下做出决策,称为不确定型决策;如果不完全掌握客观情况出现的规律,但掌握了它们的概率分布,则这时的决策称为风险性决策,或称为随机型决策。

⑤ 统筹法。统筹法是运用统筹兼顾的基本思想,对错综复杂、种类繁多的工作,进行统一筹划、合理安排的一种科学方法。这种方法把组成某一任务的各个环节,依据其间的相互联系,用一张由箭形有向线段连接起来的统筹图(网络图)表示。因此,这种方法也称为网络法。这种统筹图直观明了,通过对其定量分析,可以了解各工作之间的相互依赖、制约关系,找出完成任务的关键环节,对计划进行调整和优化,以便缩短完成任务的时间,合理地利用各种资源。同时,这种统筹图还可以用来检查计划的执行,便于指挥和控制。因此,统筹法是提高计划、管理、指挥水平的一种重要方法。统筹法于1958年引入我国,著名数学家华罗庚教授积极研究、推广这一方法。他在研究了国外网络方法的基础上,吸收其科学的部分,结合中国传统的统筹思想,形成了中国特色的"统筹法"和"优先法"。在华罗庚教授积极倡导下,统筹法在中国得到了普及推广,并在军事及各行各业指挥管理和重大工程科研项目、武器研制、人才训练、组织战斗、后勤保障等许多方面得到了应用,成为应用范围广、成效显著的管理方法。统筹法的一般步骤包括:调查研究,根据所承担的任务,弄清每个单位承担哪些工序,每道工序与其他工序的直接衔接关系,每道工序所需要的人力、资源和时间;开列清单,根据调查得到的结果,用表格的形式列出工程所涉及的各工序间逻辑关系清单(包括工序代号、工序名称、紧前工序、紧后工序、工序时间);绘制草图,为使统筹图表现出空间上的协作关系与时间上的顺序关系,首先要尽早把关联密切的工序和相关节点相互接近,以避免工序箭线的交叉,其次尽可能在图的水平方向区分阶段,在图的垂直方向区别单位,而承担主要任务的单位布置在图的中间;调整修改草图中出现的工序遗漏、箭线交叉、节点多余、布局不合理和逻辑关系

等错误,合理布置节点,减少不必要的虚工序;定稿、绘制正式的统筹图。

2.2.8.3 作战模拟

(1)功能作用。作战模拟是运用实物、文字和符号等手段,对作战环境和作战过程进行模仿的技术、方法和活动。它是军事运筹分析的重要手段,包括实兵演习、沙盘作业、图上作业、作战博弈、计算机辅助模拟、计算机仿真、解析模型模拟等。作战模拟的目的是研究作战规律,启迪作战思想,探讨作战指导原则,为军事决策提供科学依据。它在方案评估、武器论证、教育训练和后勤保障等方面都有广泛的应用。

常用的作战模拟方法包括解析法、仿真法、指数法等。解析法的特点是模型中的参数、初始条件、其他输入信息和作战结果等数量之间的关系,均以公式、方程式或不等式来表示。研究这些公式和解析模型的理论,称为作战动力分析,使用的是数学的或半经验半理论的方法。这方面最有代表性的是一组以兰彻斯特命名的微分方程组。求解这组微分方程,可以近似地算出双方兵力(兵器)数量在战斗过程中的变化。仿真法是把人们关心的作战行动分解成一系列基本事件和活动,并按逻辑关系把它们组合起来,经过推演计算出战斗结果。比如,反坦克武器对坦克的对抗过程,可以分解成机动、搜索、发现、目标分配、射击、命中、毁伤等基本活动和事件。应注意的是,模型中大部分事件是随机发生的,因此应了解它们的统计规律性,用随机抽样技术(蒙特卡洛方法)模拟,这是比较逼真、有效的解决方法。指数法是用相对数值简明地反映分析对象特性的一种量化方法。它常被用于描述武器装备、部队等在各种不同战斗环境条件下的综合战斗潜力和作战效能。军事上常用的指数很多,如武器火力指数、武器指数等。

(2)主要分类。按作战模拟的规模,现代作战模拟可分为技术模拟、战术模拟、战役模拟和战略模拟四种类型。技术模拟是对武器装备战技性能、操作使用特性以及局部作战过程等的模拟,如对抗条件下的武器弹道仿真就属于此类作战模拟,用于研究武器弹道对突防毁伤概率的影响,以完善武器弹道参数设计。战术模拟主要是对敌对基本作战单位之间作战过程的模拟,包括单个作战单位之间、单个与多个作战单位之间以及多个与多个作战单位之间对抗过程的模拟。战术模拟比较逼真,描述也更为细致,可描述至排、班、单兵、单件武器。战役模拟主要是对一个作战方向或战区内敌对双方使用较大规模兵力进行的一系列战斗活动的模拟。模拟军以上、集团军的战役作战,可以包括陆军、空军、海军在内的多军兵种的联合作战,基本战斗单位为团、独立营。战略模拟主要是对现代条件下使用战略核武器、战略导弹、战略轰炸机、战略防御系统等,影响全局的战争行动或军队结构规划、优化分析等战略问题的模拟,用于制定国家战略方针和军队发展规划。

按作战模拟的用途,现代作战模拟可分为研究型作战模拟、训练型作战模拟和辅助决策作战模拟三种类型。研究型作战模拟是对作战过程进行系统的研究,主要用于研究和分析一定作战条件下的作战行动方法和武器装备的作战性能。训练型作战模拟是对作战训练过程的模拟仿真,主要用于作战人员的训练和作战演习。辅助决策作战模拟是对作战指挥过程的决策支持,主要用于给指挥员提供辅助决策功能。

此外,从所用模型对现实的抽象程度来看,可将作战模拟分为解析模拟、计算机仿真、作战对抗模拟和军事演习;从模拟兵力的种类来看,作战模拟可分为单类武器系统作战模拟、单一兵种作战模拟、合成兵种作战模拟和多军兵种联合作战模拟;从系统构成来看,作战模拟可分为实兵模拟、虚拟模拟和结构模拟。

(3)一般步骤。一是准备阶段。任何作战模拟都是针对特定问题而进行的,具有明确的任务指向性。不论最古老的沙盘推演还是现代基于虚拟现实技术的作战模拟训练,或者是武器装备的仿真研究,都是依据特定的问题需要来进行设计、安排和运行的,以解决问题为第一要务。因此,作战模拟的第一步就是要确定模拟任务,针对该任务的想定,确定边界条件和过程。对任务的错误理解,将会导致错误的结果和严重的后果。此外,准备阶段的工作还包括总体设计、数据准备、设备准备、模型和软件准备、人员组织、编写想定等。二是模拟阶段。模拟阶段是模拟的具体实施阶段,对于军事行动而言,是作战过程正在进行的阶段,通常是交战双方在计算机上进行作战模拟;对于武器装备的仿真研究而言,是通过计算机模拟实验来仿真武器装备的性能。三是分析阶段。依照作战模拟的目标,在整个模拟过程中会产生大量的数据,必须对这些数据进行全面的记录、整理和分析,并得出相应的结论。分析阶段是作战模拟整个过程中非常重要的阶段,其重要性在于所有新的作战方法、作战思想和作战规则等都产生于这一阶段。

2.2.8.4 复杂系统理论

美国《科学》杂志1994年初的"复杂系统"专辑中对"复杂系统"的定义为:通过对一个系统的分量部分(子系统)性质的了解,不能对系统的性质做出完全的解释,这样的系统称为"复杂系统",即整体的性质不等于部分性质之和,系统的整体与部分的关系不是线性关系。从这个定义来看,根据系统理论的观点,所有具有整体性的系统都符合"复杂系统"的特征。因为根据系统论三定律,首先为结构质变原理,即整体不一定等于部分之和;其次为优化定律,即保证实现环境允许系统达到的功能(目的)前提下,使得整个系统空间、时间、物质、能量和信息的利用率最高;最后为相似定律,即由于系统间的相似性,从某个系统总结的规律,可以推广和还原到和它相似的系统上去。所以复杂系统首先是系统,应满足系统的基本性质;其次具备复杂性,必须具备复杂系统所特有的性质。

(1) 主要特点。

① 涌现性,即系统的整体性。子系统间的相互作用,可导致产生与单个子系统行为显著不同的宏观整体性质。这些性质根据先前的子系统知识是无法预知的。整体性质影响了环境,使每一子系统可以看到每个子系统行为影响的效果,这就产生了协同性反馈,即子系统相互作用产生的宏观性质反过来又影响了每一子系统。例如,战术空战中飞行员和飞机联队的大量战术空战相互作用,决定了战役和战略进程。但是,从个别飞行员和飞机联队及其战术交战外推,是得不到战争的战略战役特性的,这体现了整体和个别、一般和特例的辩证关系。涌现性的关键后果是还原论和牛顿科学模式得不出来的,因为涌现性行为不能由输入输出简单地叠加而得到,所以还原论不能用来分析复杂系统行为。在存在大量子系统的复杂系统中,相互影响而产生宏观行为的涌现是复杂系统的标志。对于涌现性,即使是复杂适应系统理论的开创者霍兰也不愿给出一个确切性的定义,这是因为一旦给出了定义,反倒限制了大家对涌现的理解,并因此制约了对涌现性研究的创新。霍兰举了很多例子说明了涌现的具体含义。他认为,复杂来源于简单,任何复杂性其实都是由简单事物构成的。国际象棋就几十个棋子,简单的二十几条规则,却演化出无数的棋局;牛顿方程、麦克斯韦方程就简单的几条公式表述,却演化出无数物理世界的奇迹;简单的 WWW 网络协议,却引起了因特网爆炸式的发展,造就了一个崭新的网络时代。涌现带来的是人们意想不到的结果,如果能够通过恰当的构模,就可以模拟出复杂系统的演化过程。但这样去理解"涌现"这个概念总是感到不足,可以通过一些涌现的性质加以说明。我们认为,涌现具备以下一些特征:一是具有结构,也就是说是系统的一种,由多个组分(子系统)组成。二是具有自适应能力。自适应能力包括自组织、自结构、自学习等,通过不断地学习,调整自身的结构和行为,以适应外部和内部的变化。三是通过适应改变了的结构和行为形成系统演化,具备了新系统的整体功能,也就是产生了涌现。例如,人设计了下棋程序,如果仅仅是模仿,则按照设计者的规则行事并不是涌现;但如果下棋程序通过自学习自适应反过来能够下赢人,这就是涌现,因为系统演化产生了新的结构,具备了新的功能和能力。

② 适应性自组织。系统是有组织的或被组织化的整体。系统是混乱的反义词,说的就是系统的组织性特点。组织的类型不同,导致形成的系统性质也会不同。例如,机器、钻石等都具有组织化简单性,但生命却具有组织化复杂性。复杂系统的组织中一般包含许多相互联系的非线性组分,这些组分可以随时间进化,适应周围的环境,并且趋向有组织的层次结构,服从分散化的控制,既有"自底向上"又有"自顶向下"的运动特点。但与人们直观感觉相反,这些看起来巨大无序的系统却能够自发地得出"精妙绝伦"的自协调秩序,这也是复杂系统

的内在特点之一。自组织来自于系统对环境的反应和适应,自组织的过程是系统自我进化的过程,自组织的结果是形成新的系统结构。由于自组织行为经常是人们还没有认识到的,或者是一知半解的,无法建立模型去研究这些过程和行为,因而会认为对复杂系统无从理解和控制。但自组织过程确实存在,并且发生在很多系统中,如流体的对流、化学反应、某些动物种类和人类社会等。基于市场的经济系统就是自组织的,人们常说的"看不见的手",指的就是这种适应性,市场在动态中不断呈现适应性自组织行为。战争系统中适应性自组织行为的特征更加明显,属于"活"的行为、智能的行为,是战争模拟中必须考虑的内容。传统的作战仿真由于起源于物理系统的仿真,对智能行为考虑得非常少,因此其仿真的内容总带有"机器味",比较呆板和僵硬。但任何战争都是以人为主体的,这种机械式的仿真很难反映人的智能行为,必须寻找一种"活"的、具有"生命"特征的仿真方法来模拟战争,适应性自组织无疑是其最基本的要求。

③ 混沌。混沌理论用于定性研究决定性动力系统非稳定非周期行为。动力系统可定义为实际系统时变行为的一种简化模型。在正常重复值时无状态变量可描述的行为,称为非周期行为。它是不可重现、不可预测,微小变动就有大后效的系统。所谓"美洲一蝴蝶扇动翅膀,引起亚洲龙卷风""一念之差,改变行军路线,变动了历史进程",描述的都是混沌现象。混沌也是复杂系统的一个重要性质。但混沌是一个很难精确定义的数学概念,可以把它看作确定的随机性。"确定的"是因为它由内在的原因而不是外来的噪声或干扰所产生,即过程是严格确定的;而"随机性"指的是不规则、不能预测的行为。混沌是由某些本身不是随机因素的固定规则所产生,因此许多随机现象实际上比想象的更容易预测。混沌也存在秩序,它的随机性具有某种精巧的形式。混沌将决定性和随机性集于一身,既有偶然性又有必然性。混沌具有吸引力的方面是,它提供了把复杂行为理解为有目的和有结构的某种行为的方法,而不是理解为外来的和偶然的行为。混沌的奇特之处在于,它把表现的无序与内在的决定论机制巧妙地融为了一体。它证明了在表现的有序背后隐藏着一种奇异的混沌,而在混沌的深处又隐藏着一种更奇异的秩序。有人说,要在混沌的边缘上才会有新的思想和新的结构产生,这是很有道理的。研究混沌问题,寻找处于复杂系统间的有序与无序、偶然与必然的关系,可以对复杂战争问题的研究有所借鉴。

(2) 研究方法。

复杂系统的研究方法取决于上述特点和研究对象,它本质地区别于对简单系统或白盒问题的传统研究方法。在此,我们不能不指出,在 20 世纪 80 年代初,钱学森就发表了"系统科学、思维科学与人体科学"的论文,明确提出"系统学是研究复杂系统结构与功能一般规律的科学"。1990 年,其又在《自然杂志》上发表了"一个科学新领域——开放的复杂巨系统及其方法"的论文,提出了

"开放的复杂巨系统"概念及处理这类系统的方法论。他指出,简单大系统可用控制论的方法,简单巨系统可用还原论范畴的统计物理方法,而开放的复杂巨系统不能用还原论及其派生方法,只能采用本体论方法。这种复杂系统研究方法的新思想,时隔10年后才被西方学术界所认识。1999年美国Science杂志发表了"复杂系统"专辑,明确提出了"超越还原论"的口号。哈尔滨工业大学李士勇教授在长期研究非线性科学与复杂系统理论的基础上,提出了六个相结合的复杂系统综合研究方法,即定性判断和定量计算相结合、微观分析和宏观综合相结合、还原论与整体论相结合、确定性描述与不确定性描述相结合、科学推理与哲学思想相结合,以及计算机模拟与专家智能相结合。六个相结合的研究方法正确地体现了钱学森所倡导的"系统科学、思维科学与人体科学"相结合的本体论综合研究方法。

(3) 复杂系统建模。

① 复杂系统研究是建模与仿真发展的动力源。随着科技持续进步和社会不断发展,人们对于复杂系统研究的需求越来越大,又由于复杂系统研究的核心是自身的自治性、演化性、进化性及复杂性(主要包括适应性、非线性及涌现性等),利用传统机理分析法和实验统计法往往难以获得接近实际的结论,因此,不得不转而采用构建模型的研究方法(或称为仿真方法),即不断地在先验知识和近似模型之间来回区分新模式,引入新概念,并将它纳入一次又一次修改后的模型,再进一步通过模型运行和模型试验结果分析来解释、阐明和开发被研究的复杂系统问题。这就是复杂系统问题研究对于建模与仿真的客观需求及在研究方法学上越来越多的依赖性,同时反映了建模与仿真发展的必然趋势。

② 支撑复杂系统建模与仿真的新理论。达尔文的进化论表明,宇宙空间起初只有一些简单系统,如基本粒子、原子、分子、单细胞生物体等,随着时间的推移,逐渐出现了像大自然和人类这样的复杂系统。如前所述,复杂系统具有显著区别于简单系统的复杂性特点,从而给建模与仿真带来了相当大的困难,但同时也极大地促进了支撑系统建模与仿真的理论发展,近几年来的发展尤其迅速,使系统建模与仿真的理论基础不断扩大、日趋完善、坚实。支撑复杂系统建模与仿真的理论基础除模型论、相似理论、系统理论、辨识理论、网络理论、层次分析理论及专业理论外,还出现了新的理论,如系统分形理论、CAS理论、定性理论、或理论、模糊理论、元胞自动机和支撑向量机、自组织理论、灰色系统理论等,这些新理论的出现都对复杂系统建模与仿真发展起到了重要或关键的作用。

③ 复杂系统建模方法学进展。复杂系统的特点和研究对象的广泛性决定了它的建模方法学的特殊性。这就是说人们在传统建模方法的基础上,应该不断研究和探索用于复杂系统的特殊建模方法,这些建模方法或是常用建模法的扩展或是全新的建模方法,包括混合建模法、组合建模法、基于Agent建模法、基

于 Petri 网建模法、基于神经网络建模法、基于系统动力学因果追溯建模法、基于 CAS 建模法、基于 CGP 建模法、基于面向对象技术建模法、定性推理建模法、基于 GSPS 建模法、基于 GMDH 的混沌时间序列建模法、元模型建模法、基于综合集成"研讨厅"建模法、基于分形理论建模法、基于元胞自动机建模法、基于支持向量机建模法、基于计算机智能逼近建模法及多分辨率(MRM)建模法等。

④ 适应于复杂仿真系统的体系结构。根据相似原理和系统论的保存关系,系统建模与仿真的实质是寻求一个同被研究原型有极密切映像关系的模型研究系统(仿真系统)。因此,欲利用建模与仿真来解决复杂系统的自治性、进化性及复杂性问题,就必须在遵循几何相似、物理相似、环境相似,以及保证行为水平、状态结构及复合结构级的保存关系下,构建适应于复杂仿真系统的体系结构。它应该是一个高度集成的综合体系。

⑤ 复杂系统建模环境及工具。为了缩短建模周期和减少建模人员精力,研制、开发及应用复杂系统建模环境及工具是至关重要的。复杂系统建模环境及工具是指用于复杂系统的建模语言、建模软件与建模平台等。目前的复杂系统建模环境及工具是较为丰富、有效的,并在不断增多和提高。一些流行的、通用的、先进的复杂系统建模语言、软件和平台,主要包括 Rational Rose、Power Designer、MicrosoftOffice Visic、Trufun Plato、HLA&RTI、GIS、OpenGL&Vega、STAGE&STRIVE、ModSAF JMASS、JSIMS&JWARS、UML、Swarm、MATLAB&Simulink 等。

2.2.8.5 计算智能理论

计算智能(Computational Intelligence,CI)是当代人工智能的重要组成部分。它是在 20 世纪 90 年代初人们向传统人工智能挑战过程中提出的研究模拟人类的思维或生物的自适应、自组织能力,以实现计算技术的智能性为目的的一门新兴学科,也是一门涉及物理学、数学、生理学、心理学、神经科学和计算机科学等学科的交叉学科。

袁力哲等对计算智能的论述是,将实际问题中的研究对象通过特定的数学模型进行描述,使之变成可操作、可编程、可计算和可视化的一门学科。它能运用其所具有的并行性、自适应性、自学习性对海量数据进行规律挖掘和知识发现。由于计算智能在整个计算过程中自始至终考虑计算的瞬时性和敏捷性,因此对于复杂的问题,人们可以采用计算智能将任务分解或变换的方式使所求解的问题在有限的时间内获得满意解。实际中,计算智能可以较好地解决大规模复杂系统中出现的"组合爆炸"问题,不仅具有通用、稳健、简单和易于并行处理等优点,而且有望在数值计算和语义表达、人类思维等高级智能行为之间架起一座紧密联系的桥梁。计算智能的意义在于促进了基于计算和基于物理符号相结合的各种智能理论、模型和方法的综合集成,以发展功能更强大、能解决更复杂系统的智能行为。计算智能主要包括模糊逻辑(Fuzzy Logic,FL)、进化计算(Evolutionary Computation,EC)、人工神经网络(Artificial NeuralNetworks,ANN)、混沌系统(Chaotic Systems)、概率推理(Probabilistic Reasoning,PR)等。其中进化计算主要包括遗传算法(Genetic Algorithms,GA)、遗传编程(Genetic Programming,GP)、进化编程(Evolutionary Programming,EP)等。

(1)模糊数学。模糊数学是对研究对象模糊性的属性进行定量处理的一门学科。模糊性是指边界不清楚,即在质上没有确切的含义,在量上没有明确的界限。这种边界不清的模糊概念,不是由于人的主观认识达不到客观实际所造成的,而是事物的一种客观属性,是事物之间的差异经历了一个从量变到质变的连续过渡过程。如果概率论是将数学的研究领域从必然现象扩大到了随机现象,模糊数学则将数学的研究领域从清晰现象扩大到了模糊现象。1965年,美国控制论专家、加利福尼亚大学教授扎德(L. A. Zadeh)首先提出模糊集合的概念,发表了开创性的论文《Fuzzy Sets》。他提出,模糊数学的核心思想就是运用数学手段,仿效人脑思维,对复杂的事物进行模糊处理。1973年,扎德教授又提出模糊逻辑的理论,并积极倡导将模糊理论向人工智能方向发展。需要指出的是,模糊数学的诞生,并不是把已经很精确的数学变得模糊,而是用精确的数学方法处理过去无法用数学描述的模糊事物。模糊数学的基础理论包括模糊逻辑、模糊规则、模糊推理、隶属度和模糊集合等。另外,以模糊数学为基础的模糊模式识别、模糊聚类分析、模糊控制、模糊综合评价的理论和方法已在很多领域取得了丰硕成果,显示出了模糊逻辑强大的生命力。当前,模糊理论及其应用领域正在不断拓宽和加深,已经成为世界各国高新技术竞争的重要领域。

(2)进化计算。进化计算是采用简单的编码技术来表示各种复杂的结构,并通过简单的遗传操作和优胜劣汰的自然选择来指导学习和确定搜索方向。由于采用种群的方式组织搜索,使它可以同时搜索空间内的多个区域,因此特别适合大规模的并行计算。进化计算具有自组织、自适应、自学习的特点,并且不受其搜索空间限制性条件的约束,不需要其他辅助信息,这使得其不仅能获得较高的效率,而且操作简单、通用性强。进化计算起源于20世纪六七十年代,但当时并未受到普遍的重视,主要原因:一是这些方法本身还不够成熟;二是这些方法较大的计算量对计算机的性能要求较高,而当时的计算机还未普及并且速度较慢,这也限制了它们的应用;三是当时基于符号处理的人工智能方法正处于其顶峰时期,使得人们难以认识到其他方法的有效性和适应性。到了20世纪80年代,此时人工智能方法的局限性已经表现得越来越突出,并且随着计算机速度的提升和并行计算机的普及,进化计算对机器速度的要求已不再是制约其发展的因素。另外,进化计算在机器学习、过程控制、经济预测、工程优化等领域取得的成功也逐渐引起了各领域科学家们的极大兴趣,并迅速在世界各国掀起了研究热潮。目前,有数个以进化计算为主题的国际会议在世界各地定期召开,并已出版了多本关于进化计算的杂志。可以预见,随着进化计算理论研究的不断深入和应用领域的不断拓宽,进化计算必将取得更大的成功。进化计算的研究内容主要包括遗传算法、进化规划和进化策略等。它们在算法实现方面有一些细微的差别,但都是借助生物进化的思想和原理来解决实际问题的。

  (3)人工神经网络。从模仿人脑智能的角度出发,探寻新的信息表示、存储和处理方式,构造一种全新的计算机结构模型,设计一种更接近人类智能的信息处理系统来解决工程设计和科学研究领域中用传统的冯·诺依曼计算机难以解决的问题,必将大大地促进人类社会的进步,这就促使人们研究人工神经网络。神经网络理论与实践再一次拓展了计算概念的内涵,使神经计算成为一门新的学科。在神经网络的硬件实现方面,发达国家的主要公司对神经网络芯片、生物芯片情有独钟,如 Intel 公司、IBM 公司、AT&T 等公司已取得了多项专利,并有多种产品应用到国防、企业和科研部门。在神经网络的软件模拟方面,人们已经开发了很多有实用价值的神经网络工具,其商业化前景也令人鼓舞。

  在理论研究方面,研究人类思维和智能机理一直是科学发展中最有意义、最有挑战性的课题。目前,我们对人脑的认识还是十分肤浅的。要揭开思维的本质和智能的机理需要从进化的角度和动态的角度进行研究,并且需要做大量的工作,这涉及诸多方面的知识,包括计算机理论、语言学、认知科学、数学、生理学、解剖学、哲学等。经过几亿年漫长进化的人脑已具有感知、识别、学习、联想、记忆、推理等智能,能主动适应环境和改造环境,可塑性很大。事实上,人类的认知过程很大程度上不仅受经验主义的影响,而且还接受理性主义的模型和解释。要使在现代神经科学研究成果基础上提出的神经网络具有自学习、自适应和自组织的功能,一方面在现有成果的基础上研究和改进各种计算模型及其算法。例如,进一步研究多层感知器的算法,使之成为适应性神经网络的有力工具;构建多层感知器与自组织特征的复合网络,使之成为解决实际问题的一个有效途径。另一方面,随着对人脑思维和智能研究的深入,可以利用神经科学理论的最新研究成果,通过数理方法构建功能更加完善、性能更加优越的神经网络模型,从而促进智能科学的发展。在应用研究方面,神经网络目前主要用于模式识别、信号处理、知识工程、专家系统、组合优化、机器人控制等领域。随着神经网络理论本身以及相关理论和技术的不断发展,它的应用定将更加深入和广泛。近年来,智能计算机的开发成为引人关注的研究方向,科学家们也为此投入了巨大的研究热情。这种计算机的内涵已很难再用集成电路的规模来表达,它是一种可模拟人的思维方式、具有并行推理能力的智能型计算机。由于人类对于智能的理解还十分肤浅,开发智能计算机也遇到了巨大的困难,而发展智能计算机是当今社会所面临的一项迫切而又重大的课题。

2.3 装备保障任务规划机制

机制是指在事物有规律的运动中,影响运动的各种因素的结构、功能及其相互关系,以及这些因素产生影响、发挥功能的作用过程及其运行方式,是引导和制约决策并与人、财、物相关的各项活动的基本准则和相应制度,是决定行为的内外因素及其相互关系的总称。由于诸多因素相互联系、相互作用,要保证事物发展各项目标和任务真正实现,必须建立一套协调、灵活、高效的运行机制。装备保障任务规划的运行和发挥作用,必须遵循一定的运行机制,这一系列运行机制主要包括任务规划的条件、机理和流程,本节对这些内容进行了简单的阐述。

2.3.1 规划条件

任务规划的运用需要具备一定的条件,否则,进行任务规划计划会导致事倍功半。反之,在这些条件都成熟的情况下,进行任务规划才能达到事半功倍的效果。任务规划的运用应具备以下条件。

(1)领导重视。任务规划一般用于对作战和保障的支持,通常涉及指挥决策、力量部署、资源配置等重大事项,涉及多个部门、多个领域、多个专业,须由指挥决策部门推动实施,最好由指挥员或一线负责人亲自组织实施,才能取得应有的成效。因此,领导的认可和重视,是开展任务规划的重要条件。领导者必须对任务规划的实施高度重视,认为任务规划的实施最终能够解决本组织所面临的问题,能够辅助领导完成决策、指导部队开展保障行动,这样才能推动任务规划的顺利实施。从国内外任务规划的成功实施案例来看,大多是由组织的高层推动实施的。

(2)团队协同。团队是制定任务规划的组织保障,是指为了实现某一目标而由相互协作的个体所组成的正式组织。具体到任务规划中,团队主要指围绕完成任务规划活动,由相互协作的成员在明确分工的基础上建立的正式组织。任务规划的完成不仅要有相应的软硬件条件,还要通过一个完整的任务规划团队,进行情报收集、数据采集、需求分析、方案生成、推送决策的工作。

(3)领域明确。确定任务规划的领域,是任务规划运用的重要条件。不管运用任务规划的是无人机、卫星、导弹,还是一支部队,明确任务规划的主体、对象、内容等,都是开展任务规划制定的重要前提。在实际操作中,规划主体可能是某一具有确定边界的领域,也可能是某一类系统、项目、装备或技术。只有领域明确了,范围和边界界定清晰了,进行任务规划才不至于迷失方向。

（4）信息完备。运用任务规划的另一个条件是必须充分掌握任务规划相关各方面的信息。如果不具备相当充分的情报信息，则制定任务规划同样容易南辕北辙。因此，在任务规划的制定工作中，需要借助信息分析的手段，从海量的作战情报信息中，分析汇总出所需信息。只有情报信息准备充分了，才能为制定任务规划奠定扎实的基础。

（5）思想转变。在长期的发展历程中，传统地依靠指挥员和参谋辅助人员的经验积累，采用简单工具进行手工作业的任务规划方式，占据主导地位。这是由于所处的机械化战争背景下，在作战方式、装备组成、保障理念等因素影响下，依靠指挥员及其指挥机关经验进行简单的筹划规划，能够满足当时作战和保障要求。但是，在信息化条件下的现代战争，传统的任务规划方式必然带来信息处理效率低、指挥决策不精确、规划结果不确定等问题，无法适应具有智能化特征的信息化局部战争发展需求。因此，运用信息化手段进行的任务规划，要实现由定性分析到定量分析的转变，首先要解决官兵的思想认识问题，具备科技素养，更好地理解和运用任务规划的成果，保障部队作战行动。

2.3.2　规划机理

装备保障任务规划各组成要素之间的相互关联、相互作用，反映了装备保障系统内部的组织行为、交互关系、时空秩序，不仅是对装备保障系统运行及作用的控制过程，也是在装备保障任务驱动下对装备保障信息的流转和处理的活动过程。因此，可以从任务流程、信息流转、过程控制三个视角出发，对装备保障任务规划的机理进行综合分析，有助于更为全面、透彻地认识装备保障任务规划的本质属性和基本规律。其中，任务流程分析是将装备保障任务规划视为一个有机整体，运用系统工程理论对装备保障任务规划的组成结构、运行机理进行研究，侧重于装备保障任务规划整体与局部、局部与局部、内部与外部之间的关系；信息是系统保持其结构、实现其功能的基础，信息流转分析是从装备保障任务规划中信息的获取、验证、处理、分发的角度，对装备保障任务规划运行过程中各类信息相互关系的研究；过程控制分析是从系统控制的角度，针对装备保障任务规划能够按照既定目标稳定运行的各种控制关系和控制规律的研究。

2.3.2.1　任务流程分析

从装备保障的典型任务流程角度讲，装备保障任务规划是静态规划与动态规划相统一的整体。在装备保障实施前的筹划阶段，根据已有保障信息，抽象了系统要素的质变与量变特征，相对静止地考虑装备保障任务规划问题；在装备保障实施过程中，由于装备保障信息的动态变化，导致装备保障系统内部要素之间、内部与外部之间产生一系列作用和影响,进而需要对装备保障任务施以持续的、动态的规划活动。因此,按照规划时序和系统功能,装备保障任务规划可分为装备保障筹划阶段的静态任务规划和装备保障实施阶段的动态任务规划两部分,如图2-2所示。

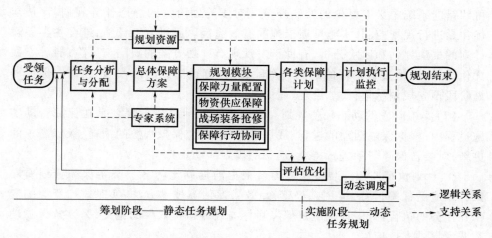

图2-2 装备保障任务规划的任务结构与流程关系图

(1)筹划阶段的静态任务规划。筹划阶段的静态任务规划是依据保障对象担负的作战任务、上级的保障意图、任务区域的战场环境和敌情动态,对装备保障任务进行的预先规划,包括以下几个步骤:

① 受领任务,分析态势,形成保障目标。受领装备保障任务,结合保障对象所担负的作战任务,充分领会保障意图。同时,根据作战部门提供的有关情报信息,重点对我方保障对象的时空态势、装备状态,我方保障力量的时空态势、保障能力,敌方兵力编成、时空态势、作战能力、威胁判断等要素进行判断分析。在上述工作的基础上,根据装备保障任务的指导思想、保障目标、力量运用、主要阶段等,对影响装备保障全局的某个或多个关键问题进行研究,形成装备保障目标。

② 装备保障任务的分析与分配。装备保障任务分析是指用于揭示装备保障任务内涵的思维活动与技术活动过程。它是将模糊的、抽象的、不可执行的装备保障任务,分解细化为一系列清晰的、具体的、有可操作性的装备保障子任务、元任务的活动过程。装备保障任务分配是在任务分析基础上,根据保障任务、保障环境、资源约束、保障能力等多方因素,在时间、空间、属性等维度,为各保障力量单元分配一个或一组装备保障任务,以便在满足装备保障任务需求的同时,力求整体保障效益的优化。

③ 主要规划模块的行动规划。根据装备保障总体方案,结合各类资源约束

条件,按照保障力量配置、物资供应保障、战场装备抢修、保障行动协同等重点问题的模块区分,分别进行相应模块的行动规划,并依据规划结果拟制各模块的装备保障计划。

④ 各类保障计划的评估与优化。按照系统论的观点,反馈是一个成熟的、可纠错的系统中必不可少的控制环节。对于筹划阶段的静态任务规划,评估与优化是进行规划控制、实施反馈措施的有效途径。通过方案评估,进行各类保障计划的推演评估和风险分析,有助于发现现有计划方案的缺陷与风险;通过方案优化,面向评估过程挖掘的缺陷与风险,进行有针对性的修改与完善,以保证筹划阶段预先规划结果科学、合理、适用。

(2) 实施阶段的动态任务规划。实施阶段的动态任务规划是在保障行动实施过程中,根据保障活动的进程、战场态势的变化、保障资源的消耗、保障需求的更新,对装备保障行动进行持续、动态的规划活动。

① 计划执行监控。装备保障力量根据前期制定的各类装备保障计划有序执行相应的保障任务,运用态势感知、效果评估等技术方法,实时监控资源的变化和任务的执行情况,评估既定保障目标与任务执行效果的偏差,为装备保障动态调度提供支持依据。

② 动态调度。在各类保障任务执行过程中,依据计划执行监控所得到的保障目标与执行效果偏差以及保障资源变化等因素,实时更新保障目标、调整原定计划。在任务执行过程中,形成装备保障任务规划的动态校正机制,使保障决策与保障行动符合战场态势的变化,从而保证保障任务的达成和保障目标的实现。

2.3.2.2 信息流转分析

从信息论角度讲,装备保障任务规划过程伴随着装备保障信息的活动过程。它是将任务信息、态势信息、资源信息、规则信息等相融合,通过信息的获取、处理、存储、传递、控制等方式,转化为可以直接指导装备保障力量执行相关行动的各类计划指令的过程。

装备保障任务规划信息流转关系如图 2-3 所示。在筹划阶段的静态任务规划中,主要以指挥员及其后装保障要素下达的装备保障任务信息、友邻部队的保障协同信息、相关情报部门的敌我情况及战场态势信息为输入,经过包含各类分支行动规划模块的规划工具的信息处理,形成装备保障决心、装备保障方案、初始装备保障计划等输出信息。在实施阶段的动态任务规划中,由实时的战场态势监控信息、保障资源监控信息、任务执行监控信息、目标偏差与风险评估信息等组成信息的反馈控制回路,对各类初始装备保障计划进行实时的动态规划,使保障决策与保障行动符合保障实际和保障规律,为各保障部(分)队提供精确的保障计划指令。

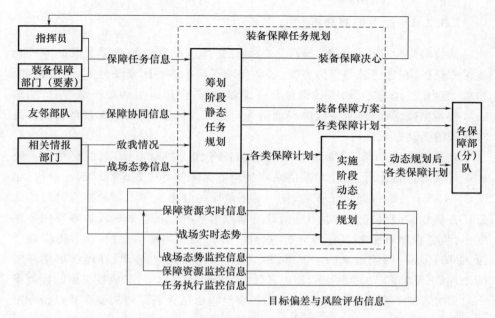

图 2-3 装备保障任务规划信息流转关系图

保障任务信息主要关注指挥员下达的装备保障任务指令,以及对相关指令经过分析、分解后得到的细化任务信息;保障协同信息主要关注友邻部队及其下属作战力量和保障力量的相关行动信息,以及各保障力量间的协同关系、内容、措施等信息;敌我情况主要关注敌我双方的作战力量、兵力部署、武器装备等,以及我方保障力量、编组配置、保障能力、保障资源、保障关系等信息要素;战场态势信息主要关注气象、地形、水文、电磁等环境信息,以及敌我双方的战损消耗、作战进程、防卫能力、作战企图、主要行动等信息;装备保障决心主要关注装备保障力量与装备保障机构的明确,装备技术保障、装备供应保障的基本措施,以及通信联络、防卫组织等基本保障信息;装备保障计划是装备保障方案的细化,主要关注保障力量部署、物资供应保障、装备抢修保障、保障行动协同等重点问题的具体指导信息;任务执行监控信息主要关注装备保障部(分)队在相关装备保障计划指令的指挥下,完成相应装备保障任务的实时状态信息;保障资源监控信息主要关注装备保障活动中装备、弹药、物资、经费等保障资源的实时消耗信息;目标偏差与风险评估信息能够反映任务完成情况与既定保障目标之间的偏差程度,既定保障计划存在的风险因素,以及影响保障行动成败的关键因素、重要节点等信息;动态规划后各类保障计划信息,是经过任务规划动态反馈控制,对实时态势变化、任务更迭等做出有效响应,用于指导保障部(分)队实施保障行动的精确保障指令信息。

2.3.2.3　过程控制分析

从控制论角度讲，装备保障任务规划是指挥员及后装保障要素根据遂行装备保障任务，在考虑装备保障资源、装备保障环境等客观因素条件下，借助信息、物质、能力、技术等手段，有效调整装备保障指挥，合理运用装备保障资源，准确实施装备保障活动，使装备保障行动沿既定保障目标发展，从而有效完成装备保障任务的活动过程。

装备保障任务规划控制是以装备保障任务作为控制目标，通过与受控系统的运行状态进行比对，以比对差值来控制装备保障任务规划运行的活动过程，如图2-4所示。装备保障任务规划中，筹划阶段的静态任务规划和实施阶段的动态任务规划共同组成了大小闭环的双反馈控制系统。在筹划阶段的静态任务规划中，装备保障任务经过任务分析与分配、各行动规划模块规划，在考虑保障资源、保障环境等影响因素的情况下，形成初步的保障计划输出；在经过评估环节的处理后，反馈静态规划结果，通过与保障目标的差异比对，形成校正后的控制指令并二次施加于静态规划系统，如此循环直至输出结果满足规划要求并以指令形式下达给装备保障部（分）队，静态任务规划的小闭环控制结束。在实施阶段的动态任务规划中，由于受到实时变化的保障资源与保障环境的影响，加之由于装备保障部（分）队的差异而导致保障行动执行效果的不确定性，装备保障部（分）队在静态规划结果的指导下执行装备保障任务，经过任务执行监控环节的监控处理和动态规划环节的二次规划，反馈动态规划结果，通过与保障目标的差异比对形成校正后的控制指令并二次施加于规划系统，如此循环直至输出结果满足规划要求并以指令形式下达给装备保障部（分）队，动态任务规划的大闭环控制结束。

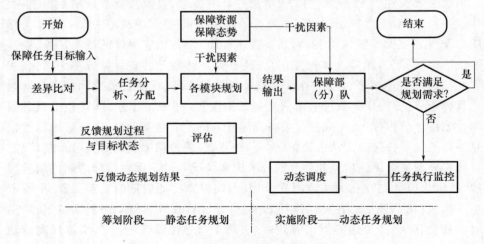

图2-4　装备保障任务规划控制过程图

2.3.3 规划流程

装备保障任务规划流程主要包括任务分析、行动规划、方案评估、控制实施四个关键步骤。如图 2-5 所示,各流程步骤之间紧密联系,既依次衔接,又循环嵌套。

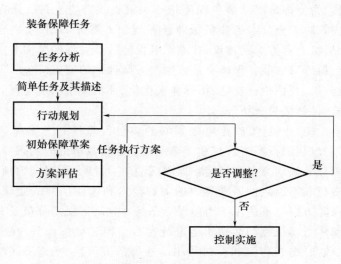

图 2-5 装备保障任务规划流程图

(1) 任务分析。任务分析是装备保障任务规划流程的起点,用以实现装备保障任务的识别、分解和描述。指挥员实施装备保障任务规划,首先要明确遂行的装备保障任务,充分理解装备保障任务的目标、条件、要求等内容。特别是对于那些模糊的、抽象的、复杂的、不可执行的装备保障任务,需要对其进一步分解与识别,通过任务分解的方法获得一系列清晰的、具体的、简单的、有可操作性的装备保障简单任务,以利于对遂行装备保障任务实施筹划决策和计划规划活动。其次,还应对分解后的装备保障简单任务进行量化描述,特别是从任务执行的时间、空间和信息三个方面建立数学模型,以便后续规划环节的有效实施。

(2) 行动规划。行动规划是建立在任务分析的基础上,对遂行装备保障任务具体涉及的各类装备保障分支行动的筹划决策和计划规划,包括保障力量配置规划、装备物资供应规划、战场装备抢修规划等,其规划结果是以各类装备保障分支行动的初步计划方案为输出。实施行动规划,首先,要明确各项装备保障简单任务的规划目标和约束条件;其次,要有的放矢地实施有针对性的信息收集、处理,保证规划信息的完备性和准确性;再次,通过合理的假设和适当的简化处理，建立能够反映装备保障行动这一复杂系统的多目标、多约束规划模型；最后，采用科学、适用的优化算法对规划模型进行解算，并获得装备保障任务规划草案。

(3) 方案评估。方案评估在装备保障任务规划流程中起到论证方案并形成决策的作用，针对经过行动规划获得的各类装备保障分支行动草案，由后装保障要素综合运用评估理论和方法，对现有草案的优劣、利弊进行估算，预测保障效益和风险代价，为指挥员实施装备保障指挥决策提供有力支持。指挥员进行装备保障指挥决策时应充分考虑装备保障任务规划方案评估结果，结合战场装备保障态势情况，综合多方意见建议，找准影响保障效益发挥的关键节点和主要环节，趋利避害，最终形成装备保障决策方案。方案评估的实施应包含以下基本步骤：评估目标分析、评估指标初选、指标体系优化、评估模型构建、指标数据采集、方案评估实施、评估结果分析等。

(4) 控制实施。控制实施是将规划好的装备保障计划方案付诸实践的过程，并对该实践过程进行实时监控和动态调整。现代战争的战场态势瞬息万变，按照装备保障任务规划方案实施装备保障活动时，可能会面对未曾预料的问题，特别是由于随机和不确定性因素导致的关键要素和紧要条件的变动，致使规划决策的装备保障方案已不适用于当前保障态势。这就需要指挥员及其后装保障要素对装备保障行动执行和活动实施进行实时监控和动态调整，在坚持任务目标的基础上，收集、分析方案执行过程中的各类情报信息，实施不间断的评估和决策，动态调整装备保障方案，以应对可能面对的各种随机情况。

2.4 本章小结

本章在分析任务规划相关理论的基础上，重点对装备保障任务规划基本问题进行全面阐述，并对装备保障任务规划机制进行了分析，为后续章节研究奠定理论基础。运用归纳和演绎的方法界定了装备保障任务规划的基本概念；分析了装备保障任务规划"目标是遂行的保障任务，本质是保障效益最大化，目的是决策的科学有效，注重对行动的动态控制，成果是行动的计划指令"的科学内涵；阐述了装备保障系统运行的核心枢纽功能、保障指挥的筹划决策和规划计划功能、装备保障资源的统筹优化功能、保障行动的实时评估与动态调控功能、实现装备保障信息化和精确化的推动功能；归纳了装备保障任务规划实战性、系统性、时效性、灵活性、精确性的特点；总结了装备保障任务规划应遵循的四项原则，即目标原则、柔性原则、时间原则、整体原则；剖析了装备保障任务规划的六个组成要素，即规划主体、规划客体、规划任务、规划资源、规划工具、规划成果；

梳理了装备保障任务规划的主要研究方法，如归纳与演绎、分解与综合、抽象与具象，定性与定量；从规划条件、规划机理、规划流程三个方面分析了装备保障任务规划的运行机制；最后指出了装备保障任务规划的主要流程包括任务分析、行动规划、方案评估、控制实施四个关键步骤。

第 3 章

装备保障任务分析

任务分析是以人的行为为出发点的分析,它分析人们完成任务的方法:要做的事、要起作用的事和想知道的事。它的一个重要方法就是任务分解,将任务分解成子任务,并考虑子任务间的执行次序。任务分解使得执行过程变得层次化,上一层的任务可以由下一层的任务组合完成。

装备保障任务分析是将不清晰的、难以具体执行的装备保障复杂任务,分解细化为一系列清晰明了、可操作性强的装备保障具体任务,并对这些具体任务进行适用性量化描述的活动过程,即任务分解与任务建模。作为美军主要运用的任务分析方法,任务清单是对抽象的、复杂的任务进行分析而形成的以分级列表形式展现的初始清单,是对任务进行规范化描述的方法。美军已经实现全层级、全军兵种任务清单制定工作,如《通用联合作战任务清单》《联合空中作战指挥与控制条令》等。这些文件规定了美军各类作战计划制定的流程、内容、方法,是美军任务规划系统建设的基本依据。受此启发,本章将分为任务分解与任务建模两个主要部分,任务分解主要是将复杂任务分解为简单任务的定性分析过程,是任务建模的基础,采取装备保障任务清单和综合微观分析相结合的研究方法;任务建模主要是对分解结果进行定量化描述的过程,是对任务分解的延伸,分别从时间、空间、信息三个维度对装备保障任务进行定量化描述。

3.1 研究现状

国外研究机构及军方部门对任务分析的技术方法进行大量的研究和实践,本书选取几个比较有代表性的成果进行分析。同时,总结分析国内学者在任务分析方面取得的研究成果,对本书也具有重要的借鉴意义。

3.1.1 国外任务分析研究现状

以美、英为代表的西方国家多采用规范化的表述方式和方法框架对任务进行分析和描述,具有代表性的有:

(1) <I-N-OVA> 和 TF。英国爱丁堡大学人工智能应用研究所开发的 <I-N-OVA> 语言,用于为理论研究、系统研发、工程管理等多专业人员提供对任务进行准确描述的载体。在 <I-N-OVA> 基础上开发的 TF 语言具有层次化描述任务能力,是一种高级行为描述语言。

(2) CPR。美国国防高级研究计划局为军事领域项目开发了核心计划表征模型(Core Plan Representation,CPR),CPR 采用过程交换格式(Process Interchange Format)和过程说明语言(Process Specification Language)对任务进行表述,从过程的角度对任务、过程、活动、信息等进行建模,其目的在于实现对任务信息的通用性表述。

(3) CTT 任务模型表示法。分析交互任务的目的和重点在于获取交互任务及其子任务的一个层次体系,以及描述子任务执行的顺序和条件。并发任务树(Concur Task Trees,CTT)任务模型表示法可以很好地描述层次体系、执行顺序和执行条件。CTT 是由 Fabio Patern 开发的,主要用于描述任务模型规范的符号。其语义严密且容易理解,不仅可以描述并行和交互的活动,而且还支持多用户间的合作和中断。任务模型由一个树形结构来表示,在树形结构中有表示任务关系的时序符号。任务通过任务属性来描述,支持任务规范中提到的所有属性。

CTT 将任务分成用户任务、应用任务、交互任务、抽象任务和协作任务五类。用户任务(User Task)代表只能由用户参与的任务,主要用来表示用户的感知或认知相关的任务。应用任务(Application Task)代表由系统来执行而不需要用户参与的交互任务。交互任务(Interaction Task)代表在执行过程中需要用户和系统进行交互的任务。抽象任务(Abstractor Task)代表一个复杂抽象的任务,通常用来表示任意其他任务的组合。协作任务(Cooperation Task)代表由多个用户参与的任务,主要用来表示多个用户的协作任务。任务关系的时序符号使用的是扩展后的 LOTOS 运算符,可以表示任务间的顺序、选择、并行、同步、钝化和中断关系。

(4) STT 框架。兰德(RAND)公司是最早系统研究任务的机构。该公司为美军提供了战略—任务(Strategies to Tasks,STT)方法框架,并对该方法框架进行不断的丰富和发展,在其基础上集成了资源管理过程(Planning Programming and Budgeting System,PPBS)、闭环计划与执行过程(Closed-Loop Planning and Exec-

tion Process，CLPEP)等。早在 1993 年，时任美国空军参谋长的 Merrill 将军命令他的参谋部起草一个以 2015 年为期限的指导空军现代化的计划，并强调这个计划应该运用一个全新的名为"战略到任务"的方法，以确保空军获得准确的需求。随后，空军参谋部规划委员会主管战略规划的 Charles 上校指定 RAND 公司研究 STT 方法，并给出该方法的简介及初步的详细描述。应上述要求，RAND 公司的 David E. Thaler 等于同年发表了一份题为《Strategies to Tasks – A Framework for Linking Means and Ends》的报告，该报告详细介绍了 STT 框架的基本概念并通过实例进行了说明，从而为 STT 框架奠定了理论基础。

1994 年，RAND 公司的 Leslie 等发表了一篇名为《The United States Special Operations Command Resource Management Process，An Application of the Strategy – to – Tasks Framework》的报告，该报告应美国特种部队司令部(U. S. Special Operation Command，USSOCOM)改善其资源管理过程的要求，首先对其资源管理过程(Planning Programming And Budgeting Systexn，PPBS)中存在的问题进行了定位，其次论述了 STT 框架对解决上述问题的实用性，再次针对 USSOCOM 的实际情况对 STT 框架进行了改进，最后将改进后的 STT 框架与 PPBS 进行了集成，从而很好地解决了所定位的问题。2006 年，应美国中央司令部要求，RAND 公司的 Robert，Kristin 等，发表了一篇题为《A Framework for Enhancing Airlift Planning and Execution Capabilities Within the Joint Expeditionary Movement system》的报告，该报告的主要目的是解决美国联合远征机动系统计划和执行空运任务的能力，采用的主要方法是将 STT 框架进行了改进；同时，将 STT 框架与一个被称为闭环计划与执行过程(Closed – Loop Planning and Execution Process)的方法进行了集成，即针对 STT 框架中的某个关键任务，采用"闭环计划与执行过程"进行分析，从而得出改进条令、组织、训练、系统等的建议与方案。

(5) TL。任务清单(Task List，TL)是以分级列表的形式对作战任务进行描述，在任务描述标准化和能力需求一致性方面起到重要作用。具有代表性的有美军颁布的多版《通用联合任务清单》，各军兵种颁布的《空军任务清单》《通用海军任务清单》《陆军通用任务清单》等。另外，英国、澳大利亚、加拿大、北约等国家及组织也颁布了相应的任务清单。《通用联合任务清单》(UJTL)是美军 1999 年 4 月以参谋长联席会议主席手册的形式颁布的指导性法规文件。它为美国联合军事力量提供执行任务的分级列表及任务的定义，提供规范和有针对性的联合任务体系，以帮助指挥员确立正确的作战思想和行动指南；为指挥官、参谋人员提供了一种通用、科学地描述联合任务的语言和参考标准，对联合作战部队所执行的不同任务进行了逐级分解，并用易于理解的分级列表方式进行了表述。

首先，UJTL 为联合部队司令、作战支援机构、作战计划人员、战斗组织人员及训练人员提供了一种用于交流任务需求的共同语言和通用基准系统,它是一种用于编制联合使命基本任务清单和机构使命基本任务清单的基础语言。UJTL 的作用在于其指导性,而不在于其实用性,也就是说联合部队司令、作战支援机构、作战计划人员、战斗组织人员及训练人员不能照搬照抄 UJTL 中列出的任务,而应在 UJTL 的框架内,结合自身的使命、作战环境、条令、上级的命令和指示来确定自己的联合使命基本任务或机构使命基本任务。联合使命基本任务或机构使命基本任务才是部队在作战中实实在在要履行的任务,而不是 UJTL 中确定的任务。UJTL 在上述过程中发挥的作用,是为各单位确定自身的任务提供一个范围,即各单位可以根据自身实际情况选择特有的任务,但不能超出 UJTL 所确定的范围。其次,UJTL 提供了一个通用的描述任务的语言和基准,即不管哪一个单位确定何种特定的任务,都必须用 UJTL 规定的格式、内容和方式来描述,从而确保各单位的互联、互通、互操作。正如 UJTL 一直强调的一样,其并不是无所不包,它应该被用作指南,并可根据使用者的经验和需要进行修改。UJTL 中认为"从广义上讲,联合任务描述美国武装力量当前和潜在的作战能力,它是由联合机构在联合指挥与控制下应用联合条令完成的行动或过程,这些任务由联合部队司令指派各联合部队、参谋机构以及合成军种部队来执行"。另外还强调了使命、军事行动与任务的关系。使命是带有目的的指派任务,由军事行动组成。军事行动是为支持使命而在军事上采取的行动,由任务组成。任务是基于条令、战术、技术的一组标准操作程序的行动,其执行目的是为完成军事行动使命。军事行动确立执行任务的需求,并为执行每个任务提供背景,它决定任务必须在何时与何处执行,以及决定任务必须执行到何种程度,并且为确切了解一个任务的执行对完成使命任务有何贡献提供了方法途径。

3.1.2 国内任务分析研究现状

国内相关学者做了很多关于作战任务的研究,主要集中在作战任务的分解和描述,取得了很多有借鉴意义的成果。余加振对相关的研究现状综述如下:

3.1.2.1 任务的分解

杨世幸、阳东升等阐明了使命分解的必要性,认为作战使命是宏观的、笼统的,甚至模糊的,无法为基层作战单元理解和执行,使命的执行需要某级或域指挥员进行详细分解和解释。其次认为使命分解的过程就是将使命细化为子任务和元任务的过程,其中子任务是使命分解过程中的中介任务节点,辅助建立使命分解和细化思路,子任务可以继续分解为元任务和子任务。元任务是无须进一步分解执行的任务,如果继续分解则导致执行该任务的兵力单元也需要进行细分。

陈彬、王智学、吴越中认为：作战任务的产生通常源于高层的作战使命，作战使命可以遵循不同的原则分解为一系列相互关联的任务集合，包括以目标为依据，以平台资源的功能能力为依据，以战场区域划分为依据，或者以混合方式为依据等；同时还研究了使命分解的粒度，认为：从使命中析出的任务，还需要分解到一定粒度，分解的粒度决定了问题的复杂性，粒度越细则任务越具体，反之则粗略，分解的粒度要根据需求方的不同应用而定，通常以作战资源的功能能力为依据，使子任务能够关联到具体作战平台资源，也就是把作战使命分解到具备可操作性（被具体平台执行）的子任务为止。

曹裕华、冯书兴、徐雪峰对任务分解的概念、方法、描述等问题进行了比较深入的研究。其基本观点是：任务分解必须基于一定规模的作战力量进行，离开作战力量谈任务是没有意义的；任务是军事概念模型描述的重要内容，而任务分解是揭示任务内涵的基本活动。将任务按照"宏观任务—任务单元—基本任务"三层结构进行了分解，并认为任务的结构有静态结构和动态结构，静态结构说明了父任务和子任务之间的组合关系，动态结构描述了组成父任务的子任务间的时间和逻辑关系。

方欢、崔焕庆等用形式化的方法对任务分解进行了描述和验证，给出了一般的任务分解逻辑表达式，利用Petri网对任务分解进行建模，得到任务分解的Petri网，通过剔除不合理的任务分解结构得到任务有效分解的Petri网系统。

刘剑锋等采用自顶向下、分层细化的方法对任务进行分解，得到了任务层次结构模型，该模型由整体任务层、分任务层、子任务层、基本任务层四个层次组成。

刘芳、郭继周等根据作战单元的层次关系对任务进行分解，得到了一个"中间层作战单元任务—子任务—装备基本任务"的层次结构，并将此结构称为"任务树"。

任务树法是指在系统工程理论指导下，运用分解还原的分析方法，对作战任务进行自上而下的树状式分析方法。该方法在国内任务分析领域取得了丰富的研究成果。虽然具体领域问题存在差异化表述，但是其根本研究思想和研究方法是一致的。如文献区分作战使命、子任务、元任务、作战资源、作战单元等概念对作战任务进行分析描述；文献按照宏观任务、任务单元、基本任务的层级进行任务分析，并对任务流程图和任务分解图进行了描述；文献按照整体任务、分任务、子任务、基本任务对作战任务进行了层层分解细化。

3.1.2.2 任务的建模与描述

段采宇将任务与作战单元、作战活动相结合，从时间、空间、信息三个方面对任务进行了描述。

王杏林、郭齐胜为了解决仿真的互操作与仿真资源的重用,建立了对真实世界(包括作战过程、作战实体、作战环境以及它们之间的交互等)一致性的描述模型,即建立了任务空间概念模型,提出了对作战任务空间的描述方法,并结合一个例子,使用 UML 对其进行描述。

王书敏等首先将任务分解为"总任务—任务项—基元任务"三层结构(其文中将此结构称为"任务体系");其次对基元任务的性质、属性进行了分析;最后对基元任务进行了描述、分类。其基本观点是:基元任务描述清楚了,任务也描述清楚了。

李建军等利用 UML 的标准建模符号和机制,建立了通用的任务领域高层知识本体,目的是实现各作战系统对任务的共同理解,其本质还是将任务与作战单元、作战活动结合在一起进行描述,只是强化了三者之间的关系。

刘剑锋等提出了"任务元模型"的概念,任务元模型由任务名称、任务 ID、作战实体、作战时间、作战对象、作战能力六个元组构成,通过对六个元组的赋值达成对任务描述的目的,其本质还是将任务与作战单元、作战活动结合在一起对任务的某些基本属性进行描述。

本体理论在任务分析领域的发展是运用简洁的术语对任务实体进行准确的、形式化的描述。如文献从作战需求角度,运用本体理论对作战计划进行规范化引导;文献运用本体理论对计划方案的表述模型进行了研究。

受外军 TL 方法的启示,国内学者对任务清单法也进行了研究。如文献在借鉴外军成果基础上,结合实际情况,对空军装备保障任务清单方法框架及关键节点与方法进行了研究。

3.2 装备保障任务分析基础

本节为装备保障任务分析提供理论支持,首先将影响装备保障任务的要素归纳为目标、组织、规则,并分析任务与三者间的关系,其次对装备保障任务分析应遵循的原则进行阐述。

3.2.1 要素分析

任务分析是对装备保障任务特征的简化与抽象的过程,主要关注于影响和决定装备保障任务客观存在的、必不可少的基本要素,以及基本要素与装备保障任务间的相互关系。

3.2.1.1 构成要素

任务是武装力量在作战中所要达到的目标及承担的责任。可以用目标、组织、规则三个要素来描述一项任务,即某项任务是由××组织在××规则约束下达成××目标的军事活动。

目标是装备保障力量为达成特定的装备保障目的而确立的保障活动标准或保障结果描述,指明了装备保障活动应当遵循的标准和预期应实现的结果,包括上级保障意图、装备保障决心、担负的保障使命等。组织是指能够执行特定装备保障任务的,按照一定准则建立的装备保障实体,是装备保障能力的载体和外化,包括各级指挥机构、保障部队、保障分队等。规则是装备保障组织遂行装备保障任务的规范,是为圆满完成遂行装备保障任务应遵循的装备保障客观规律的总结和概括,主要包括:装备保障客观规律,装备保障思想、原则、法规,战场态势,作战样式、保障样式,自然环境、社会环境等各类信息。

3.2.1.2 相互关系

装备保障的任务、目标、组织、规则是一个相互联系、相互作用的有机整体,如图3-1所示。一项典型的装备保障活动,可以描述为装备保障力量(组织)为了达成特定的保障目标,按照相应的保障规则,执行特定装备保障任务的活动过程。其中,任务为核心,目标是源头,组织是载体,规则是准绳。目标作为任务的愿景,引领任务的执行来实现目标;组织是任务执行的载体,需要合适的任务与之匹配;规则作为装备保障活动的规范和准绳,深刻影响任务的执行,同时任

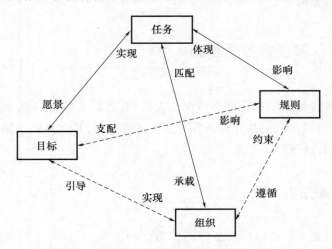

图3-1 任务、目标、组织、规则关系图

务的执行结果又体现了规则的作用;特定的保障目标支配适用的保障规则,规则又影响目标的达成;组织在保障规则的影响下实施保障任务,以达成装备保障目标。

3.2.2 遵循原则

装备保障任务分析原则是实施装备保障任务分析活动所应遵循的法则和标准,主要包括以下四个方面:

(1)从属性原则。保障服务并服从于作战,装备保障任务与作战任务具有从属关系,作战任务的样式、规模、程度决定了装备保障任务的样式、规模、程度。这是由于作战任务触发保障任务,在作战任务实施过程中,装备保障需求的产生主要是由受击损坏、技术损坏、自然损坏三种原因导致的装备物资、弹药器材消耗。没有作战任务的实施,就没有装备保障需求的产生。因而,装备保障任务分析需要遵循从属性原则。

(2)层级性原则。装备保障任务分析是将复杂任务分解为简单任务的过程。高层级复杂保障任务是通过一组低层级简单任务实现的,低层级简单任务又可进一步向下分解,直至形成自上而下的具有层级结构的装备保障任务体系。一般而言,装备保障任务越复杂、所处层级越高,任务的可执行度越低;装备保障任务越简单、所处层级越低,任务的可执行度越高。

(3)独立性原则。独立性原则是指通过任务分析,最终将不可执行的装备保障复杂任务分解为一组或多组粒度合适、相互独立的可以被有效执行的简单任务。这里的独立既可以是功能独立也可以是时间独立。功能独立是指在一定粒度上,任务之间不存在重叠,能够独立实现某个特定功能。时间独立是指经过装备保障任务分析得到的简单任务应具备任务执行时间的独立性,简单任务集的时空秩序清晰。

(4)完整性原则。完整性原则是指所有分析产生的低层级任务能够保证高层级任务的完整实现。这里的完整既可以是内容完整也可以是功能完整。其目的是为保证装备保障任务分析的结果不会造成原复杂任务的内容丢失和功能改变。

3.3 装备保障任务分解

任务分解是以定性的方式将装备保障复杂任务分解为装备保障简单任务的过程。借鉴美军任务清单的实践经验,研究了基于任务清单和综合微观分析的装备保障任务分解方法。

3.3.1 装备保障任务清单的基本描述

装备保障任务清单是作战任务清单在装备保障领域的拓展,具备任务清单的共性特征,也具备区别于作战任务清单的个性元素。它是通过对顶层装备保障任务进行层层分解,为装备保障力量提供标准化的装备保障任务分级列表,为指挥员及其后装保障要素进行装备保障指挥筹划提供规范化的装备保障任务描述语言,为规划和评估装备保障行动计划方案提供通用化的作业工具。装备保障任务清单的分级列表,纵向上可以跨越战略、战役、战术等保障层级,横向上可以区分各类业务工作,分别描述装备保障分支行动任务。

装备保障任务清单是为应对信息化条件下联合作战装备保障面临的现实困难,根据典型装备保障任务体系而开发的装备保障任务框架。其在装备保障计划方案制定、装备保障能力评估、装备保障训练筹划、军事信息系统开发、武器装备试验论证等方面具有广阔的应用空间。同时,装备保障任务清单为衡量任务执行效果提供了尺度、标准,以便采用定性与定量相结合的方式对装备保障任务进行描述。另外,由于任务分解颗粒度的区别,装备保障任务清单具有良好的可扩展性,在保证原始任务核心能力一致的基础上,装备保障任务清单能够根据特定任务提供特定颗粒度的任务列表。

3.3.2 装备保障任务清单的组成结构

与作战任务清单一致,装备保障任务清单的结构由"任务"+"条件"+"指标"构成。

(1)任务。装备保障任务清单中的任务是指装备保障使命由一个或多个实体执行的各种装备保障活动,它是具有明确意图的装备保障行动单元。根据颗粒度的区别,任务具有层次性。例如,顶层任务是定义相对抽象、描述相对模糊的一类装备保障任务的统称,其输入、输出信息难以准确表达,任务执行机构不够明确,且不具有可执行的条件,需要经过分析、分解等步骤,来反映其自身的属性和特征。元任务是在特定分析颗粒度条件下无法再分解的具有明确装备保障行动意图的最小任务单元。需要说明的是,有些研究资料依据美军的表述方式将使命剥离于任务之外单独进行表述。本书认为使命在任务范畴之内,是一种特殊任务,由最高军事机构赋予的具有特定目的装备保障任务,居于装备保障任务体系中的顶层地位,是对装备保障力量执行装备保障任务、开展装备保障活动的顶层规定。根据装备保障核心能力,装备保障任务清单的顶层任务包括装备指挥任务、装备动员任务、装备筹措任务、装备补给任务、装备储备任务、装备抢修任务、信息保障任务、协同保障任务,如图3-2所示。

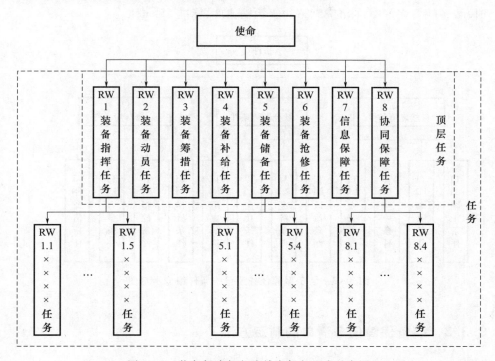

图3-2 装备保障任务清单中任务组成示意图

(2)条件。装备保障任务清单中的条件是对装备保障任务执行产生影响的外在因素,它以不同方式作用于特定任务而不是所有任务。确定的条件应是任务执行的外在因素,对任务执行效果产生直接影响,不能与任务嵌套混淆,具有唯一的标识和名称,按照逻辑顺序形成条件清单。从大的方面来说,条件可以分为自然环境条件、社会环境条件、军事环境条件。其中,自然环境条件分布于陆上、海上、空中、太空等空间,包括人工环境和天然环境;社会环境条件包括政治、经济、文化、历史等;军事环境条件包括作战、态势、指控、通信、力量、情报、威胁等,如图3-3所示。

(3)指标。装备保障任务清单的指标是衡量装备保障力量在特定条件下遂行任务所达到的程度,包括任务的测度和标准。一个指标可以有一个或多个测度,每个测度有一个标准与之对应。测度与标准的组合便于进行度量计算,能够反映使命任务的执行程度。测度是反映任务执行程度的关键参数,与任务紧密联系,可以用时间、数量、速度、概率等定量测度表示,也可用是、否这类定性测度表示。标准是为相应测度设置的参考数值,描述该任务可被接受的最低执行水平。确定的指标应尽可能简化,具有相对独立的测度,可以综合绝对指标和相对指标,能够反映任务特征、执行条件、完成程度。例如,装备修复周期,标准20工时;装备战备完好率,标准85%;物资运输速度,标准55km/h。

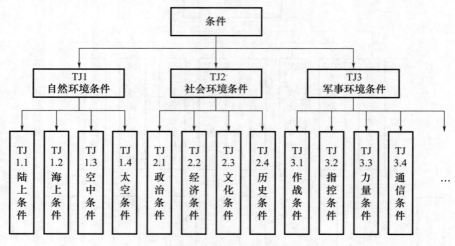

图3-3 装备保障任务清单中条件组成示意图

3.3.3 装备保障任务清单的制定方法

装备保障任务清单的制定流程按照"任务分解—明确条件—确定指标"的顺序开展。任务分解是基础,分解后的任务列表应具备全面、系统特征,能够得到专家的普遍认同。任务分解之后,应对各项任务的执行背景进行分析,从条件列表中选择一个或多个影响突出或专家关注的条件,通过多种条件背景下装备保障任务清单的开发,为多样化条件下装备保障任务的筹划、执行、评估等提供帮助与支持。在完成任务分解,明确影响任务执行条件之后,再进行指标的确定。

条件的确定主要依据指挥员或后装保障要素对遂行装备保障任务的理解和装备保障实践经验的积累,可以采取专家咨询法、德尔菲法等定性研究方法实施。指标的确定主要采用定性、定量相结合的方法,通过资料分析、数据统计、专家评判等方法实施,在3.4节中重点研究。本节重点关注任务分解的方法和流程。

3.3.3.1 任务分解的基本原理

任务分解是按照任务树的框架,将模糊的、复杂的顶层任务分解为一系列清晰的、简单的元任务的过程。根据装备保障任务分析的要素与原则,试图通过任务的目标、组织、规则找到顶层任务与元任务之间的必然联系,并以此探索装备保障任务定性分解的方法步骤。

装备保障顶层任务 M,其对应的目标为 MOb,对应的组织为 MOr,对应的规则为 MRu。M 经过任务分解后得到的装备保障元任务集为 TM,TM = $\{tm_1, tm_2, \cdots, tm_n\}$,$tm_i$ 为某一装备保障元任务。装备保障元任务集 TM 可视为装备保障顶层任务 M 的映像,则这种映射关系可表达为

$$TM = \omega(M) \tag{3-1}$$

装备保障顶层任务 M 可表示为其目标 MOb、组织 MOr、规则 MRu 的函数:

$$M = \varphi(MOb, MOr, MRu) \tag{3-2}$$

由式(3-1)和式(3-2)可推导得,装备保障元任务集 TM 是关于装备保障顶层任务目标 MOb、组织 MOr、规则 MRu 的函数:

$$TM = \omega(\varphi(MOb, MOr, MRu)) = \sigma(MOb, MOr, MRu) \tag{3-3}$$

由于,某一装备保障元任务 tm_i 也可表示为其目标 $tmob_i$、组织 $tmor_i$、规则 $tmru_i$ 的函数:

$$tm_i = \varphi(tmob_i, tmor_i, tmru_i) \tag{3-4}$$

元任务集 TM = $\{tm_1, tm_2, \cdots, tm_n\}$ 代入式(3-3)和式(3-4)可得

$$\omega\{\varphi((tmob_1, tmor_1, tmru_1), \cdots, (tmob_i, tmor_i, tmru_i), \cdots)\}$$
$$= \{\sigma(tmob_1, tmor_1, tmru_1), \cdots, \sigma(tmob_i, tmor_i, tmru_i), \cdots\} \tag{3-5}$$
$$= \sigma(MOb, MOr, MRu)$$

将装备保障顶层任务 M 的目标、组织、规则同装备保障元任务集 TM 中各元任务 tm_i 的目标、组织、规则建立某种关系,该关系可表示为

$$\tau(tmob_1, tmob_2, \cdots, tmob_n) = \sigma(MOb)$$
$$\tau(tmor_1, tmor_2, \cdots, tmor_n) = \sigma(MOr) \tag{3-6}$$
$$\tau(tmru_1, tmru_2, \cdots, tmru_n) = \sigma(MRu)$$

由式(3-2)、式(3-4)和式(3-6)可知,装备保障顶层任务 M 与经过任务分解后得到的装备保障元任务集 TM 之间存在纽带关系,即任务的目标、组织、规则。可通过分别分解顶层任务 M 的目标 MOb、组织 MOr、规则 MRu,得出子目标集 TMOb = $(tmob_1, tmob_2, \cdots, tmob_n)$、子组织集 TMOr = $(tmor_1, tmor_2, \cdots, tmor_n)$、子规则集 TMRu = $(tmru_1, tmru_2, \cdots, tmru_n)$。然后,根据分解后的子目标集、子组织集、子规则集推导元任务集 TM。

3.3.3.2 基于综合微观分析的任务分解方法

综合微观分析(Synthetic Micro – analytic Approach,SMA)是由欧阳莹之提出

并得到广泛认可的,用于复杂系统分析的基本方法理论。它利用从宏观到微观再从微观到宏观的分析机制,从目标、组织、规则三个维度空间,探索科学有效的装备保障任务定性分解方法。该方法呈现"两层三维"的结构特点,"两层"是指装备保障任务所处的宏观层面和微观层面,"三维"是指装备保障任务属性能够分别从目标、组织、规则三个维度空间呈现。装备保障顶层任务 M 用宏观层面上的一个点表示,装备保障元任务(tm_1,tm_2,tm_3)是装备保障顶层任务 M 经过任务分解后得到的,用微观层面上的三个点表示。由于还未找到装备保障复杂任务与装备保障简单任务之间的确定关系,因此以虚线表示,如图 3-4 所示。

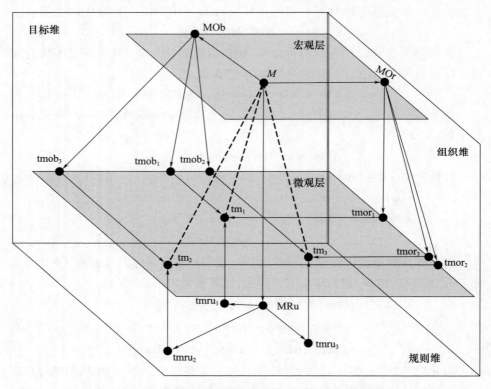

图 3-4　基于综合微观分析的装备保障任务定性分解模型

基于综合微观分析的任务分解流程主要由两部分组成,即装备保障任务的"三维"综合微观分析和"三维"匹配校验,如图 3-5 所示。

(1)"三维"综合微观分析。它是从目标维、规则维、组织维分别进行分析的方法。以目标维的综合微观分析为例:首先,在宏观层面确定装备保障复杂任务 M 的目标属性 MOb;其次,根据宏观目标 MOb 确定能够使其达成的微观层面的一组简单任务(tm_1,tm_2,tm_3)的目标集($tmob_1$,$tmob_2$,$tmob_3$);同时,装备保障复杂任务目标 MOb 会对装备保障简单任务(tm_1,tm_2,tm_3)产生宏观约束,装备保障简单任务目标集($tmob_1,tmob_2,tmob_3$)会对装备保障复杂任务 M 提供微观支持。

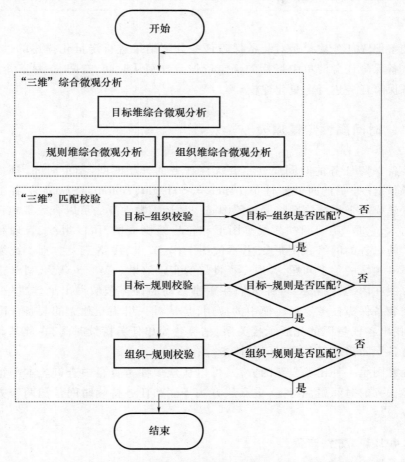

图 3-5 基于综合微观分析的装备保障任务分解流程图

(2)"三维"匹配校验。通过对目标维、组织维、规则维的综合微观分析,实现了从目标、组织、规则三个要素出发对装备保障顶层任务的初步分解。但是,该初步分解具有相对的局限性,需要在此基础上综合考虑目标维、组织维、规则维的分解结果并将其有机结合,以实现对初步分解结果的调整。具体而言,当目标维、组织维、规则维的综合微观分析结果($tmob_1,tmob_2,tmob_3$)、($tmor_1,tmor_2$, $tmor_3$)、($tmru_1,tmru_2,tmru_3$)得出后,应采用迭代计算方式分别校验装备保障简单任务的目标、组织、规则的匹配程度,进行适当的调整,直至微观层面的装备保障简单任务的目标、组织、规则相匹配,并以此校验结果作为确定微观层面装备保障简单任务(tm_1,tm_2,tm_3)的直接依据。

3.4 装备保障任务建模

装备保障任务建模是对装备保障任务分解结果进行定量化描述的过程,并作为装备保障任务清单中指标的确定依据。分别从时间、空间、信息三个维度,对装备保障任务进行定量化建模。

3.4.1 时间属性定量建模

装备保障任务的时间属性主要关注任务的开始时间、结束时间、持续时间等,即简单任务 T 的时间属性集 $TTime = <Tbegin, Tduration, Tend>$,各项属性的定量建模可采用统筹图法。统筹图是一种运用数学方法可以有效实施管理的网络技术,它是"用圆圈和箭线等图形和符号绘制成的,用以组织、管理和控制工程实施过程的网络状图形",主要包括工作、节点、线路三大要素。统筹图适用于军事领域的很多问题,并取得了良好的实践效果。美军也认为,科学运用包括统筹图在内的网络法"可使人们在军事活动的许多领域做出最佳决策"。统筹图在装备保障任务定量建模中的应用,是针对一组相互独立的装备保障简单任务,找出各任务间的先后承接关系,估算各简单任务持续时间,在此基础上确定各装备保障简单任务的时间属性参数。

统筹图是一种比较成熟的方法,可以从众多参考资料中查询。本书针对装备保障任务的时间属性特征,重点从方法步骤和任务持续时间预测两个方面进行研究。

3.4.1.1 方法步骤

第一步:列举装备保障任务。通过3.3节装备保障任务分解,采用任务清单和综合微观分析的思想,将装备保障复杂任务分解为一组层级协调、粒度适中的装备保障简单任务。将这组装备保障简单任务逐一列举,并为后续工作做好准备。

第二步:合理安排任务顺序。军事问题重点考虑时序因素,装备保障任务也不例外。任何一项军事行动,其装备保障始终存在供需矛盾的问题。合理安排各项装备保障简单任务的顺序,既要从军事需求的客观因素出发,尽可能满足部队实际,又要充分考虑装备保障任务的主观因素,充分发挥保障能力。尽可能统筹任务并行执行,减少任务衔接,缩短保障任务的总体执行周期。

第三步:估计任务持续时间。任务持续时间的估算是装备保障任务时间属性定量建模的关键。装备保障任务由于受我方、敌方、自然、社会、主观、客观等多方因素影响,它的任务持续时间具有很强的偶然性和不确定性。对任务持续时间估计得合理与否,直接影响装备保障任务规划的科学性和有效性。通常而言,对任务持续时间估计越短,任务可控余度越小,容易导致装备保障任务执行的忙乱;对任务持续时间估计越长,任务规划效率越低,任务执行风险激增,任务可控性降低。无论哪种情况,均会对装备保障任务的圆满完成造成重大影响。

第四步:确定时间属性参数。依据各项任务执行顺序,在任务持续时间估计的基础上,采用图上作业的方式,确定诸如任务开始时间、任务结束时间等各项装备保障简单任务时间属性的参数值。

3.4.1.2 任务持续时间预测

任务持续时间预测是运用科学的方法和手段对各项装备保障任务的可能持续时间进行的预测,主要包括经验判断法、战例推算法、任务量法等。不论哪种预测方法,都离不开装备保障工作实践的积累。特别是来源于日常装备保障工作、装备保障训练考核、综合性演习演练、专项试验验证等实践项目的相关数据积累、分析、验证等基础性工作,为装备保障任务持续时间预测提供有力的支撑,从而有效保障预测结果的科学性和有效性。

由于装备保障任务的偶然性和不确定性,装备保障任务持续时间是非确定的,根据概率论,在此设装备保障任务持续时间服从正态分布。采用三时预测法,装备保障任务持续时间预测模型为

$$\begin{array}{l} ET_i = \alpha Ta_i + \beta Tb_i + \gamma Tc_i \\ \sigma T_i^2 = (\beta Tb_i - \alpha Ta_i)^2 \\ \text{s. t.} \quad \alpha + \beta + \gamma = 1 \end{array} \quad (3-7)$$

式中 ET_i——第 i 项任务持续时间的数学期望;

σT_i——第 i 项任务持续时间的方差;

Ta_i——第 i 项任务持续时间的最乐观估计;

Tb_i——第 i 项任务持续时间的最悲观估计;

Tc_i——第 i 项任务持续时间的最可能估计;

α——最乐观估计系数,通常取 0.2;

β——最悲观估计系统,通常取 0.3;

γ——最可能估计系数,通常取 0.5。

3.4.2 空间属性定量建模

装备保障任务组织实施的空间分布广泛多样,但是离不开对地形的依托,特别是陆上、海上空间的地形状况对装备保障的组织实施起到重大的影响作用。

装备保障任务空间属性定量建模主要包括两方面内容,首先是地形量化建模,其次在此基础上对装备保障任务的空间属性进行描述。

3.4.2.1 基于六角网格的地形量化

地形量化是以定量形式对地形状态信息进行数值表示的过程。根据面向对象和规模用途的不同,地形量化方法可分为标高法和分类法两大类。标高法是定量描述方法,适用于颗粒度较精细的地形量化目标,可分为网格法、剖线法、参量法、型值点法等;分类法是半定量描述方法,适用于颗粒度较粗略的地形量化目标,可分为嵌套网络法、不规则多边形法、随机矩形法等。

随着以地理信息系统(Geographic Information System,GIS)为主要组成的军用指挥信息系统、兵棋推演系统、模拟训练系统的开发和应用,基于六角网格的地形量化模型以其特殊的几何结构和信息优势,成为军事地形量化领域研究和应用的重要方法。具体而言,基于六角网格的地形量化方法步骤如下:

第一步:定义基本网格尺寸。通过确定六角网格边长定义基本网格尺寸。六角网格边长值 Hl 的选取,需要根据装备保障任务现实情况和作战规模发展情况确定。

第二步:建立地形矢量坐标系。坐标系的两个基向量分别为 u 和 v,$u=(\text{Hl},0)$,$v=(\text{Hl}/2,\sqrt{3}\text{Hl}/2)$。则整个地形图可以用 $m\times n$ 的六角网格表示,即以一组 m 行 n 列的六角网格表示。

第三步:地形属性描述。由于装备保障的特殊军事属性,使其对任务实施区域的地形信息十分关注,需要对地形属性进行准确且详细的描述。根据装备保障任务的实际需要,地形属性可基本分为自然属性和人工属性两类。自然属性包括山地、丘陵、盆地、荒漠、林地、草地、河流、湖泊、海洋等;人工属性包括桥梁、道路、机场、城市、村镇等。

第四步:六角网格量化表示。在此坐标系中第 i 个六角网格可以表示为 Hex_i,$\text{Hex}_i=m_i\cdot u+n_i\cdot v$,其中 m_i 和 n_i 分别表示第 i 个六角网格处于地形坐标系中的第 m_i 行和第 n_i 列。第 i 个六角网格表达式为:

Struct Hex_i

{

Int m_i;　　//六角网格的行坐标

Int n_i;　　//六角网格的列坐标

Float $elevation_i$;　　//六角网格的地形高程

Int $type_i$;　　//六角网格的地形属性

⋮

}

3.4.2.2 装备保障任务的空间属性描述

根据装备保障任务的组织实施规模和体量不同,以及装备保障任务规划的粒度大小,可以将任务执行地域抽象为点、线、面三类空间形状。例如,弹药、器材的储存仓库可以用地图上的点来表示;维修器材的运输线路可以用线来表示;担负区域保障任务的保障范围可以用面来表示。则这三类空间形状及相互关系的定量表示方法如下:

(1)点型空间表示。地图上的两个点 $Point_a(m_a,n_a)$ 与 $Point_b(m_b,n_b)$。当 $m_a = m_b \cap n_a = n_b$ 时,则有 $Point_a = Point_b \Leftrightarrow Coincide(Point_a, Point_b)$,即点 $Point_a$ 与点 $Point_b$ 重合;同理,当 $m_a \neq m_b \cup n_a \neq n_b$ 时,则有 $Point_a \neq Point_a \Leftrightarrow Non-coincide(Point_a, Point_b)$,即点 $Point_a$ 与点 $Point_b$ 不重合。

(2)线型空间表示。地图上的两条线 $Line_a$ 和 $Line_b$,若点 $Point_i(i \rightarrow \infty)$ 是线 $Line_a$ 上的点,则 $Point_i \in Line_a$;若点 $Point_j(j \rightarrow \infty)$ 是线 $Line_b$ 上的点,则 $Point_j \in Line_b$。当 $\forall Point_i = Point_j$,则有 $Line_a = Line_b \Leftrightarrow Coincide(Line_a, Line_b)$,即线 $Line_a$ 和线 $Line_b$ 重合;当 $\forall Point_i \neq Point_j$,则有 $Line_a \neq Line_b \Leftrightarrow Non-coincide(Line_a, Line_b)$,即线 $Line_a$ 和线 $Line_b$ 不重合;当 $\exists Point_i = Point_j \cap Point_{i+1} \neq Point_{j+1}$,则有线 $Line_a$ 和线 $Line_b$ 相交,即 $Cut(Line_a, Line_b)$。

(3)面型空间表示。地图上的两个面 $Area_a$ 和 $Area_b$,若线 $Line_i(i \rightarrow \infty)$ 是面 $Area_a$ 上的线,则 $Line_i \in Area_a$;若线 $Line_j(j \rightarrow \infty)$ 是面 $Area_b$ 上的线,则 $Line_j \in Area_b$。当 $\forall Line_i = Line_j$,则有 $Area_a = Area_b \Leftrightarrow Coincide(Area_a, Area_b)$,即面 $Area_a$ 和面 $Area_b$ 重合;当 $\forall Line_i \neq Line_j$,则有 $Area_a \neq Area_b \Leftrightarrow Non-coincide(Area_a, Area_b)$,即面 $Area_a$ 和面 $Area_b$ 不重合。

(4)点线空间表示。地图上的点 $Point_c(m_c,n_c)$ 和线 $Line_a$,若点 $Point_i(i \rightarrow \infty)$ 是线上的点,则 $Point_i \in Line_a$。当 $\exists Point_c = Point_i$,则有点 $Point_c$ 在线 $Line_a$ 上,即 $Pertain(Point_c, Line_a)$;当 $\forall Point_c \neq Point_i$,则有点 $Point_c$ 在线 $Line_a$ 外,即 $Non-pertain(Point_c, Line_a)$。

(5)点面空间表示。地图上的点 $Point_c(m_c,n_c)$ 和面 $Area_a$,点 $Point_i(i \rightarrow \infty)$ 是面上的点,则 $Point_i \in Area_a$。当 $\exists Point_c = Point_i$,则有点 $Point_c$ 在面 $Area_a$ 上,即 $Pertain(Point_c, Area_a)$;当 $\forall Point_c \neq Point_i$,则有点 $Point_c$ 在面 $Area_a$ 外,即 $Non-pertain(Point_c, Area_a)$。

(6)线面空间表示。地图上的线 $Line_c$ 和面 $Area_a$,其中点 $Point_c$ 是线 $Line_c$ 上的点,即 $Point_c \in Line_c$;点 $Point_a$ 是面 $Area_a$ 上的点,即 $Point_a \in Area_a$。当 $\forall Point_c = Point_a$,则有线 $Line_c$ 在面 $Area_a$ 上,即 $Pertain(Line_c, Area_a)$;当 $\forall Point_c \neq Point_a$,则有线 $Line_c$ 在面 $Area_a$ 外,即 $Non-pertain(Line_c, Area_a)$;当 $\exists Point_c = Point_a \cap Point_{c+1} \notin Area_a$,则有线 $Line_c$ 和面 $Area_a$ 相交,即 $Cut(Line_c, Area_a)$。

3.4.3 信息属性定量建模

装备保障任务信息元组可表示为式(3-8),它是从信息的输入、输出,以及类型特征角度表达的。因此,进行装备保障任务信息属性定量建模,需要研究装备保障复杂任务和简单任务之间的信息输入、输出关系,同时要确定各类信息的量化表达方法。

$$TInformation = <TInp, TOutp> = <TResource, TAbility, TAmount, \cdots> \tag{3-8}$$

3.4.3.1 输入输出属性

根据装备保障任务分析完整性原则,任务分解前装备保障复杂任务的输入、输出信息应与任务分解后装备保障简单任务集的输入、输出信息对应且无损。

装备保障复杂任务 M,经过任务分解后得到的装备保障简单任务集为 TM,TM = $\{tm_i\}$, $i = (1,2,\cdots,m)$。装备保障复杂任务信息输入集为 $M.\text{Inp}$,$M.\text{Inp} = \{m.\text{inp}_j\}$,$j = (1,2,\cdots,n)$;装备保障复杂任务信息输出集为 $M.\text{Outp}$,$M.\text{Outp} = \{m.\text{outp}_k\}$,$k = (1,2,\cdots,o)$;装备保障简单任务信息输入集为 $TM.\text{Inp}$,$TM.\text{Inp} = \{tm_i.\text{inp}_l\}$,$l = (1,2,\cdots,p)$;装备保障简单任务信息输出集为 $TM.\text{Outp}$,$TM.\text{Outp} = \{tm_i.\text{outp}_e\}$,$e = (1,2,\cdots,q)$,则

$$\forall M.\text{Inp} \mid \exists tm_i.\text{inp}_l = m.\text{inp}_j \tag{3-9}$$

即对于所有装备保障复杂任务输入信息,总存在装备保障简单任务输入信息与装备保障复杂任务输入信息相同。

$$\forall M.\text{Outp} \mid \exists tm_i.\text{outp}_e = m.\text{outp}_k \tag{3-10}$$

即对于所有装备保障复杂任务输出信息,总存在装备保障简单任务输出信息与装备保障复杂任务输出信息相同。

任一装备保障简单任务 tm_i 与它的输入信息 $tm_i.\text{inp}_l$ 和输出信息 $tm_i.\text{outp}_e$ 存在映射关系,可用函数表达为

$$\begin{aligned} tm_i.\text{inp}_l &= \varphi(tm_i) \\ tm_i.\text{outp}_e &= \phi(tm_i) \end{aligned} \tag{3-11}$$

由 $tm_i.\text{inp}_l = \varphi(tm_i) \Rightarrow tm_i = \varphi^{-1}(tm_i.\text{inp}_l)$,代入 $tm_i.\text{outp}_e = \phi(tm_i)$ 得

$$tm_i.\text{outp}_e = \phi\{\varphi^{-1}(tm_i.\text{inp}_l)\} \tag{3-12}$$

任务输入信息是任务输出信息的函数,它表示装备保障任务输入信息决定了装备保障任务输出信息。

3.4.3.2 信息量化方法

装备保障任务信息除了输入、输出信息外,还包括资源信息、能力信息、重要性信息等。这些信息往往是模糊的、难以准确衡量的,因此,可以运用模糊理论的有关方法。目前常用的模糊数有区间模糊数、三角模糊数、梯形模糊数。通过分析已有资料,本书选择 L-R 型梯形模糊数进行装备保障任务信息的量化分析。

(1)梯形模糊数。按照梯形模糊数的相关定义,设 A 是论域 U 上的一个梯形模糊集,α, m, n, β 为模糊集 A 在论域 U 内的模糊值:

$$A = (\alpha, m, n, \beta) \mid \alpha, m, n, \beta \in U; \alpha \leq m \leq n \leq \beta \quad (3-13)$$

模糊集 A 转换成 L-R 型模糊集 A_{L-R}:

$$A_{L-R} = (m, n, \gamma, \delta) \mid \gamma = m - \alpha, \delta = \beta - n \quad (3-14)$$

L-R 型模糊集的数值运算式为

$$A_{1L-R} + A_{2L-R} = (m_1 + m_2, n_1 + n_2, \gamma_1 + \gamma_2, \delta_1 + \delta_2)$$

$$A_{1L-R} \cdot A_{2L-R} = (m_1 \cdot m_2, n_1 \cdot n_2, m_2\gamma_1 + m_1\gamma_2 - \gamma_1\gamma_2, n_2\delta_1 + n_1\delta_2 - \delta_1\delta_2)$$

$$A_{1L-R} / A_{2L-R} = \left(\frac{m_1}{n_2}, \frac{n_1}{m_2}, \frac{m_1\delta_2 + n_2\gamma_1}{n_2(n_2 + \delta_2)}, \frac{n_1\gamma_2 + m_2\delta_1}{m_2(m_2 + \gamma_2)}\right)$$

s.t. $A_{1L-R} = (m_1, n_1, \gamma_1, \delta_1), A_{2L-R} = (m_2, n_2, \gamma_2, \delta_2)$

$$(3-15)$$

L-R 型模糊集 A_{L-R} 的数学期望为

$$E(A_{L-R}) = \frac{m + n + \gamma + \delta}{4} \quad (3-16)$$

(2)梯形模糊数量化方法步骤。

第一步:确定评语标度。根据装备保障任务信息属性特征,选择相应的评语集 $J = \{$极劣,劣,较劣,中,较优,优,极优$\}$,如表 3-1 所示。然后,按照最大隶属度,采用专家评价法,运用评语集信息对各类指标进行评价。

表 3-1 评语集模糊梯度数值表

序号	评语集	梯形模糊数(α,m,n,β)	L-R 型模糊数(m,n,γ,δ)
1	极优	(0.8,1,1,1)	(1,1,0.2,0)
2	优	(0.7,0.9,1,1)	(0.9,1,0.2,0)
3	较优	(0.6,0.8,0.8,1)	(0.8,0.8,0.2,0.2)
4	中	(0.3,0.5,0.5,0.7)	(0.5,0.5,0.2,0.2)
5	较劣	(0,0.2,0.2,0.4)	(0.2,0.2,0.2,0.2)
6	劣	(0,0,0.1,0.3)	(0,0.1,0,0.2)
7	极劣	(0,0,0,0.2)	(0,0,0,0.2)

第二步：确定相对评语模糊值及其数学期望。运用 L-R 型模糊集的数值运算除式，计算评语集 J 中各评语相对模糊值和数学期望值，如表 3-2 所示。

表 3-2　各评语相对模糊值和数学期望值表

序号	相对评语	L-R 型模糊集除运算值	数学期望
1	优/极优	(0.7,0.9,1,1.25)	0.963
2	较优/极优	(0.6,0.8,0.8,1.25)	0.863
3	较优/优	(0.6,0.8,0.889,1.429)	0.930
4	中/极优	(0.3,0.5,0.5,0.875)	0.544
5	中/优	(0.3,0.5,0.556,1)	0.589
6	中/较优	(0.3,0.625,0.625,1.167)	0.679
7	较劣/极优	(0,0.2,0.2,0.5)	0.225
8	较劣/优	(0,0.2,0.222,0.571)	0.248
9	较劣/较优	(0,0.25,0.25,0.667)	0.292
10	较劣/中	(0,0.4,0.4,1.333)	0.533
11	劣/极优	(0,0,0.1,0.375)	0.119
12	劣/优	(0,0,0.111,0.423)	0.134
13	劣/较优	(0,0,0.125,0.625)	0.187
14	劣/中	(0,0,0.2,1)	0.3
15	劣/较劣	(0,0,0.5,1.5)	0.5
16	极劣/极优	(0,0,0,0.25)	0.063
17	极劣/优	(0,0,0,0.285)	0.071
18	极劣/较优	(0,0,0,0.333)	0.083
19	极劣/中	(0,0,0,0.667)	0.167
20	极劣/较劣	(0,0,0,1)	0.25
21	极劣/劣	(0,0,0,0)	0

第三步：查表确定装备保障任务信息量化值。

3.5　本章小结

装备保障任务分析是装备保障任务规划的基础环节，解决了将抽象的、不可执行的装备保障任务分解细化为一系列具体的、有可操作性的装备保障简单任务，并对这些简单任务进行适用性量化描述的问题。围绕装备保障任务分析问题，本章主要完成了以下几项工作：

首先分析了影响装备保障任务的三个要素以及与装备保障任务之间的相互关系,并阐述了实施装备保障任务分析应遵循的四项主要原则,为装备保障任务分析提供理论支持。

其次借鉴成熟的任务清单方法,阐述了装备保障任务清单的基本描述,按照"任务+条件+指标"的模式设计了装备保障任务清单的组成结构。采用综合微观分析方法,通过"目标、组织、规则"三个要素建立复杂任务与简单任务之间的联系,借助装备保障任务清单制定实现任务的分解。

最后建立了装备保障简单任务的元组模型,并从时间、空间、信息三项属性对装备保障任务进行量化描述。

第 4 章

战时装备保障力量配置规划

装备保障力量配置是保障力量运用的重点,也是战时装备保障的主要任务。战时装备保障力量配置规划是保障法、保障思想、军事技术的集中体现,规划结果的科学、合理与否直接影响保障行动的实施、保障资源的运用、保障效能的发挥。在网络化保障模式基础上,分析战时装备保障力量配置规划的要素组成和规划原则。充分考虑战时不确定因素的影响,以装备保障整体军事效益最大化、保障消耗和安全威胁最小化为目标,构建装备保障力量配置规划模型。通过引入随机模拟和神经网络对遗传算法进行适应性改进,提高规划模型的解算能力。

4.1 研究现状

战时装备保障力量配置规划问题属于设施选址问题范畴,是设施选址问题在装备保障力量配置方面的具体化。因此,掌握设施选址问题的研究现状对于解决战时装备保障力量配置规划问题具有重要的指导意义。设施选址是一个十分古老而又经典的问题,在现实生活中有着非常广泛的应用,涌现出大量的研究成果。

4.1.1 传统方法

传统方法主要包括重心法和 AHP 法。

重心法是一种简单模拟方法,首先将资源供应点和需求点看成是分布在某一平面范围内的物体系统,其次将各点的资源需求量分别看成是物体的质量,再次将物体系统的重心作为资源供应点的最佳设置点,最后利用求物体系统重心的方法来确定资源供应点的位置。重心法更适用于单一设施在连续选址空间上的选址决策。

AHP法的基本思路是：结合具体应用领域对设施位置的要求，建立设施备选址点的综合评价指标体系，进而基于多准则决策方法与层次分析法对备选位置进行优选。例如，王东胜取隐蔽条件、交通条件和环境条件等相关评价指标加权平均值作为备选址点的评价值，对战场保障设施的选址进行决策。翁东风等研究了高技术条件下军事设施选址多目标决策方法，建立了军事设施选址决策指标体系。美国空军研究建立了全球关键通道基础设施选址模型，在该模型中采用27个指标来进行战略空运基地的选址决策。作为一种多目标决策技术，AHP法具有定性与定量相结合的优点，并且可同时考虑众多决策因素。但是由于方法本身的原因，AHP法通常只能对备选位置进行优劣排序，决策过程中无法确定设施与被服务者之间的服务关系，同时也难以考虑现实问题中资源有限等各方面的实际限制，得出的方案常常变得不可行，因此在保障网络优化设计过程中具有一定的局限性。

4.1.2 规划方法

1909年，Weber研究了在平面上确定一个仓库的位置，使其与多个顾客之间总距离最小的问题（称为Weber问题）。自此人们开始用规划方法研究选址问题。1964年，Hakimi提出了网络上的p-中值问题与p-中心问题，这篇具有里程碑意义的论文大大激发了研究者的兴趣，掀起了选址问题理论研究的热潮。

Brandeau等在对选址问题的综述中将选址问题归纳为五十多类，分析了各类问题之间的相互关系。文献讨论了设施选址问题的分类机制。Klose等对配送系统的设施选址模型进行了分类研究。通常情况下，以下八个方面的特征在设施选址问题和规划模型的分类研究中使用较为普遍。

（1）选址空间特征。根据设施允许被安置的空间特征，可将设施选址问题分为连续选址、网络选址和离散选址问题。连续选址又称为平面选址，允许将设施建立在可行的连续空间的任何地方；网络选址允许设施在指定网络的顶点与边上选址；离散选址只允许在指定的离散点集合中选址。不同选址空间下选址问题的求解在数学工具、理论基础上都有很大的不同。

（2）模型优化目标。优化目标是重要的分类准则，据其可将选址模型分为覆盖选址模型、p-中心选址模型、p-中值选址模型、固定费用模型等。

（3）设施特征。设施容量约束是导致问题求解复杂的一个重要因素，据其可将选址问题分为容量有限（Capacitated）和容量无限（Uncapacitated）两种情形。

（4）系统的层次性以及待选址设施在系统中所处的层次。根据所研究系统的层次性，可将设施选址问题划分为单层选址模型（Single-stage Model）和多层选址模型（Mufti-stage Model）。与单层选址模型不同，多层系统中不同层次上的设施提供服务的能力有所差异,待选址设施在该系统中所处的层次也会影响决策的复杂程度。多层选址模型中不仅要考虑设施与需求点之间的服务关系,还要考虑不同层次上的设施之间的关系。

(5)模型参数特征。依据模型输入参数的特性,可将选址模型分为确定性模型和不确定性模型。在确定性模型中,参数取值是确定的,因此问题相对简单,易于求解。但是在许多实际问题中,输入参数一般难以准确预计,因此不确定性选址问题也得到了广泛研究,考虑随机性选址模型的求解难度更大。

(6)选址规划的时间特征。当考虑需求点的需求随时间的推移发生显著变化,需要针对连续多个决策阶段制定设施布局方案时,选址问题即称为动态选址。在动态选址问题中,设施在各个阶段内的选址决策不仅要考虑当前阶段的服务需求,还要考虑当前阶段的设施布局方案对其他阶段的影响,追求的是整个规划时间轴上的最优。与之相对应,若决策时只需针对单阶段的需求,则称其为静态选址。

(7)需求种类特征。根据系统中需求点需求的种类数,可以将问题分为单服务系统和多服务系统。在单服务系统中,同一层次甚至不同层次上的所有设施都提供同一种服务。但在多服务系统中,一个设施可能需要为多类需求提供服务。例如,在当前的配送系统设计过程中,根据系统中流动的物资的种类,可将设施系统分为单物资配送系统和多物资配送系统。由于在多需求种类系统的设计过程中通常需要考虑不同需求对服务资源的共享和竞争,因此多需求种类系统的设计要比单需求情形下的问题复杂。

(8)求解方法。由于大多数设施选址问题都具有 NP 性,因此模型求解方法也可作为一种分类依据,如据其可分为精确求解模型和启发式求解模型。此外,依据同类设施间是否合作、需求满足过程中的单源性或多源性等服务规则特性,也可对设施选址模型进行分类。

4.1.2.1 基本选址问题

在对选址规划理论的研究过程中,人们针对一些典型问题进行了深入探讨,其中 p - 中值问题(p - medians)、p - 中心问题(p - centers)和覆盖问题(Covering Location Problem)作为最基本的选址问题被研究得较早,为选址问题的研究奠定了基础。在这些经典的基本设施选址问题中,需求是确定的,系统中所有设施在一个层次上、提供同一种服务,也基本不考虑设施容量约束。

p - 中值问题是选定 p 个设施的位置,使系统总体或平均性能最优的问题。如使总(或平均)运输距离最小、总(或平均)需求权距离最小、总运输时间最少或者总运输费用最小等,故又称为"最小和"问题。此处的"距离"是指需求点与最近设施之间的距离,"需求权距离"是指需求点的需求量和该需求点与最近设施距离的乘积,即考虑了需求点需求量影响的加权距离。

p-中心问题是指选定p个设施的位置,使最坏的情况最优,如使最大反应时间最小、需求点与其服务设施的最大距离最小或最大损失最小等,因此也称为"极小化极大"问题。

在覆盖问题中,设施A覆盖需求点B是指A能在规定的时间或距离内服务B。覆盖问题主要包括集合覆盖模型和最大覆盖模型。集合覆盖问题(Set Covering Location Problem, SCLP)是1971年Toregas等首先提出的,即用最少的设施建设费用覆盖所有需求点,当各设施的建设费用相同时,问题简化为如何用最少的设施覆盖所有的需求点,理论研究通常针对后者进行。离散和网络情况下的集合覆盖模型可能会有多个解,Plane等分别提出了第二个目标:使新设施数最少或使重复覆盖最大。由于集合覆盖模型要求覆盖所有的需求点,所需设施数往往过大,超过实际承受能力,而且没有区分各需求点的差异,因此研究者们进而想到先固定设施数目,再确定它们的位置使得覆盖尽可能多的需求点或需求量,此即Church和Revelle提出的最大覆盖问题(Maximal Covering Location Problem, MCLP)。

从以上对问题的定义可知,这几类基本设施选址问题之间的关系是:集合覆盖模型要求覆盖所有的需求点,即在确保服务"质"和"量"的前提下对服务系统进行规划。"质"是指达到覆盖距离或时间要求,"量"是指覆盖所有需求点。此时,所需设施数往往超过实际承受能力,因此必须松弛一些要求,如降低服务的质或量。如果给定设施数,并保质降量,且使数量最大,即必须达到覆盖距离或时间,但不必覆盖所有需求点,则此时为最大覆盖模型;如果保量降质,即覆盖所有需求,且使最差服务的质最优,则此时为p-中心问题;如果目标为使服务的平均质量最优,则为p-中值问题。另外,研究表明,通过一个简单的距离变换,也可将p-中值问题转化成最大覆盖问题研究。

Hakimi在研究网络上的p-中值问题时给出了一个著名的顶点最优性质:网络上的p-中值问题至少有一个最优解完全由网络的顶点构成。该性质把求解网络p-中值选址问题在某种意义上归结为求解离散选址问题,大大缩小了搜索空间。网络上的p-中值问题可分为绝对p-中值问题(设施可安置在网络的顶点和边上的任何地方)和顶点p-中值问题(设施只能安置在网络的顶点),根据顶点最优性质,严格区分它们意义不大,故一般不加区分。但是,Hakimi的顶点最优性质对两种覆盖模型都不成立,因为设施可安置在网络任何地方时的解通常好于设施只能安置在网络顶点时的解。Church和Meadows给出了一个类似顶点最优性质的伪顶点最优性质:对任何网络,存在顶点的一个有限扩充集合,该集合至少包含集合覆盖或最大覆盖模型的一个最优解。Hakimi的顶点最优性质对p-中心问题也未必正确,因此文献给出了p-中心问题的伪顶点最优性质:对任何网络,存在顶点的一个有限扩充集合至少包含绝对p-中心问题

(设施可安置在网络上的任何地方)的一个最优解,从而把无限搜索空间简化为有限搜索空间。基于以上几个重要结论以及选址问题研究的实际背景,当前的选址规划理论研究主要针对离散的设施选址问题进行。

在算法研究方面,Kariv 和 Hakimi 证明了网络上的 p – 中值问题是 NP – 完全的。若将设施选址限定在网络的顶点(此时也称为顶点 p – 中值问题),则可行解的个数为 $C_n^p = n!/P!(n-p)!$,其中 n 为网络的顶点个数。对固定的 p 值,p – 中值问题可在多项式时间内求解,尤其是在 n 与 p 值都不太大时,用枚举法就可求解。当 p 值为变量时,顶点 p – 中值问题仍是 NP – 完全的,因为此时需从 $p=1$ 到 $p=n$ 求遍所有的 p – 中值问题。由于 p – 中值问题可写成整数线性规划的形式,因此可用线性规划技巧、整数规划技巧和松弛方法来求解。另外,人们也提出了一些启发式求解方法,如禁忌搜索(Tabu Search,TS)算法、模拟退火算法(Simulated Annealing,SA)、遗传算法(GA)、列生成算法(Column Generation Approach),来求解 p – 中值问题。Enrique Alba 等对神经网络、遗传算法等现代优化算法求解 p – 中值问题的表现进行了比较研究,实验发现神经网络方法更精确,但扩展性不强,遗传算法的效率较高,也便于扩展。秦固基于蚁群算法对多物流配送中心选址问题进行了求解,所建立的决策模型实质上也是 p – 中值问题模型。

对于 p – 中心问题,若 p 是定值,则顶点 p – 中心问题和绝对 p – 中心问题都可在多项式时间内求解,对前者可以枚举所有可行解,从而可在多项式时间内求解。根据伪顶点最优性质,绝对 p – 中心问题可以转化为扩大网络上的顶点 p – 中心问题,从而也可在多项式时间内求解;若 p 是变量,则两种 p – 中心问题都是 NP – 完全的。这为算法研究指明了方向。Caruso 等研究提出了 p – 中心问题的支配算法(Dominant),基本思路是依据预定的最大距离,将 p – 中心问题转化为一系列集合覆盖问题进行求解。

与 p – 中值问题相似,一般情况下网络上的集合覆盖问题和最大覆盖问题都是 NP – 完全的。但对离散覆盖选址问题,求解集合覆盖问题的方法有精确求解方法,如分支定界方法、基于动态次梯度的分支定界方法,后者把动态次梯度程序引入分支定界方法中,在分支树的每一点都利用次梯度最优化方法。精确算法能计算出问题的最优解,但是需付出时间和存储空间的巨大代价。启发式方法不保证解的最优性,在求解质量、计算时间和空间上进行了折中。许多启发式方法被用来求解集合覆盖问题,如替换启发式方法、Lagrange 松弛方法、遗传算法、混合启发式方法。Galvao 等对最大覆盖问题的贪婪添加算法、贪婪添加替换算法、Lagrange 松弛方法等启发式方法进行了比较研究,认为拉格朗日松弛过程的引入对算法质量的提高影响很大。

Marvin 等对禁忌搜索算法、模拟退火算法和遗传算法在求解一般选址问题时的性能表现进行了比较研究,发现禁忌搜索算法在解的质量、求解速度以及对问题的适应和扩展能力方面都具有较好的性质。

杨丰梅等和黎青松等分别对目前国外选址问题的研究进行了综述,其中黎青松等重点从问题的性质、算法设计思想与计算复杂性等方面总结了现有的研究成果,在该文中作者将中值问题称为中位问题;杨丰梅等更侧重于对模型、求解方法以及各领域问题的相互关系的讨论。

在大多数覆盖选址模型中都有一个基本假设:若需求点与服务设施之间的距离小于某一数值则被认为是完全覆盖,如果在这一数值之外则认为根本不会被覆盖。学者们认识到这一假设在很多情况下是不合理的,并提出了一些改进思路。Berman 等研究了"覆盖逐渐衰减"的最大覆盖选址问题(Gradual Covering Decay Location Problem),他们引入一个最小覆盖距离(在此距离内,需求被完全覆盖)和一个最大覆盖距离(超出此距离,需求不被覆盖),在这两个距离之内,覆盖逐渐衰减。Karasakal 等提出了"部分覆盖"(Partial Covering)的思想,进而指出可以将一些启发式算法,如贪婪相加算法和模拟退火算法,应用于这类问题的求解。Othman 和 Graham 在研究对最大覆盖模型进行扩展时,将传统模型中的 0、1 覆盖定义扩展为目标时间范围内的概率覆盖模型。这与"部分覆盖"的思想有很大的相似之处。马石峰等针对传统选址问题对时间因素考虑过于简单的问题,在定义时间满意度的基础上,研究了基于时间满意度的最大覆盖设施选址问题。

基本的设施选址模型为战略设施选址问题的建模求解奠定了基础。Dawson 利用设施选址的基本模型来确定美国空军力量的分布,目的是使响应时间最短。建模时考虑了四种不同的思路:使用最大覆盖模型,用有限的力量最大程度上覆盖预先确定的需求;使用 p - 中心模型,覆盖所有的需求并寻找需求点到设施位置最大距离的最小值;使用 p - 中值模型,最小化需求点到设施位置的加权总距离;先以 p - 中心模型解决合理性问题,再用 p - 中值模型降低总的加权距离。

4.1.2.2 确定性选址问题

目前对确定性设施选址问题的研究较多,主要以产品的生产/配送网络建设为研究背景,其基本理论模型为设施选址—分派问题(Location – allocation Problem,LAP)模型。

对于配送网络设施选址问题,配送系统的层次性、物资种类、待选址设施在系统中所处的层次、是否考虑各层设施的容量限制、物资流的性质、规划阶段数等都会对建模和求解的难度造成影响,也都可用来对所研究的问题进行分类。因此,本书从系统层次、规划中是否考虑设施容量限制、物资种类方面讨论确定性设施选址问题的研究进展,将其他方面的问题复杂性因素放入讨论过程中加以论述。

1. 考虑设施容量限制

当不考虑设施容量限制时,设施选址建模常常采用"最近服务"规则建立设施与需求点之间的服务关系,且此时需求点的"单源服务"假设(即一个需求点在同一系统层次上只由一个设施服务,反之称多源服务)也能成立。但设施容量限制的引入,常会导致多个需求点对设施容量资源的竞争,"单源服务"假设往往难以实现设施容量资源的充分利用,从而会牺牲整体的性能,因此在容量有限的设施选址问题中一般没有这一假设。

近年来,诸多文献对容量有限的设施选址问题(Capacitated Facility Location Problem,CFLP)进行了研究,采用的算法包括分支定界算法、拉格朗日松弛算法。Nauss 研究了容量有限设施选址问题的一种改进算法。CFLP 问题的求解算法中著名的有 ADD 过程和 DROP 过程,两者最开始都是用于求解容量无限设施选址问题,且都属于贪婪启发式算法,之后被改进用于 CFLP 问题的求解。Sridharan 总结了 CFLP 问题求解算法的研究现状,对当前文献中出现的近似和精确解法进行了比较研究。

单源约束下的容量有限设施选址问题(CFLP with Single Source Constraints,CFLPSS)是 CFLP 问题的一类特殊情形。单源约束假设可极大地简化问题的求解过程。Sridharan 采用拉格朗日松弛算法对 CFLPSS 进行了求解,Rönnqvist 等研究了 CFLPSS 的重复匹配启发式算法。Holmberg 等针对单级服务设施、单物资、单源约束条件下的容量有限设施选址问题提出了一种精确算法。Tragantalerngsak 等进一步研究了单物资、单源约束条件下的二级容量有限设施选址问题,模型假设底层设施容量有限、物资单源流动,在此条件下,研究提出了基于拉格朗日松弛的分支定界算法。

2. 考虑多物资特性

在单纯考虑多物资特性的设施选址问题研究方面,Warszawski 提出了多物资选址问题的分支定界算法和启发式求解过程。Neebe 与 Khumawala 对 Delta、Omega 简化规则进行了修订,将其应用于多物资设施选址问题的求解。Barnhart 和 Sheffi 在求解大规模多物资网络流问题时,提出了"Primal – dual"启发式算法。Crainic 研究了供需平衡条件下多物资选址问题的基于对偶—上升的求解算法(a Dual – ascent – based Approach)。Aggarwal 针对多物资整数流问题提出了一种一般启发式求解过程,该过程也可用于求解多物资设施选址问题。Benders 分解算法自被提出后,一直为众多研究者广泛采用。该算法求解多物资设施选址问题的基本思路是:通过对原问题的松弛,将其分解为主问题和子问题,再通过不断迭代并在主问题中增加切平面,把子问题的一些重要信息反映到主问题中,使其逐步接近最优解。

3. 考虑系统的多层次特性

文献对多层选址问题进行了系统的综述。首先是流模式(Flow Patten),可将多层设施选址模型分为单流(Single – flow)模型和多流(Multi – flow)模型。单流模型指服务需求由需求点产生,逐层经过并贯穿服务系统的所有层次,直至在系统的最高层次上完成所有服务。与之相反的是,多流系统中需求可产生于系统中任意层次,也可终结于任意层次。依据流的特性,还可将其划分为举荐系统(Referral System)和非举荐系统(Non-referral System)。在一个举荐系统中,在某一层次上的设施处到达的服务需求总是按照一定比例进入上层设施继续接受服务。该比例由系统的运行规则决定,当其为 100% 时,系统即为非举荐系统。其次是服务的差异性(Service Variety),可将模型分为嵌套模型和非嵌套模型,嵌套模型中更高层次上的设施不仅能提供其下层设施所不能提供的服务,同时也能提供其下层设施的所有服务,而在非嵌套模型中不同层次上的设施提供的服务各不相同。再次是流的一致性(Coherency),在一个具有流的一致性特征的多层设施网络中,所有受某一较低层的设施服务的需求点同时也必定受同一个更高层次上的设施服务。当设施网络不具备流的一致性时,服务必然在其中的某一个层次上的设施处发生分化。最后是目标函数,可将模型分为单目标模型和多目标模型,或者划分为中值、覆盖、固定费用目标模型等。

在对多级设施选址问题进行建模时,一般采用基于流的模型和基于指派的模型两种建模描述方式。前一种描述侧重于描述用以满足需求的资源在各级设施中的流动过程,即服务满足的过程;而后一种描述方式重点在于描述需求点与各级设施之间的服务关系,在各个层次上将需求点指派给对应的设施。

4. 同时考虑多种物资、设施容量限制、系统的多层次性

当同时考虑配送系统中的设施容量与多物资问题时,由于不同种类的物资对容量资源具有竞争关系,因此设施容量通常有两种处理方式。首先只给定各设施总的容量限制,其次在每一个设施处对每一种物资设置容量限制。

1974 年,Geoffrion 和 Graves 研究了单层有限容量设施条件下多产品分销系统的设计问题,并基于 Benders 分解算法对问题进行求解。作者在建模时进行了如下假设:单源服务约束并在设施处为每种产品指定了容量限制。Syarif 等针对类似问题建立了物流供应链模型来确定供应链的网络配置,采用了基于生成树编码方式的遗传算法对其进行求解,构建了较大规模的算例,结果表明该算法效率较高,同时也表明了启发式方法在求解该类问题上的潜力。Lee 建立了同时考虑多物资、容量有限、多级设施选址问题的一般模型,并基于 Benders 分解方法研究了模型的优化求解算法。在此基础上,进一步对模型进行了扩展,允许决策者在不同层次上的设施间进行选择,并介绍了基于交叉分解的算法,该算法将 Benders 分解方法和拉格朗日松弛算法集成到一个算法框架中,提高了模型求解的效率。Hindi 和 Basta 考虑了一个多物资、厂房与配送中心两级配送系统的设计问题,建立了混合整数规划模型,并提出了基于分支定界的算法。模型假设配送中心的备选位置已定,并指定了各备选位置对应的运作成本和对各种物

资的容量限制,该求解过程可改造用于求解待建配送中心数量不定的情形。Pirkul 和 Jayaraman 针对厂房和配送中心容量均有限的两级设施选址问题进行了研究,提出了一种基于拉格朗日的启发式算法。其中做了几个重要假设,将多级资源配送系统设计的研究引入一个更广泛的环境下:各设施处只指定了总的容量限制,不再指定到各种物资;明确考虑了配送线路的多源特性。Keskin 等考虑了一个多类产品生产/配送系统设计问题(Mufti - product Production/Distribution System Design Problem),建立了系统的优化设计模型,建模过程中假设生产厂家数量和位置已知,需建立配送中心的数量已定,模型中考虑了生产厂家和配送中心的容量限制,模型优化的目标在于最小化系统建设和运行的总成本(即配送中心的建设成本、物资的运输和配送成本),进而基于散射搜索算法以及路径重连技术探讨了模型的启发式求解过程。

5. 运输 - 选址问题(TLP 问题)

有些文献将配送网络设施选址问题抽象为运输 - 选址问题进行研究。文献在研究过程中明确地将物资在各级设施处的储备和在设施间的输送、流动方案作为决策模型的一个重要输出内容,其本质是一种基于流的多级网络设施选址问题。所采用的方法与前面讨论的类似,都是将问题进行抽象,建立基于流的混合整数规划模型,进而研究算法加以求解。近年来,国内物流业快速发展,供应链和物流管理的一些理论问题引起了国内研究者的重视。华中科技大学、北京交通大学、西南交通大学、大连理工大学等单位都相继开展了相关研究,如张长星、赵晓煌分别在其博士论文中对供应链分销网络优化设计方法进行了探讨;李延晖对供应链的响应时间结构、影响因素进行了深入分析,建立了基于供应链多阶响应周期的配送中心选址模型;代颖针对废弃产品再制造物流网络优化设计问题进行了深入研究。在这些研究中普遍采用对问题进行抽象、建立问题的数学规划模型并优化求解的研究方法。

4.1.2.3 不确定性选址问题

在设施选址决策过程中,模型的输入包括系统结构信息、需求信息、设施网络运行参数信息,任何一个方面信息的不确定性都会对决策过程和方法产生影响。对某些系统而言,现实生活中要准确得出其选址模型的输入参数是十分困难的,而且有些系统的需求本身就是随机的。因此,很多研究者对不确定条件下的设施选址问题进行了研究。Louveaux 和 Snyder 分别对不确定条件下的设施选址问题进行了综述。Daskin 与 Owen 也都以较大的篇幅从不同侧面对不确定性设施选址问题进行了讨论。当前对不确定性设施选址问题的研究主要针对以下几种不确定情况进行:一是参数取值不确定,但已知参数取值的分布特征;二是参数取值不确定,但已知其可能的离散取值集合,甚至取各值的概率;三是设施或链路故障概率已知。其中,前两种情况属于模型需求参数不确定性,第三种情形针对的是系统结构的不确定性。

1. 已知数值取值的概率分布

现实生活中有一些系统,其服务需求是不确定的,但可用概率分布进行描述。当已知选址模型输入参数的区间分布时,选址问题的不确定性常被称为"区间不确定性"。Conde 考虑了已知需求点需求数量上下界条件下,网络中新设施的鲁棒选址-分派问题,建立了"最小化最大后悔值"模型,以优化最差情况下设施网络的服务效果。Carbone 讨论了各需求点的需求数量服从正态分布情况下的 p-中值设施选址问题,建模优化的目标是最小化总的需求加权距离,要求在优化得出的选址方案下,该加权距离和能够在给定的概率下实现。Jian Zhou 和 Baoding Liu 研究了需求模糊条件下的容量有限设施选址-分派问题,并针对不同的决策标准,提出了三类模糊规划模型:模糊期望成本最小化模型、模糊 a-成本最小化模型、可信性最大化模型。

2. 已知参数的离散取值集合以及取值概率

这种情况下,考虑的不确定性参数主要是服务需求参数,如资源需求数量。设需求点集合为 $I(|I|=N)$,并假设需求点 $i(i \in I)$ 的资源需求存在 k_i 种取值可能,对应的资源需求数量分别为 D_{k_i},则各参数的一种取值组合 $(D_1, D_2, \cdots D_N,)$ $(D_i \in \{D_{k_i}\}, i \in I)$ 确定了模型的一种决策场景(或想定)。此时,设施选址决策问题的目标在于找到一种选址方案,使其能够在 $\prod_{i=1}^{n} k_i$ 种决策场景下都取得良好的系统性能,或使最坏情形下的系统性能最优。因此,此时的设施选址问题也称为多场景不确定性设施选址问题,或稳健选址问题(Robust Location Problem)。所采用的方法主要为想定规划方法(Scenario Planning Approach)。

3. 已知设施或链路故障概率

不确定性设施选址问题的另一个分支是考虑设施故障或链路故障的问题,由于此种情况下考虑了系统故障,因此在有些文献中也被区分开,称为可靠优化设计问题(Reliable Optimization Design Problem),以区别于前文中的稳健优化设计问题(Robust Optimization)。

4.2 战时装备保障力量配置规划基础

装备保障力量是指从事装备保障活动的各种力量的统称,由装备保障人员、技术保障装备、装备保障设备、装备保障设施等要素有机结合而成,对于完成装备保障任务,巩固和提高部队战斗力具有重要的作用。装备保障力量按照组织形式的区别可分为装备保障基地、装备修理机构、装备仓库、装备保障部队、装备保障分队等。装备保障基地是部队实施装备保障活动的重要依托，具有相对固定的装备保障设施及机构，并储有一定数量的装备、物资、器材；装备修理机构是承担装备维修任务的单位，包括各类装备修理厂、维修站（点）、维修部（分）队等；装备仓库是指用于存储装备、物资、器材的机构，按照存储条件可分为野战仓库与基地仓库；装备保障部队是指团及团以上担负装备保障任务的建制单位；装备保障分队是指营及营以下担负装备保障任务的建制单位。

装备保障力量配置是指根据作战任务、保障任务、战场态势等因素，在相应的配置地域内为各类装备保障力量的工作位置提供科学合理的选择与布局，包括配置地域与配置位置两部分内容。相较而言，前者是一个区域性范围，地域覆盖较广；后者是一个明确的地点，定位较为精确。装备保障力量配置应尽量选择地形隐蔽、交通便利、靠近水源、具有一定展开地幅、符合防卫要求的地域或地点。鉴于本书研究层级的颗粒度与装备保障任务规划核心内容的密切性，重点对装备保障力量配置位置进行分析。

基于网状配置的装备保障力量规划，是由指挥员及后装保障要素根据特定的作战任务背景，运用网络化结构思想，构建与作战模式相适应的装备保障网络系统，优化网络结构、顺畅运行机制、协调资源分配，提高装备保障系统的响应速率和保障效能，实现装备保障能力的有效提升。其主要内容包括保障网络的选址问题、保障关系的协调问题、保障资源的分配问题等。

4.2.1 网状配置

现代战争是体系的战争，装备保障也不例外。提高基于信息系统的体系保障能力，关键切入点和有效载体是构建网络化保障体系，实施网络化装备保障。装备保障力量网状配置是由公路、铁路、水路、航空等交通运输线和大修厂、仓库、补给站、维修站等保障设施组成的呈网络化布局的装备保障体系，是各级装备保障力量实施装备保障活动、完成装备保障任务的重要物质基础，也是实施网络化保障的基础和关键。网状式部署是战役方向和作战地区装备保障力量的基本部署形式，主要由装备保障基地和装备保障部队组成。其中，装备保障基地由战役方向和作战区域已有的专业修理厂、器材储备仓库、军械弹药仓库等组成，实施固定保障活动，是担负区域保障任务的主要依托。装备保障部队由指挥机构和保障部（分）队组成，依托装备保障基地，沿主要作战方向前伸配置，以机动保障为主、固定保障为辅的保障方式，在作战任务部队和伴随保障力量之后实施装备保障活动。网状配置模式将保障基地与保障部队紧密联系，将固定配置与机动配置相融合，形成横向互联、纵向贯通的装备保障网络，减少了保障指挥层级,控制了网络关键节点,以其特有的网络结构优势为保障效益的增强和保障能力的提高提供有力支持。

与网状配置模式相对应的是传统的纵向配置模式,它是在机械化战争背景下,受传统的军事思想、原有体制编制、固有指挥模式等多方面因素影响,形成的多层次、多机构、纵横交错、条块分割的宝塔形组织机构。在纵向结构中,层级间等级明确、横向间界限清晰,命令与信息层层传递,指挥决策权力高度集中,有利于形成分工精细、执行有力的保障系统。但是,在信息化条件下的高技术战争中,战场态势瞬息万变、情报信息海量激增、有利战机转瞬即逝,装备保障任务量和任务范围显著增加,繁琐的指挥层级阻碍了信息传递的时效性、降低了指挥决策的有效性,各单元条块分割、横向沟通不畅,影响了整体效益的发挥,高度集中的指挥权和森严的等级制度抑制了保障单元危机响应和保障能力的主动发挥。具体来说,网状配置模式相较于纵向配置模式具有以下几方面优势:

(1)系统结构灵活多变。在传统纵向配置模式下,装备保障系统体量庞大、层级限制过多、系统缺乏灵活性,针对保障需求的无序化特征,难以及时做出应对措施。但是,装备保障网状模式的出现很好地弥补了纵向模式的不足。基于网状配置模式的装备保障系统是一个柔性的动态开放系统,能够针对保障需求的变化因时、因事而变,具有较强的灵活性。

(2)保障信息精准传递。在传统纵向配置模式下,由于层级分明、条块分割,纵向上装备保障信息层层传递,信息损耗概率增大,横向上各保障单元沟通不畅,信息共享机制较弱。相应地,基于网状配置模式的装备保障系统减少了中间层级、打通了横向壁垒、提升了信息集成,具备良好的信息感知和共享机制,在减少信息损耗和失真的同时提升了信息传递的有效性和时效性。

(3)决策链路精简高效。在传统纵向配置模式下,装备保障指挥决策链路较长,一条命令从首脑机关下达到末端单元执行,需要经过多级机构传达,装备保障命令的针对性、有效性在瞬息万变的未来战场环境中必将大打折扣。与之相对,在基于网状配置模式的装备保障系统中,各保障单元权责清晰,装备保障决策实施的依据并非取决于行政隶属,而在于对保障信息的掌握和保障能力的拥有。每个保障单元具备与之相适应的决策自主权,有利于装备保障指挥决策链路的精简高效。

(4)保障能力整体涌现。在传统纵向配置模式下,各装备保障单元在层级严格的系统中各司其职,系统功能线性叠加。与之相对,在基于网状配置模式的装备保障系统中,各保障单元和保障机构有机融合,装备保障系统的整体效能通过组成元素的特定功能和交互作用产生,不仅在效率上大幅跃升,在功能上也会有新的演化,装备保障能力的整体涌现性凸显。

4.2.2 要素分析

装备保障网络是由节点、边和规则组成的有向网络,其中节点是装备保障力量实体,边是装备保障力量实体之间的联系,规则是装备保障网络有序运行的准则。在装备保障网络中,各类装备保障资源通过网络的边实现保障节点与网络终端之间的连通和分配,使各类装备物资得到适时、适地、适量补给,为各类受损装备提供及时、有效的抢修,为保证部队顺利遂行各类任务提供装备保障支持。按照业务和功能,装备保障网络可分为供应保障网络和维修保障网络,如图4-1所示。

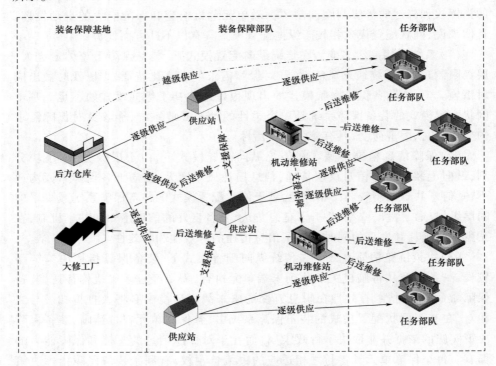

图4-1 装备保障网络运行示意图

后方仓库以逐级供应的方式对下级供应站进行器材、弹药供应,也可以越级供应的方式对任务部队直接进行器材、弹药供应;供应站采取前出直供的方式将器材、弹药等装备物资送达任务部队,同时各供应站横向之间也存在支援保障关系,便于形成整体合力。

装备维修保障网络遵循战时装备维修保障的基本原则,在维修方式上坚持以现地维修为主、后送维修为辅,两者有机结合的模式。后方保障基地的大修工厂负责重损装备修理任务，同时为前伸机动维修站(组)提供力量支持。前伸的维修站(组)以机动维修为主、固定维修为辅的保障模式为任务部队提供装备抢救、抢修服务。任务部队立足建制保障力量，在上级加强的保障力量支持下，实施战场装备抢修活动。

4.2.2.1 节点分析

装备保障网络节点是装备保障系统中各实体的网络化抽象，是装备保障资源在装备保障系统中收发、存储、转化的载体。

(1) 装备供应保障网络节点。各类后方仓库、器材供应站、弹药供应站等是装备供应保障网络的主要节点，是装备保障物资集散和中转环节，具有明确的保障范围和保障对象。其具备的主要功能包括：储存、中转保障资源，组织物资配送活动，监控保障资源变动情况等。后方仓库是位于战区后方的集筹、储、供于一体的大型综合性供应保障中心，是战区和战役方向装备保障物资的主要储供基地，以逐级供应和越级供应相结合的方式为各供应站、任务部队提供装备供应保障。供应站是连接后方仓库和任务部队的中枢和桥梁，一般设置在接近任务部队的保障区域内，发挥装备保障物资从后方仓库到作战前沿的中转接力功能。

(2) 装备维修保障网络节点。各类大修工厂、维修站是装备维修保障网络的主要节点，共同协作完成装备维修保障任务。根据各维修保障网络节点的固有保障能力以及在维修保障网络中承担的任务，各节点的维修保障关系有着明确的界定。任务部队的作战任务区是装备抢修的第一现场，依靠伴随保障力量的随行备件和抢救、抢修装备，实施现地修理活动。其主要任务是抢救受损、受困装备，承担轻损装备抢修任务，对于无法修复的装备组织后送。维修站以机动式为主，在任务部队后方承担中损装备抢修任务，对于无法修复的装备组织后送。大修工厂承担了对装备实施全面恢复性的维修任务。

4.2.2.2 边分析

装备保障网络的边是连接各装备保障实体的交通线路的抽象，是实现装备保障资源在装备保障系统中传输的载体，主要包括铁路、公路、水路、航空等交通运输线。铁路运输承担着国家交通运输大动脉的角色，具有极其重要的军事战略价值，以其路网覆盖广、运输成本低、运载量大的特点，为装备保障运输提供重要的战略支持。公路运输是最普遍的交通运输方式，发达的公路交通运输网络为装备保障系统提供了从战略投送到战术运输全域覆盖的物质基础。水路运输是在海洋、江河、湖泊等水域内，以船舶为主要运输工具的运输方式。因其运载量大、运输成本低的特点，在装备保障系统，特别是水域丰富的保障区域内发挥重要的作用。航空运输是使用飞机等航空器作为载体的运输方式,具有安全、迅捷、机动的特点,是实施战略投送的重要军事力量,可以为装备保障系统提供多样化的运输方式选择。

4.2.2.3 规则分析

运用复杂网络理论,结合装备保障活动实际,探索并总结装备网络化保障规则,主要包括:

(1)节点辐射规则。节点辐射是在传统的纵向保障基础上的新发展,依托装备保障力量的网状布局,按照战术级装备保障力量覆盖本级保障区域,战区或战役方向装备保障力量分方向支援的原则,建立"一对多"的辐射式保障态势,实现"体系对个体"的前伸保障、联动保障。

(2)随机支援规则。打破传统按建制、遵隶属的保障模式,按照任务相通、距离相近、专业相同的原则,实现无隶属关系的保障力量与作战部队之间的自主支援保障,有利于保障需求的快速响应、保障活动的动态实施、保障效益的高效跃升。

(3)优先保障规则。优先保障规则充分体现了复杂网络的优先连接原理在装备保障中的运用。在保障对象方面,优先保障主要作战方向和遂行关键任务部队;在保障重点方面,优先保障指控装备、节点装备、主战装备;在保障方式方面,优先选择前送直达、换件修理等。

(4)聚焦一线规则。向一线倾斜、向一线聚焦。突出加强一线保障力量建设,同时注重战区或战役方向保障力量的重心前移,首先满足作战部队的装备保障需求,尽量将装备问题解决在保障一线,缩短装备保障周期,提高装备保障效益,实现保障力量和保障资源的一线聚焦。

4.2.3 规划原则

(1)整体性原则。面对现代战争这一复杂巨系统,需要牵一发而动全身的缜密筹划,更需要"欲穷千里目,更上一层楼"的整体考量。战时装备保障力量配置规划同样需要从整体出发,运用战略眼光和全局思维,兼顾平时与战时需求、协调作战与保障关系、统筹军方与地方资源,从战略全局的高度和保障整体的视野寻求装备保障效益的整体优化。

(2)协调性原则。保障服从并服务于作战,随着战争形态的演变和作战样式的发展,装备保障理论思想、方式方法也随之发生了改变。特别是新装备、新技术的发展和应用,促使战时装备保障力量配置规划应与作战模式、保障样式保持高度的协调性。例如,扁平化作战指挥模式促使装备保障网络结构趋于扁平化;运输途径的多样化和运输能力的提升,促使装备保障网络层级的减少和关键节点的控制。

(3)时效性原则。战场局势瞬息万变,有利战机稍纵即逝,时间因素对现代战争的影响十分突出。同理,战时装备保障力量配置规划的时效性原则是其必须遵循的刚性条件。为有效提高装备网络化保障整体响应速率,把握有力保障时机,需要采用诸如减少保障层级、提高信息效率、发挥立体投送优势、缩短保障力量节点与部队终端距离等多种措施,达成"适时"精确保障的目标。

(4)安全性原则。现代战争呈现多维度、全域化特点,前线与后方、作战与保障的界限日趋模糊,瘫痪、迟滞敌方后勤(装备)保障系统具有重要的战略价值,美、俄等军事强国均将后勤(装备)补给线列为战时重点打击目标。战时装备保障力量配置规划同样需要考虑安全性原则。一方面是保障设施、保障力量的生存能力,另一方面是保障网络整体的抗毁性能。

4.3 战时装备保障力量配置规划问题分析

建立战时装备保障力量配置规划模型,首先要对战时装备保障力量配置规划问题进行简化和抽象,通过对规划任务描述、规划资源分析、规划目标确定、规划条件约束四个方面的分析,勾勒出战时装备保障力量配置规划问题的边界条件,为数学模型的构建打下基础。

4.3.1 规划任务描述

战时装备保障力量配置规划是为保障作战需要而为各类装备保障力量实施的选址规划。根据规划层级分为战区或战役方向战时装备保障力量配置规划问题和战术级战时装备保障力量配置规划问题。战区或战役方向战时装备保障力量配置规划目的在于:一方面在平时装备建设过程中,根据军队发展战略和装备保障需求,储备装备保障物资、保持装备保障能力,为装备维修、器材周转提供装备保障支持;另一方面在战时装备活动过程中,为应对战争的突然爆发以及装备需求的陡然激增,充分发挥装备保障基地的储备和依托作用,以适量的物资储备为国家平战转换和战争初期装备物资需求提供保障支持,同时以现有各类保障基地、预置基地、前进基地为依托,为战术级装备保障力量的运用提供保障支持。战术级战时装备保障力量配置规划是战区或战役方向装备保障力量配置规划的延续,是在各类保障基地(含预置基地、前进基地)的选址方案基础上,根据任务样式、作战强度、持续时间、自然环境、社会环境等因素,在主要作战方向、主要交通枢纽、主要保障区域，适当前伸部署供应站、维修站等设施，适时、适地调整优化战术级装备保障网络，以满足战时装备保障需求。

信息化条件下的战争，双方战场环境透明、火力打击效果显著、前方后方界限模糊，出于安全性考虑，各类装备保障力量应当多源分散部署。同时，由于战争的高损伤、高消耗，其短时间巨大的装备保障需求往往超出单一保障单元的保障能力，出于时效性考虑，需要多元保障力量实施装备保障活动。因此，可以将战时装备保障力量配置规划问题抽象为多源目标选址问题。根据战时装备保障力量配置规划问题的研究粒度适宜性以及保障力量待选区域或位置的分布属性，可以将多源目标选址问题分为多源目标连续选址问题和多源目标离散选址问题。

4.3.2 规划资源分析

（1）装备保障对象。在网络化保障模式下，本区域内的作战行动部队即为该区域的装备保障对象。

（2）待选址保障实体。一般由后装保障要素根据保障能力及保障规模估算，也可由指挥员指定。这里需要指出，战术级保障实体（如物资供应站和装备维修站）的选址应以其依托的保障基地的选址为基础，根据任务样式、作战强度、持续时间、自然环境、社会环境等因素，在主要作战方向、主要交通枢纽、主要保障区域，适当前伸部署供应站、维修站等设施，以满足战时装备保障需求。

（3）保障需求点位置。作战任务部队是装备保障需求终端。对于相距较近的任务部队，一般会设置保障聚集点集中进行保障。出于简化问题的考虑，将装备保障需求点等效为作战任务部队，以地理坐标表示。

（4）保障需求水平。保障需求的产生主要以装备受击损伤为主，以偶然损伤为辅。保障需求水平的预测是一个复杂的不确定性问题，受作战样式、部署形式、作战时间、作战强度、敌方力量、自然环境等多重因素影响，需要丰富的作战经验积累和翔实的损伤数据支撑。但是，从众多不确定因素中可以发掘出某些规律性联系，如主攻方向的装备保障需求大于其他方向，敌方重点目标的装备保障需求大于其他目标。出于简化问题的考虑，将各需求点装备保障水平分布情况等效为符合以主要作战方向任务部队为中心的正态分布。

（5）需求点重要度。装备保障应遵循"统筹兼顾、突出重点"的原则，侧重于担负主要作战任务的部队，因此需要考虑需求点重要度因素。

（6）连续选址问题的有效选址区域。装备保障力量配置时，应当注意保持适当的距离，形成纵深梯次。特别是对于装备保障基地这类具有重要军事价值的目标，更应注意隐蔽力量，与前沿保持一定安全距离。但是，如果保障力量与作战任务部队距离过远,则势必会增加保障响应时间,影响保障活动时效性,因此还应考虑最大运输距离这一因素。

(7)离散选址问题的候选地址方案。根据作战任务进程、保障需求实际、交通路网特点、地形地貌等因素,由后装保障要素根据装备保障力量配置原则,预先提供保障区域范围内的若干候选地址方案,以备指挥员择优选定。

4.3.3 规划目标确定

装备保障的目标是为满足部队遂行各项任务对装备的需求及时为部队提供装备保障支持。反映到战时装备保障力量配置规划方面,就是衡量网络化装备保障系统整体或平均能够提供装备保障活动所需路程最短问题。在此基础上,还应考虑不确定性因素对规划问题的影响,即战时装备保障力量配置规划的随机约束问题。

4.3.4 规划条件约束

(1)最小安全距离。装备保障实体与前沿任务部队之间应保持一定的纵深,以最小安全距离来衡量。

(2)最大运输距离。在保持前后纵深的基础上,还应考虑运输时效性问题,即装备保障实体与前沿任务部队之间的距离不宜过远,应在最大运输距离范围之内。

(3)主要保障关系。战时装备保障力量配置规划的工作就是确定保障实体与保障对象间的保障关系,特别是对于多源目标选址问题而言,在保证需求点全覆盖的前提下,还应避免出现多保障实体竞争的问题。

4.4 战时装备保障力量配置规划模型构建

随机问题可以分为随机期望和随机机会等,结合多源目标连续选址问题和多源目标离散选址问题,分别构建基于随机期望的多源目标连续选址模型和基于随机机会的多源目标离散选址模型。

4.4.1 基于随机期望的选址模型

在期望约束下,使目标函数的期望值达到最优的数学规划,称为期望值模型。它是随机规划中最常见的形式,如期望费用最小化问题、期望效益最大化问题等。在装备保障力量配置规划问题中,根据约束条件特征,可以将具有随机特征的费用最小化问题用随机期望值模型进行构建。

4.4.1.1 随机期望值模型

在一些期望约束下,如果决策者希望做出决策以便得到最大的期望回报,则可以建立如下形式的期望值模型:

$$\max E[f(x,\varepsilon)]$$
$$\text{s.t. } E[g_j(x,\varepsilon)] \leq 0, j=1,2,\cdots,p \tag{4-1}$$

式中 x——决策向量;
ε——随机向量;
$f(x,\varepsilon)$——目标函数;
$g_j(x,\varepsilon)$——约束函数。

在很多情况下,所考虑的决策问题往往涉及多个目标。若决策者希望极大化(或极小化)这些目标的期望值,则可以建立如下的多目标期望值模型:

$$\max\{E[f_1(x,\varepsilon)], E[f_2(x,\varepsilon)], \cdots, E[f_m(x,\varepsilon)]\}$$
$$\text{s.t. } \begin{cases} E[g_j(x,\varepsilon)] \leq 0, j=1,2,\cdots,p \\ i=1,2,\cdots,m \end{cases} \tag{4-2}$$

式中 $f_i(x,\varepsilon)$——目标函数。

根据决策者给出的优先结构和目标水平,可以把一个随机决策系统转化为一个期望值目标规划:

$$\min \sum_{j=1}^{l} P_j \sum_{i=1}^{m} (u_{ij} d_i^+ + v_{ij} d_i^-)$$
$$\text{s.t. } \begin{cases} E[f_i(x,\varepsilon)] + d_i^- - d_i^+ = b_i, i=1,2,\cdots,m \\ E[g_j(x,\varepsilon)] \leq 0, j=1,2,\cdots,p \\ d_i^+, d_i^- \geq 0, i=1,2,\cdots,m \end{cases} \tag{4-3}$$

式中 P_j——优先因子,表示各个目标的相对重要性,且 $P_j \gg P_{j+1}$;
u_{ij}——对应优先级 j 的第 i 个目标正偏差的权重因子;
v_{ij}——对应优先级 j 的第 i 个目标负偏差的权重因子;
d_i^+——目标 i 偏离目标值的正偏差,$d_i^+ = [E[f_i(x,\varepsilon)] - b_i] \vee 0$;
d_i^-——目标 i 偏离目标值的负偏差,$d_i^- = [b_i - E[f_i(x,\varepsilon)]] \vee 0$;
f_i——目标约束中的函数;
g_j——系统约束中的函数;
b_i——目标 i 的目标值;

l——优先级个数；

m——目标约束个数；

p——系统约束个数。

4.4.1.2 基于随机期望的多源目标连续选址模型

根据问题分析,基于多源目标连续选址的装备保障力量配置规划问题可以用随机期望模型表示为

$$\min_{x,y} f(x,y,\varepsilon) = \sum_{i=1}^{n}\sum_{j=1}^{m} l_{ij}\varphi_j\varepsilon_j\sqrt{(x_i-a_j)^2+(y_i-b_j)^2}$$

$$\text{s.t.} \begin{cases} l_{ij}\sqrt{(x_i-a_j)^2+(y_i-b_j)^2} \leqslant D_j \\ l_{ij}\sqrt{(x_i-a_j)^2+(y_i-b_j)^2} \geqslant S_j \\ \sum_{i=1}^{n} l_{ij} = 1, j=1,2,\cdots,m \\ \sum_{j=1}^{m} \varphi_j = 1 \\ \varepsilon_j \sim N(\mu,\delta^2) \end{cases} \quad (4-4)$$

式中 (x_i,y_i)——待选址保障实体 i 的坐标；

i——待选址保障实体数,$i=1,2,\cdots,n$；

j——保障需求点数,$j=1,2,\cdots,m$；

(a_j,b_j)——保障需求点 j 的坐标；

l_{ij}——保障关系系数,当 $l_{ij}=1$ 时,保障实体 i 与保障需求点 j 有保障关系,当 $l_{ij}=0$ 时,保障实体 i 与保障需求点 j 无保障关系；

φ_j——保障需求点 j 的重要度；

ε_j——保障需求点 j 的随机需求水平,假设符合正态分布；

D_j——最大运输距离；

S_j——最小安全距离。

式(4-4)属于具有随机特征的费用最小化问题,由于此类随机规划问题无法直接求解,需要将该模型的随机变量数值特征提取出来,再将其转化为确定型规划模型。本书根据期望值模型理论,将原模型转化为目标函数期望值最优模型,并加以求解,其模型表达式如下：

$$\min_{x,y} E[f(x,y,\varepsilon)] = E\left[\sum_{i=1}^{n}\sum_{j=1}^{m} l_{ij}\varphi_j\varepsilon_j\sqrt{(x_i-a_j)^2+(y_i-b_j)^2}\right]$$

$$\text{s.t.} \begin{cases} l_{ij}\sqrt{(x_i-a_j)^2+(y_i-b_j)^2} \le D_j \\ l_{ij}\sqrt{(x_i-a_j)^2+(y_i-b_j)^2} \ge S_j \\ \sum_{i=1}^{n} l_{ij}=1, j=1,2,\cdots,m \\ \sum_{j=1}^{m} \varphi_j = 1 \\ \varepsilon_j \sim N(\mu,\delta^2) \end{cases} \quad (4-5)$$

根据数学理论观点，目标函数期望值最优模型中存在多重积分，则式(4-5)可以表达为

$$\min_{x,y} \int_0^\infty \Pr\{\varepsilon \in \Omega \mid C(x,y\mid\varepsilon) \ge r\} \mathrm{d}r \quad (4-6)$$
$$\text{s.t.} \ g_j(x,y) \le 0, j=1,2,\cdots,m$$

式中　　ε——在概率空间$(\Omega,A,\Pr)$上的随机向量；

$g_j(x,y) \le 0, j=1,2,\cdots,m$——保障实体可选址区域。

4.4.2 基于随机机会的选址模型

随机机会约束规划是数学规划问题中含有随机变量时的第二类随机规划问题，其显著特点是随机约束条件至少以一定的置信水平成立。因此，首先从机会约束规划基本理论入手，其次构建基于随机机会的装备保障力量配置规划模型。

4.4.2.1 机会约束

假设x是一个决策向量，ε是一个随机向量，$f(x,\varepsilon)$是目标函数，$g_j(x,\varepsilon)$是随机约束函数。由于随机约束函数$g_j(x,\varepsilon)$没有给出一个确定的可行集，因此希望随机约束以一定的置信水平α成立，这样就可以得到下面的机会约束：

$$\Pr\{g_j(x,\varepsilon) \le 0, j=1,2,\cdots,p\} \ge \alpha \quad (4-7)$$

这种类型的机会约束被称为联合机会约束，一个点x是可行的当且仅当事件$\Pr\{g_j(x,\varepsilon) \le 0, j=1,2,\cdots,p\}$的概论测度不小于$\alpha$，即违反约束条件的概论小于$(1-\alpha)$。有时，机会约束也可以表示为

$$\Pr\{g_j(x,\varepsilon) \le 0\} \ge \alpha_j, j=1,2,\cdots,p \quad (4-8)$$

更为一般的是下面的混合机会约束：

$$\begin{cases} \Pr\{g_j(\boldsymbol{x},\boldsymbol{\varepsilon}) \leq 0, j=1,2,\cdots,k_1\} \geq \alpha_1 \\ \Pr\{g_j(\boldsymbol{x},\boldsymbol{\varepsilon}) \leq 0, j=k_1+1,k_1+2,\cdots,k_2\} \geq \alpha_2 \\ \cdots \\ \Pr\{g_j(\boldsymbol{x},\boldsymbol{\varepsilon}) \leq 0, j=k_{t-1}+1,k_{t-1}+2,\cdots,p\} \geq \alpha_t \end{cases}$$
$$\text{s.t. } 1 \leq k_1 \leq k_2 \leq \cdots \leq k_{t-1} \leq p \tag{4-9}$$

在随机环境下,若决策者希望极大化目标函数的乐观值,则可建立以下的Maximax 机会约束规划:

$$\max_x \max_{\bar{f}} \bar{f}$$
$$\text{s.t.} \begin{cases} \Pr\{f(\boldsymbol{x},\boldsymbol{\varepsilon}) \geq \bar{f}\} \geq \beta \\ \Pr\{g_j(\boldsymbol{x},\boldsymbol{\varepsilon}) \leq 0, j=1,2,\cdots,p\} \geq \alpha \end{cases} \tag{4-10}$$

式中 $\max \bar{f}$——目标函数 $f(\boldsymbol{x},\boldsymbol{\varepsilon})$ 的 β 乐观值;

α——决策者给定的置信水平;

β——决策者给定的置信水平。

如果决策问题包含多个目标,则可以建立多目标机会约束规划模型:

$$\max_x \left[\max_{\bar{f}_1} \bar{f}_1, \max_{\bar{f}_2} \bar{f}_2, \cdots, \max_{\bar{f}_m} \bar{f}_m \right]$$
$$\text{s.t.} \begin{cases} \Pr\{f_i(\boldsymbol{x},\boldsymbol{\varepsilon}) \geq \bar{f}_i\} \geq \beta_i, i=1,2,\cdots,m \\ \Pr\{g_j(\boldsymbol{x},\boldsymbol{\varepsilon}) \leq 0\} \geq \alpha_j, j=1,2,\cdots,p \end{cases} \tag{4-11}$$

式中 $\max \bar{f}_i$——目标函数 $f_i(\boldsymbol{x},\boldsymbol{\varepsilon})$ 的 β_i 乐观值;

α_j——决策者给定的置信水平;

β_i——决策者给定的置信水平。

根据决策者给定的优先结构和目标值,可以把随机决策系统建模转换成机会约束目标规划,标准的机会约束目标规划模型如下:

$$\min \sum_{j=1}^{l} P_j \sum_{i=1}^{m} (u_{ij} d_i^+ + v_{ij} d_i^-)$$
$$\text{s.t.} \begin{cases} \Pr\{f_i(\boldsymbol{x},\boldsymbol{\varepsilon}) - b_i \leq d_i^+\} \geq \beta_i^+, i=1,2,\cdots,m \\ \Pr\{b_i - f_i(\boldsymbol{x},\boldsymbol{\varepsilon}) \leq d_i^-\} \geq \beta_i^-, i=1,2,\cdots,m \\ \Pr\{g_j(\boldsymbol{x},\boldsymbol{\varepsilon}) \leq 0\} \geq \alpha_j, j=1,2,\cdots,p \\ d_i^+, d_i^- \geq 0, i=1,2,\cdots,m \end{cases} \tag{4-12}$$

式中 P_j——优先因子,表示各个目标的相对重要性,且 $P_j \gg P_{j+1}$;

u_{ij}——对应优先级 j 的第 i 个目标正偏差的权重因子;

v_{ij}——对应优先级 j 的第 i 个目标负偏差的权重因子;

d_i^+——目标 i 偏离目标值的 β_i^+ 乐观正偏差,$d_i^+ = \min\{d \vee 0 | \Pr\{f_i(\boldsymbol{x},\boldsymbol{\varepsilon}) - $

$b_i \leq d\} \geq \beta_i^+\}$；

d_i^-——目标 i 偏离目标值的 β_i^- 乐观负偏差，$d_i^- = \min\{d \vee 0 | \Pr\{b_i - f_i(\boldsymbol{x}, \boldsymbol{\varepsilon}) \leq d\} \geq \beta_i^-\}$；

f_i——目标约束中的函数；

g_j——系统约束中的函数；

b_i——目标 i 的目标值；

l——优先级个数；

m——目标约束个数；

p——系统约束个数。

在随机环境下，若决策者希望极大化目标函数的悲观值，则可建立以下的 Minimax 机会约束规划：

$$\max_{\boldsymbol{x}} \min_{\overline{f}} \overline{f}$$
$$\text{s.t.} \begin{cases} \Pr\{f(\boldsymbol{x},\boldsymbol{\varepsilon}) \leq \overline{f}\} \geq \beta \\ \Pr\{g_j(\boldsymbol{x},\boldsymbol{\varepsilon}) \leq 0, j=1,2,\cdots,p\} \geq \alpha \end{cases} \quad (4-13)$$

式中　$\min \overline{f}$——目标函数 $f(\boldsymbol{x},\boldsymbol{\varepsilon})$ 的 β 悲观值；

$\alpha、\beta$——决策者给定的置信水平。

对于包含多个目标的决策问题，在多目标机会约束下，可以构建如下规划模型：

$$\max_{\boldsymbol{x}} \left[\min_{\overline{f}_1} \overline{f}_1, \min_{\overline{f}_2} \overline{f}_2, \cdots, \min_{\overline{f}_m} \overline{f}_m \right]$$
$$\text{s.t.} \begin{cases} \Pr\{f_i(\boldsymbol{x},\boldsymbol{\varepsilon}) \leq \overline{f}_i\} \geq \beta_i, i=1,2,\cdots,m \\ \Pr\{g_j(\boldsymbol{x},\boldsymbol{\varepsilon}) \leq 0\} \geq \alpha_j, j=1,2,\cdots,p \end{cases} \quad (4-14)$$

式中　$\min \overline{f}_i$——目标函数 $f_i(\boldsymbol{x},\boldsymbol{\varepsilon})$ 的 β_i 悲观值；

$\alpha_j、\beta_i$——决策者给定的置信水平。

基于已知的优先结构和目标值，机会约束目标规划可以从随机决策系统建模转换而来，现构建机会约束目标规划模型：

$$\min \sum_{j=1}^{l} P_j \sum_{i=1}^{m} \left[u_{ij}(\max_{d_i^+} d_i^+ \vee 0) + v_{ij}(\max_{d_i^-} d_i^- \vee 0) \right]$$
$$\text{s.t.} \begin{cases} \Pr\{f_i(\boldsymbol{x},\boldsymbol{\varepsilon}) - b_i \geq d_i^+\} \geq \beta_i^+, i=1,2,\cdots,m \\ \Pr\{b_i - f_i(\boldsymbol{x},\boldsymbol{\varepsilon}) \geq d_i^-\} \geq \beta_i^-, i=1,2,\cdots,m \\ \Pr\{g_j(\boldsymbol{x},\boldsymbol{\varepsilon}) \leq 0\} \geq \alpha_j, j=1,2,\cdots,p \end{cases} \quad (4-15)$$

式中　P_j——优先因子，表示各个目标的相对重要性，且 $P_j \gg P_{j+1}$；

u_{ij}——对应优先级 j 的第 i 个目标正偏差的权重因子；

v_{ij}——对应优先级 j 的第 i 个目标负偏差的权重因子；

$d_i^+ \vee 0$——目标 i 偏离目标值的 β_i^+ 悲观正偏差，$d_i^+ \vee 0 = \max\{d \vee 0 | \Pr\{f_i(\boldsymbol{x}, \boldsymbol{\varepsilon}) - b_i \geqslant d\} \geqslant \beta_i^+\}$；

$d_i^- \vee 0$——目标 i 偏离目标值的 β_i^- 悲观负偏差，$d_i^- \vee 0 = \max\{d \vee 0 | \Pr\{b_i - f_i(\boldsymbol{x}, \boldsymbol{\varepsilon}) \geqslant d\} \geqslant \beta_i^-\}$；

f_i——目标约束中的函数；

g_j——系统约束中的函数；

b_i——目标 i 的目标值；

l——优先级个数；

m——目标约束个数；

p——系统约束个数。

4.4.2.2 基于随机机会的多源目标离散选址模型

根据问题分析，基于多源目标离散选址的装备保障力量配置规划问题可以用随机机会约束规划模型表示为

$$\min_{x_{ip_i}, y_{ip_i}} f(x_{ip_i}, y_{ip_i}, \varepsilon_{ik_i}) = \sum_{p_i=1}^{n_i} \sum_{k_i=1}^{m_i} l_{p_i k_i} \varphi_{k_i} \varepsilon_{ik_i} \sqrt{(x_{ip_i} - a_{ik_i})^2 + (y_{ip_i} - b_{ik_i})^2}$$

$$\text{s.t.} \begin{cases} l_{p_i k_i} \sqrt{(x_{ip_i} - a_{ik_i})^2 + (y_{ip_i} - b_{ik_i})^2} \leqslant D_{p_i} \\ l_{p_i k_i} \sqrt{(x_{ip_i} - a_{ik_i})^2 + (y_{ip_i} - b_{ik_i})^2} \geqslant S_{p_i} \\ \sum_{p_i=1}^{n_i} l_{p_i k_i} = 1, k_i = 1, 2, \cdots, m_i \\ \sum_{k_i=1}^{m_i} \varphi_{k_i} = 1 \\ \varepsilon_{ik_i} \sim N(\mu, \delta^2) \end{cases}$$

(4 – 16)

式中　(x_{ip_i}, y_{ip_i})——在保障基地 i 的保障范围内保障站 p_i 的坐标；

　　　p_i——在保障基地 i 的保障范围内保障站数，$p_i = 1, 2, \cdots, n_i$；

　　　k_i——在保障基地 i 的保障范围内保障需求点数，$k_i = 1, 2, \cdots, m_i$；

　　　(a_{ik_i}, b_{ik_i})——在保障基地 i 的保障范围内保障需求点 k_i 的坐标；

　　　$l_{p_i k_i}$——保障关系系数，当 $l_{p_i k_i} = 1$ 时，保障站 p_i 与保障需求点 k_i 有保障关系，当 $l_{p_i k_i} = 0$ 时，保障站 p_i 与保障需求点 k_i 无保障关系；

　　　φ_{k_i}——保障需求点 k_i 的重要度；

　　　ε_{ik_i}——保障需求点 k_i 的随机需求水平，假设符合正态分布；

D_{p_i}——保障站p_i的最大运输距离；

S_{p_i}——保障站p_i的最小安全距离。

式(4-16)属于费用最小化问题,由于此模型具有随机特征无法直接求解,其随机变量数值特征需要提取出来,转化为确定型规划模型。按照期望值模型理论,将其转化为目标函数期望值最优模型,然后求解,其模型表达为

$$\min_{x_{ip_i},y_{ip_i}} E[f(x_{ip_i},y_{ip_i},\varepsilon_{ik_i})] = E\left[\sum_{p_i=1}^{n_i}\sum_{k_i=1}^{m_i} l_{p_ik_i}\varphi_{k_i}\varepsilon_{ik_i}\sqrt{(x_{ip_i}-a_{ik_i})^2+(y_{ip_i}-b_{ik_i})^2}\right]$$

$$\text{s.t.} \begin{cases} l_{p_ik_i}\sqrt{(x_{ip_i}-a_{ik_i})^2+(y_{ip_i}-b_{ik_i})^2} \leq D_{p_i} \\ l_{p_ik_i}\sqrt{(x_{ip_i}-a_{ik_i})^2+(y_{ip_i}-b_{ik_i})^2} \geq S_{p_i} \\ \sum_{p_i=1}^{n_i} l_{p_ik_i} = 1, k_i = 1,2,\cdots,m_i \\ \sum_{k_i=1}^{m_i} \varphi_{k_i} = 1 \\ \varepsilon_{ik_i} \sim N(\mu,\delta^2) \end{cases}$$

(4-17)

面对这类具有随机不确定性特征的装备保障指挥决策问题,指挥员往往期望在某一概率条件下,装备保障网络的整体路程最小,即最小化乐观费用,因此可将上述模型表示为

$$\min_{x_{ip_i},y_{ip_i}} \bar{f}$$

$$\text{s.t.} \begin{cases} \Pr\{\varepsilon \in \Omega | f(x_{ip_i},y_{ip_i},\varepsilon_{ik_i}) \leq \bar{f})\} \geq \alpha \\ g_{k_i}(x_{ip_i},y_{ip_i}) \leq 0, k_i = 1,2,\cdots,m_i \end{cases}$$

(4-18)

式中 $\bar{f}$——在保障基地i的保障范围内保障网络整体路径的上限值；

α——实现在保障基地i的保障范围内保障网络整体路径的上限值的最小概率；

$g_{k_i}(x_{ip_i},y_{ip_i}) \leq 0, k_i = 1,2,\cdots,m_i$——保障站可选址区域。

4.5 战时装备保障力量配置规划模型求解

战时装备保障力量配置规划问题因其多约束特征加之随机因素影响,一般

优化算法很难求解。本书在分析随机模拟、神经网络、遗传算法特点的基础上，建立三者相融合的混合优化算法，设计了算法流程，并以实例验证了方法的可行性。

4.5.1 基本组成模型

4.5.1.1 随机模拟

随机模拟又称为蒙特卡洛法，是为解决数理、工程、管理、军事等领域问题，通过对概率模型或随机过程的随机抽样试验，反复生成时间序列，计算参数的估计值和统计值特征，并求解近似解的过程。其主要包括以下三个主要阶段：首先构建概率模型；其次实现对已知概率分布的抽样；最后建立各种统计值、估计值。基本步骤如图4-2所示。

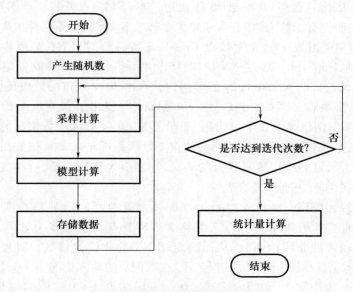

图4-2 随机模拟法基本步骤图

4.5.1.2 神经网络

生理学研究表明，人脑神经网络由大约数百亿以上的神经元组成，神经元之间由大量突触连接成网络。人工神经网络（Arti-ficial Neural Network）是对人脑神经网络高度简化的仿真，通常简称为神经网络（NN）。芬兰教授Kohonen给出如下定义：NN是由大量简单的、通常是自适应的元件（神经元）构成，是具有多层次组织结构的庞大并行互联网络。它采用与生物神经网络系统类似方法与现实世界中的物体相互作用。

NN 的研究起源于人类对自己大脑结构、功能和机理的探索。19 世纪心理学家弗洛伊德有关人脑思维和学习的理论,解剖学家卡加尔对人脑研究后提出的神经元学说,都推动了 NN 研究。1943 年,美国心理学家 Culloch 和数学家 Pitts 建立了神经元的第一个模型。1949 年,美国心理学家 Hebb 提出了 Hebb 学习规则,指出了神经元之间连接强度变化与神经元激活状态的对应关系。他们为后来构造具有学习功能的 NN 奠定了理论基础。1954 年,Farley 和 Clark 建立了随机网络的自适应激励响应关系模型。1957 年,Rosenblatt 建立了具有学习功能、由"自适应神经元"构成的两层 NN,并且提出了具有学习功能、采用三层 NN 结构的"感知机"。1969 年,美国麻省理工学院教授、著名人工智能学家 Minskey 在其《感知机》一书中认为不可能实现具有学习功能、采用三层 NN 结构的"感知机",全盘否定了 NN 感知机研究。因此,美国和苏联政府停止了对 NN 研究的支持。从此后直到 20 世纪 80 年代初,NN 研究陷入低谷。难能可贵的是,在此艰难时期仍有少数人,如日本东京大学教授甘利俊一、芬兰赫尔辛基大学教授 Kohonen 和美国波士顿大学教授 Grossberg 等,继续坚持不懈地从事此项研究。1985 年,Hopfield 在通过 NN 解决 TSP 时,利用大规模集成电路研制了由 900 个神经元组成的 NN,在 0.2s 的时间内就求出 30 个城市的近似最优解,这是其他优化算法很难做到的。1986 年,Rumelhart 等提出了误差反向传播学习算法,解决了多层网络连接权学习问题,证明了 Minskey 的说法是错误的。他们取得的突破成为 NN 研究重新掀起热潮的重要原因。近年来,NN 研究出现了多学科联合攻关,研究和应用成果喜人的局面,特别引人注目的是,可能实现在人工脑和人工生命研究方面的新突破。

(1) 神经元模型。神经元(Neuron)是对人脑神经网络细胞高度简化的仿真,是 NN 的基本组成单元。以下简称为 NN 节点。它有多个输入和一个输出,输出是输入的非线性函数,从而决定了 NN 的非线性特征。神经元模型中 $I(t) = \{i_1(t), i_2(t), \cdots i_n(t)\}$ 为神经元 j 在时间 t 的输入向量,$t = 0,1,2,\cdots,n$。θ_j 为阈值,net_j 为净输入,w_{kj} 为连接权,$O_j(t+1)$ 为在 $t+1$ 时间的输出,用下式计算:

$$O_j(t+1) = f(net_j) = f\left[\sum_{k=1}^{n} w_{kj} i_k(t) - \theta_j\right] \qquad (4-19)$$

非线性函数 $f(net_j)$ 称为激活函数(Activation Function),W. McCulloch 和 W. Pitts 采用的是如下阶跃函数:

$$f(net_j) = \begin{cases} 1, net_j \geq 0 \\ 0, net_j < 0 \end{cases} \qquad (4-20)$$

由上可知,神经元的净输入,即各输入与其连接权值的积之和超过阈值时,其输出为1,神经元处于兴奋状态,也称为激活状态。反之,其输出为0,神经元处于静止状态。激活函数还可采用S形函数和逻辑函数等。

(2)神经网络的拓扑结构。NN通常由一个输入层(Input Layer)、一个输出层(Output Layer)和若干隐层(Hidden Layer)组成。每一层有数个神经元节点,节点以各种不同的连接方式互连成NN。NN的拓扑结构(网络层数、节点数和连接方式)根据其具体应用而定。

(3)学习算法。NN获取的全部知识都存储在神经元之间的连接键(权)中。一旦经过学习,知识以连接权的形式存入NN后,当一个输入向量输入NN时,网络就会产生一个输出向量,即对输入模式的分类。网络是怎样通过学习获取知识呢? 当把各种输入模式输入网络时,它是通过调整连接权来进行网络学习,自动获取知识的。调整连接权的方法称为学习算法。最早的学习算法是由Hebb于1949年提出的。他根据相连接的两个神经元的激活值来调整连接权,即

$$\Delta W_{ij} = a a_i a_j \tag{4-21}$$

式中　　W_{ij}——神经元i到神经元j之间的连接权;

a_i——神经元i的输出值;

a_j——神经元j的输出值;

a——学习率,在[0,1]中取值。

这一算法的思想是:如果两个神经元同时兴奋,则它们之间的连接加强。它已被神经细胞学说证实。Hebb学习算法有多种发展和应用,如Widrow的自适应线性元件,Kohonen的线性联想记忆NN,Hopfield使用的信号Hebb学习算法。通常可以把学习算法分为无导师和有导师两类。无导师学习算法在调整连接权时不必考虑输出结果是否正确,不需将输出结果与标准输出相对照,也不需将导师的"学习信号"引入网络用于连接权的调整。前述Hebb学习算法属于无导师学习算法,此外还有信号Hebb学习算法、竞争学习算法、微分Hebb学习算法、微分竞争学习算法。

有导师学习算法采用在导师监督下的网络学习。将学习样本集合中的每一个样本作为输入向量逐一输入网络,再将其输出与所希望的标准输出相比较,根据其误差,采用某种算法来调整连接权。例如,可采用下列的误差相关学习算法:

$$\Delta W_{ij} = a a_i [c_j - b_j] \tag{4-22}$$

式中　　W_{ij}——神经元i到神经元j之间的连接权;

a_i——神经元i的输出值;

b_j——神经元j的输出值;

c_j——神经元j的输出的期望值;

a——学习率,在[0,1]中取值。

由上式给出的算法可知,神经元连接权的变化,与它所希望的输出和实际输出之差成正比。在学习过程中,要设法使这种误差逐渐缩小,直到满足一定的要求为止。问题的关键是在多层网络中,一个输出节点的输出值出现误差时,如何确定网络哪些连接权需要调整。Minskey 在其《感知机》一书中认为采用三层 NN 结构的"感知机"不可能解决这一问题,由此全盘否定 NN。之后,一些科学家提出把输出误差分摊给各层节点的办法,在此基础上,才发展出误差反向传播学习算法。

神经网络算法具有以下特点:一是具有解决非线性问题能力;二是具有较强的鲁棒性;三是具有容错机制;四是具有自组织和自适应特性。

4.5.1.3 遗传算法

遗传学中,生物多样性是源于进化过程中染色体的复制和变异作用的结果。遗传算法是对生物进化过程的模拟而形成的具有随机、自适应和全局搜索能力的通用算法。它以适应度函数为判断标准,通过个体的复制、变异,实现种群结构的重组并逐渐逼近目标值。遗传算法具有以下特点:一是算法通用性强,应用领域广泛;二是依靠适应度函数评价个体,不受搜索空间限制;三是具有全局搜索能力;四是利用概率方法逼近最优解。

遗传算法的基本步骤如图 4-3 所示。

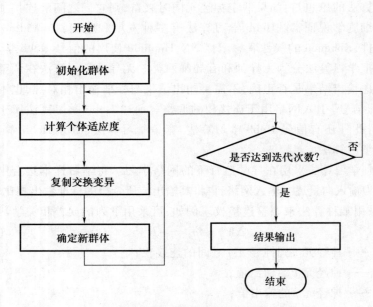

图 4-3 遗传算法基本步骤图

第一步:随机生成初始群体。
第二步:分别计算个体适应度,按照概率对若干个体进行交换变异。
第三步:个体存优去劣,产生新群体。
第四步:判断迭代停止条件;否则,重复第二步、第三步。

近年来,遗传算法逐渐得到广泛的应用,主要有:

(1)组合优化。组合优化是 GA 应用最广泛的领域。它要在离散、庞大而有限的数学结构上找出一个解,满足给定约束条件并使目标函数值达到最大或最小。GA 用于求解若干组合优化的难题,如 TSP、图的划分问题、生产作业调度、天然气管道系统优化、图像恢复识别和原子反应堆控制等。特别要介绍的是,1992 年在巴塞罗那奥林匹克运动会后的残疾人运动会上,由于有 10% 的运动员被重新评定伤残等级,赛程表需要很快地调整,AIS 人工智能公司用 GA 很快就解决了这个问题。在 1988 年的汉城奥运会上,采用其他传统的人工智能方法调整赛程表,需要连夜加班才能完成类似的任务。这一实例表明,GA 可以应用于优化作战计划和兵力分配等众多军事问题。

(2)分类系统。分类系统属于机器学习,兼有子符号和产生式系统的特点。Holland 在基于 GA 的分类系统研究方面做了开拓性的工作。分类系统正被广泛应用在概念学习及自动程序设计中,也用于工程技术领域,如图像处理、信号处理、机器人及语音识别,还有商业领域,如公司利润预测等。

(3)并行 GA。由于 GA 具有高度并行性的特点,现已有多种并行 GA 用在并行计算机上高效求解图的划分、函数优化、网络图设计和分类等问题。

(4)与其他学科和技术结合。如 GA 与专家系统相结合,美国通用电气公司利用 GA 改进专家系统生成的喷气发动机涡轮设计方案,其改进效果是人工的三倍。进化学习系统 SAMUEL 也属此类应用,它利用 GA 生成产生式规则。另 GA 与 NN 相结合,其方式可进一步细分为如下两类:一是支持方式,即一种方法支持另一种方法。例如,将 GA 用于 NN 结构和参数的优化,取得了良好的效果。此外还有利用 GA 准备数据,用 NN 求解问题。这种方式在模式分类问题中使用较多,因为 GA 具有搜索大的、复杂空间的能力,可用它选择输入数据、网络参数和数据变换方法。也有人先利用 NN 求解问题,然后利用 GA 检查 NN 输出的决策表面,使其表示的知识更清晰、更符合人的思维方式。二是合作方式,即两种方法密切合作求解。例如,用 GA 代替 NN 中的 BP 学习算法;采用 NN 与 GA 混合系统预测货币走势;极富挑战性的研究是用 GA 实现 NN 拓扑结构的进化,构成可进化 NN,实现可随"年龄"增长不断发展的"人工脑"及"人工生命"。如 GA 与经济学相结合,利用 GA 进行复杂经济数据分析、信用卡和保险业务管理;将 GA 用于经济发展预测,追踪经济发展及所相关政策的不稳定性和成效,模拟相互作用的大量自主行动的经济个体(Economic Agent)的研究进展。该项研究利用基于 GA 的多经济个体建立了劳动市场、企业和地区特性模型，模拟经济个体复杂而不同的行为，进行定量和定性分析，建立了全局经济模型作为适应度函数来评价每个经济个体并更精确地预测和评估经济政策效果。这样就较好地克服了传统经济学重视研究宏观经济指标，轻视研究预测经济结构变化及造成经济变化原因的缺点。

4.5.2 基于随机模拟和神经网络的混合遗传算法模型

4.5.2.1 可行性分析

由于目标优化函数带有随机变量，无法直接对随机函数进行量化比较，通常取目标函数的期望值作为评价准则，建立多重积分函数，并采用随机模拟技术进行计算。然而，由于每次模拟循环次数都在 2000 次左右，如果遗传算法每次都通过随机模拟计算适应度值，则计算量巨大。为了降低计算复杂度，利用神经网络良好的记忆能力，通过对神经网络中权值和阈值的不断调整，可以实现对目标函数期望值的有效逼近。根据优化后的神经网络模型，遗传算法在计算适应度时，可以将个体编码直接输入到神经网络中，并迅速得到相应的适应度值，从而在保证优化效果的前提下，大大降低了算法的整体计算量。

4.5.2.2 算法设计

根据组合模型的可行性分析结果，本书构建了基于随机模拟和神经网络的混合遗传算法。其中，随机模拟模块根据多重积分函数特征，在样本空间内模拟符合其分布规律的样本点的集合，并以此作为神经网络的训练样本输出到神经网络模块。神经网络模块经过对样本集的训练，不断修正误差，逐渐逼近样本，在可接受误差范围内输出不确定函数模型。该不确定函数模型是在遗传算法中起到检验染色体可行性的重要环节，在其检验干预下，经过多轮染色体交换变异，逐步得到算法的最优解。

以随机期望多源目标连续选址模型为例，基于随机模拟和神经网络的混合遗传算法步骤如图 4-4 所示。

Step1　随机模拟阶段：

Step1.1　多重积分函数置零；

Step1.2　由概率测度 Pr，在样本空间 Ω 产生样本 ε；

Step1.3　计算目标值，并更新函数值；

Step1.4　是否达到迭代次数，否则重复 Step1.2 和 Step1.3，是则输出至神经网络。

第4章 战时装备保障力量配置规划

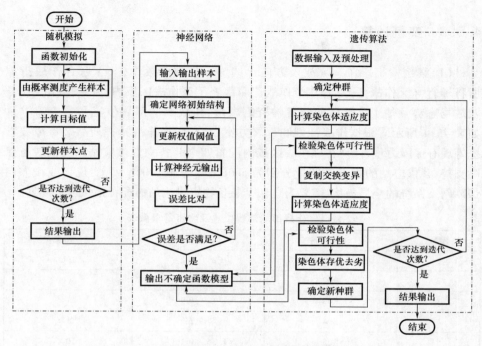

图4-4 基于随机模拟和神经网络的混合遗传算法流程图

Step2 神经网络阶段：

Step2.1 样本输入；

Step2.2 确定神经网络结构；

Step2.3 更新权值阈值；

Step2.4 误差比对；

Step2.5 是否满足误差，否则重复Step2.2、Step2.3和Step2.4，是则输出不确定函数模型至遗传算法。

Step3 遗传算法阶段：

Step3.1 数据输入并确定种群；

Step3.2 计算染色体适应度，运用不确定函数模型检验染色体可行性；

Step3.3 复制交换变异；

Step3.4 计算新的染色体适应度，运用不确定函数模型检验新染色体的可行性；

Step3.5 染色体存优去劣，并确定新种群；

Step3.6 是否达到迭代次数，否则重复Step3.2至Step3.5，是则输出最优解。

4.5.3 实例计算

（1）案例构想。在××战役方向上的××作战阶段中，××联合作战指挥所将遂行××作战任务的20个作战部队部署于该作战区域内，并根据作战任务及战场态势预估了各部队的装备物资需求量，作战部队部署位置和物资需求量如表4-1所示。根据作战计划和部署方案，××联合作战指挥所后装保障要素统筹现有保障力量，计划在该作战区域内配置四个装备物资供应站以提供装备保障支持，各供应站的物资存储量分别为500t、600t、700t、400t。为实现该战役方向保障网络系统的全局最优，需要为这四个装备物资供应站的配置地域进行规划。

表4-1 作战部队部署位置及物资需求量表

序号	部队代码	坐标	预计需求量
1	R01	281,422	106
2	R02	742,341	82
3	R03	179,499	114
4	R04	739,59	117
5	R05	362,401	107
6	R06	599,500	110
7	R07	720,979	109
8	R08	360,401	96
9	R09	121,41	106
10	R10	179,199	87
11	R11	321,541	49
12	R12	380,880	48
13	R13	358,578	53
14	R14	980,141	53
15	R15	898,360	42
16	R16	240,519	50
17	R17	622,600	48
18	R18	140,782	56
19	R19	782,201	61
20	R20	540,60	61

（2）条件假设。一是供应站与作战部队之间的路程以图上直线距离为准；二是各作战部队的重要度相同；三是装备物资供应站的可选址区域为××战役

方向上××作战阶段的作战区域;四是装备物资的最大运输距离为100km,供应站的最小安全距离为10km。

(3)数值计算。本想定案例是为四个装备物资供应站选址的问题,选址空间为连续的,各种约束条件已经明确,因而可以采用多源目标连续选址模型进行问题求解。根据式(4-4):

$$\min_{x,y} f(x,y,\varepsilon) = \sum_{i=1}^{4}\sum_{j=1}^{20} l_{ij}\varphi_j\varepsilon_j\sqrt{(x_i-a_j)^2+(y_i-b_j)^2}$$

$$\text{s.t.}\begin{cases} l_{ij}\sqrt{(x_i-a_j)^2+(y_i-b_j)^2} \leqslant 100 \\ l_{ij}\sqrt{(x_i-a_j)^2+(y_i-b_j)^2} \geqslant 10 \\ \sum_{i=1}^{n} l_{ij} = 1, j=1,2,\cdots,m \\ \varphi_j = 1, j=1,2,\cdots,20 \\ \varepsilon_j 满足预计需求水平 \end{cases} \quad (4-23)$$

运用混合智能算法模型对基于随机期望的多源目标连续选址模型进行解算,经过10000次蒙特卡洛模拟和200次迭代运算,求得四个装备物资供应站的最优配置方案。配置地点坐标如表4-2所示。

表4-2 装备物资供应站配置方案坐标表

序号	供应站代码	坐标
1	P1	380,879
2	P2	789,202
3	P3	274,499
4	P4	619,591

4.6 本章小结

战时装备保障力量配置规划是装备保障任务规划的一项重要工作,解决了保障实体如何选址、保障关系如何协调、保障资源如何分配的问题,能够为指挥员实施装备保障力量指挥筹划提供决策支持。围绕战时装备保障力量配置规划问题,本章主要完成了以下几项工作:

首先,基于信息系统体系保障能力提升的角度,将网络化保障模式引入战时装备保障力量配置规划研究中,对装备保障网络节点、边、规则三个要素进行分析,总结了战时装备保障力量配置规划应遵循的原则,为后续研究打下基础。

其次，分别从规划任务描述、规划资源分析、规划目标确定、规划条件约束四个方面对战时装备保障力量配置规划问题进行了分析，勾勒出战时装备保障力量配置规划问题的边界条件，为数学模型的构建打下基础。

再次，在考虑战时装备保障随机影响因素的情况下，以装备保障网络整体费用最小和安全性最高为目标，分别建立了基于随机期望的多源目标连续选址模型和基于随机机会的多源目标离散选址模型。

最后，针对规划模型的解算复杂度，分析了随机模拟、神经网络、遗传算法三种算法相融合的可行性，设计了基于随机模拟和神经网络的混合遗传算法流程，并以实例验证了该算法的可行性。

第 5 章

战场装备抢修规划

战场装备抢修规划是指在信息化条件下战场环境中,综合运用计算机、信息网络、规划技术等,根据战场装备抢修需求情况,统筹运用有限的保障资源,合理分配战场装备抢修任务,提高装备保障资源利用水平,促进装备保障效益有效发挥。现代战争的火力打击精准且破坏力巨大,装备战场损伤严重多发,在某一时间阶段,有限的装备维修机构很难满足战伤装备的抢修需求。针对这种常态化的问题,指挥员及其后装保障要素如何有效运用维修保障资源,及时制定战场装备抢修计划,合理分配战场装备抢修任务,对于快速提高装备再生效率,确保作战任务圆满达成起到十分重要的作用。本章针对战场装备抢修面对的现实问题,从平衡维修机构的负载水平角度入手,构建战场装备抢修规划模型并设计规划流程方法,帮助指挥员及其后装保障要素解决战场装备抢修任务调度的筹划决策和规划计划问题。

5.1 研究现状

战场装备抢修规划问题具有多理论交叉复合的特征,它属于工程调度问题的范畴,是调度问题在战场装备抢修活动中的具体化。因此,分析战场装备抢修规划问题的研究现状,需要从战场抢修、工程调度、求解算法三个方面开展。

5.1.1 战场抢修问题

5.1.1.1 国外方面

1973年中东战争中,以军在战争开始18h内有约77%的坦克丧失了战斗能力。但是,由于他们成功地实施坦克等武器装备的靠前修理,在不到24h,其中失去战斗能力的坦克有80%又恢复了战斗能力。有些坦克重复经历损坏—修复—再损坏—再修复的过程,多达 4~5 次。以军成功的战场修复使作战武器装备对比由少变多,而埃及、叙利亚军队可用于作战的装备则由多变少,最终以军扭转了战场军事实力的劣势。

20 世纪 70 年代后期,美军开始战场抢修的系统性研究,并将战场抢修称为战场损伤评估与修复(Battlefield Damage Assessment and Repair,BDAR)。80 年代以来,美陆军、空军制定了各自的《战场损伤评估与修复纲要》,全面规划 BDAR 工作。1982 年美国国防部制定并颁布了 BDAR 纲要,其内容包括 BDAR 手册、BDAR 成套工具、BDAR 训练及 BDAR 后勤,主要用于集中指导各军兵种编制 BDAR 大纲及开展 BDAR 工作。

5.1.1.2 国内方面

我军素有对武器装备进行战场抢修的传统,特别是在抗美援朝、炮击金门、抗美援越、边境自卫反击作战等重要战争中,广大使用与维修人员发扬英勇顽强和勇于创造的精神,进行了火炮、车辆、飞机、舰艇等装备的战场抢修,保证了作战的胜利。

陆军工程大学王宏济教授引进、分析国外的理论和经验,提出系统进行武器装备战场抢修研究与准备工作的意见和建议,为各部门制定战场抢修手册、进行战场抢修准备提供指导和借鉴。由陆军工程大学牵头编制的 GJBZ 20437—97《装备战场损伤评估与修复手册的编写要求》,为各类武器装备编制 BDAR 手册规定了明确要求,提供了具体的技术途径。陆军工程大学还组织编写了自行火炮、地炮、高炮、雷达等军械装备的《战场抢修手册》,同时根据军械装备战场损伤的特点,编写了《军械装备战场抢修通用手册》。

某某学院进行了飞机战场损伤修复的研究,并将其纳入教学,在《装备系统工程》教材中予以阐述。某某学院进行了"飞机战伤评估研究""飞机战伤抢修工艺""战伤抢修系列工具"等课题研究。相关单位制定了《空军飞机战伤抢修研究规划》,组织开展理论与技术研究,编制有关规程、文件,着手建立飞机战伤修复的研究中心、修理中心和试验中心。

5.1.2 工程调度问题

工程调度理论的经典研究,如机械加工中的流水线调度问题(Flow Shop Scheduling Problem)和作业车间调度问题(Job Shop Scheduling Problem);物流配送系统中车辆优化问题(Vehicle Scheduling Problem,VSP);自动化立体仓库堆垛拣选作业调度问题;港口生产中的泊位调度问题(Berth Allocation Problem)等。尽管工程调度理论的研究应用领域很广、内容很多,但不外乎多任务安排问题与多资源分配问题两类情况。作业车间调度问题的决策内容包括工件加工顺序、工件工序加工设备分配等,涵盖了多任务安排和多资源分配两类情况,因此以作业车间调度问题为例进行说明。

　　Bruker 于 1990 年首次提出柔性作业车间调度问题(Flexible Job – shop Scheduling Problem,FJSP),包括机器分配和经典的 JSP 工序调度两方面内容;Mohammad 首先用分配规则解决路径子问题,其次用禁忌搜索算法解决排序子问题的分解方法研究柔性 Job – Shop 调度;Kacem 提出一种以局部最小化方法为分配模型的混合进化算法,用于求解单目标和多目标柔性 Job – Shop 问题。夏蔚军采用粒子群优化和模拟退火的分解方法,将最小制造周期、关键机器负载和机器总负载作为优化目标,研究工序优化分配与排序这个两阶段问题;西北工业大学吴秀丽博士提出包括时间、成本、设备利用率和交货期在内的调度性能评价指标体系,利用多目标免疫遗传算法求出问题的一组 Pareto 解,再利用 AHP – FE 方法评估优化所得的 Pareto 解,将多目标柔性作业车间调度问题表述为一个两阶段求解过程。本书研究的战场装备抢修规划问题是以战时环境下的装备抢修任务为调度分配对象,综合考虑战场环境、维修保障任务需求、资源状态等多约束条件,通过调度规划完成资源对任务的优化分配,以达到战场装备抢修活动在时间和效能上的优化。

5.1.3　求解算法问题

　　调度问题具有复杂性、动态随机性、离散性、约束性、多目标性等特征,是典型的 NP 组合优化问题。其核心在于调度问题的模型与算法,模型可通过分析实际需求和研究对象抽象概括;而求解算法则是获得决策方案的有效工具,主要包括精确算法、近似算法和智能优化算法等。

　　精确算法得到的是调度问题精确解,如 Young 对港口泊位和岸桥调度问题进行研究,首先采用拉格朗日松弛法优化港口的泊位调度,其次采用动态规划方法优化岸桥分配问题;Roslof 基于混合整数规划模型求解生产调度和重调度问题,并应用在造纸调度问题中等。但该方法求解复杂度大,计算耗时长,不适合在大规模优化调度问题中应用。

　　人们从生产实践中总结、提炼出许多行之有效的经验与规则用于解决调度问题,称为启发式规则调度方法。其主要包括优先级规则、启发式调度规则、其他规则等,如 Rajkumar 将优先级规则用于求解超级计算机系统中并行任务调度问题。但由于规则是基于经验和特定问题,即某一规则只能运用在特定问题,因此不具备普遍性。

　　拉格朗日松弛算法因其在可行的时间内能对复杂的规划问题提供较好的次优解,并能对解的次优性进行定量评估,成为近年来解决复杂调度问题的一种重要方法，但它需要合理选取或调整相应的算法参数，另外大多数情况下需要对所得到的解进行再处理，才能得到可行较满意解。

邻域搜索方法是一种随机性和启发式优化方法，它从若干解出发，通过对其邻域的不断搜索和与当前解的替换实现优化，虽然运行时间相对较长，且性能对算法参数有较强的依赖性，但是解的质量明显提高。其经典方法有20世纪50年代Metropolis提出的模仿晶体冷却过程渐进收敛到全局最优解的模拟退火算法；70年代美国Holland教授模拟生物进化中自然选择和遗传的随机搜索过程而建立发展的遗传算法，它是进化算法（Evolutionary Algorithm，EA）的代表；Glover于1986年提出禁忌搜索算法，它是一种基于局部邻域搜索的全局优化算法。相应的学术成果有Hisao提出一种改进模拟退火算法，用于求解具有最小Makespan（最大完工时间）目标函数的Flow-shop问题；清华大学王凌的专著《车间调度及其遗传算法》；Daniel采用禁忌搜索与仿真结合的方法求解车间调度问题等。

蚁群算法（Ant Colony Optimization，ACO）是由意大利学者Dorigo受蚂蚁觅食中相互合作行为的启发设计的一种模拟进化算法，它能够利用最优解信息和启发式信息增强全局求解能力。师凯采用改进蚁群算法研究单供应需求点的运输调度问题。但随着求解问题规模增加，蚁群算法显现出搜索时间长、易陷入局部最优解的缺陷。

人工神经网络方法一方面可利用其并行处理能力降低调度计算问题复杂性，另一方面其自学习和自适应能力可用于调度知识的获取，以构造调度决策模型。王万良采用Hopfield神经网络求解Job-Shop调度问题。但该方法优化过程时间性能较差，且优化质量严格依赖网络参数。

Kennedy和Eberhart在1995年的IEEE国际神经网络学术会议上正式发表题目为《Particle Swarm Optimization》的文章，首次提出粒子群算法的概念和计算模型。该算法源于对鸟类捕食行为的研究，是一种基于群智能（Swarm Intelligence）的进化算法，具有较强的局部搜索能力。粒子群算法通过对个体最优和全局最优的记忆，利用速度-位置模型实现群体信息共享和个体经验的交互学习，使得种群中所有粒子快速向最优解移动。粒子群算法自提出后迅速发展并在优化调度问题中得到广泛应用，如武汉理工大学刘志雄博士对粒子群优化算法及其在调度优化中的应用问题展开研究，以及王凌的《微粒群优化与调度算法》等。

近年来针对单一优化算法的缺陷，混合优化算法在调度问题求解中呈现快速发展的趋势。如廖良才将遗传算法全局搜索能力和C-W节约启发式算法局部搜索能力有机结合，研究物流配送中的车辆调度这一典型NP-hard问题；鞠全勇提出批量生产优化调度策略，结合遗传算法与粒子群算法优点提出搜索效率和质量更高的多种群混合算法求解问题的多目标优化调度模型；贾兆红将粒子群算法和混沌搜索方法相结合，用于求解多目标柔性作业车间调度问题等。

5.2 战场装备抢修规划基础

战场装备抢修是为保障作战装备具有最大战斗出动强度,对作战过程中因战伤、故障等原因失去作战能力的损伤装备采取的战场修理工作,以提高装备再生率,使受损装备在较短时间内恢复到战斗状态的活动。它是战时装备技术保障的重要内容,在装备保障工作中占有突出地位。在修理方式上,将现地修理与后送修理相结合,以现地修理为主。在修理方法上,将换件修理、拆拼修理、应急修理相结合,以换件修理为主。在修理顺序上,应遵循先主后次、先易后难、先紧急后一般、先重型后轻型、先关键后一般、先指挥后作战的原则。

5.2.1 制约条件

由于处于战场特殊环境下,战场装备抢修活动需要面对故障杂、环境差、时间紧、任务重的多重困难制约。

(1)故障杂。战场装备抢修对象主要是战场损伤装备,包括受敌打击、故障损坏、使用不当、事故淤陷等原因导致的武器装备损伤。武器装备因其固有设计特性和使用特性,在故障机理、发生形式上有一定的规律可循。但是在战时条件下,装备往往在高强度、大负荷状态下工作,偶然故障高发,故障规律难寻。加之,战场环境复杂,装备操作人员受外界因素影响或操作不当而导致的损坏、翻车、淤陷等事故高发。另外,在受敌打击因素下,装备出现的燃烧、爆炸、断裂、变形等受击损伤,损伤规律不确定、损伤程度难预料。这些复杂、无序的装备故障都对装备抢修活动造成深刻的影响。

(2)环境差。装备抢修活动所处环境受设施条件、战场环境、自然因素等影响。首先,战场抢修以现地修理为主、后送修理为辅。实施抢修活动的场所主要集中于战场一线或相对后置的临时性维修站点,常常是野外作业,电源、水源、动力等条件缺乏成为常态。其次,战场抢修力量不可避免地遭受敌方火力威胁、电磁干扰,甚至是核、化、生武器袭击,所处战场环境严酷。另外,恶劣的自然因素也不容忽视,疾风、暴雨、高温、高寒、高湿等极端天气,常常伴随作战任务全程,也会给战场装备抢修活动带来负面影响。

(3)时间紧。装备抢修具有时间紧的特点,这是由于主观动力和客观需求两方面共同作用的结果。从主观动力方面讲,装备抢修活动目的在于提高装备再生率,使受损装备在较短时间内恢复应有战斗力,首要关注点就是时间因素。从客观需求方面讲,现代战争火力猛烈、装备损耗严重,在战争潜力相同的情况下,谁拥有更强的装备再生能力,谁就掌握了战争的主动权。加之战争进程迅速、战场态势瞬息万变,留给装备保障部队实施抢修活动的时间窗口十分有限,必须要抓紧时间、争分夺秒。

(4)任务重。任务重主要体现在"质"和"量"两方面。首先,为满足作战任务需求,装备保障活动应在尽可能短的时间内恢复或部分恢复装备性能和作战能力。如何科学运用装备抢修力量,在有限资源条件下,尽量减少抢修时间,是提高战场装备抢修"质"的关键。其次,"量"是指战场环境下等待抢修的装备数量庞大,由于作战强度大、火力打击猛,装备损伤、消耗大,在有限的维修资源下,最大限度地提高装备再生率,是提高战时装备抢修"量"的关键。

5.2.2 要素分析

运用系统的思维分析战场装备抢修活动,其系统要素是维持装备抢修活动运行,构成装备抢修活动客观存在的必不可少的基本因素。下面主要对要素组成和流程关系进行分析。

5.2.2.1 要素组成

装备抢修活动的要素组成可分为待修装备、抢修力量、抢修资源三类:

(1)待修装备。待修装备是实施战场装备抢修活动的客体和对象,是战场装备抢修规划的关键要素。当装备的技战术状态发生改变时,产生装备保障需求,引发战场装备抢修规划活动的实施。几项能够显著反映武器装备状态改变的特征指标需要重点关注,如损伤原因(战伤、故障、淤陷)影响装备抢修活动的选择,损伤程度(轻损、中损、重损)和损伤地域影响战场装备抢修保障关系的确定,损伤时间影响战场装备抢修任务的调度。

(2)抢修力量。抢修力量是实施战场装备抢修活动的主体,是战场装备抢修规划的关键要素之一。战场装备抢修活动的实施主要是以靠前抢修为主,但是根据装备抢修力量的保障任务和保障能力,各抢修力量的保障范围和职能定位有所区别。具体来说,可分为前线伴随、中继支撑、基地依托三类。前线伴随力量主要由前线作战任务部队建制内、上级加强的装备保障力量组成,实施伴随保障任务,具有一定的战场应急抢修能力。中继支撑力量主要以上级保障力量抽组前伸部署的维修站为依托,实施定点保障和机动保障,拥有较为丰富的维修保障资源和具备较为全面的维修保障能力,承担来自于前线伴随维修机构的后送装备战场抢修任务,同时能够为同级维修站提供横向维修保障支援。基地依托力量主要由战区或战役方向装备保障基地提供,负责统筹战区或战役方向装备保障全局,有效支援和管理战区或战役方向内装备保障力量。

(3)抢修资源。抢修资源主要包括用于实施战场装备抢修活动的各类信息资源和物质资源。其中,信息资源主要指实施战场抢修活动所涉及的图纸、手册、数据、规范、软件等各类维修保障信息;物质资源主要指用于战场抢修活动的各类专业器材和装备。随着装备技术的发展和新型保障装备的配发,信息资源与物质资源紧密联系。保障人员定岗定位,技术资料、软件等随车配发。可以说拥有哪些战场维修装备,就拥有了哪些资源。同时,随着新型装备的集成化、大型化发展,为这些装备实施战场装备抢修活动愈发依赖各型专业维修装备、器材。为了便于战场装备抢修规划模型的构建,可以将配备的专业维修装备器材种类和数量作为衡量战场装备抢修能力的重要因素。维修保障机构所配备的专业维修装备器材,决定了该维修机构的维修种类、维修数量、维修时间、维修程度等具体能力指标。

5.2.2.2 流程关系

战场装备抢修系统要素及流程关系如图 5-1 所示。战场装备抢修活动的触发,始于作战任务部队武器装备战技状态的改变。首先判断受损装备是否需

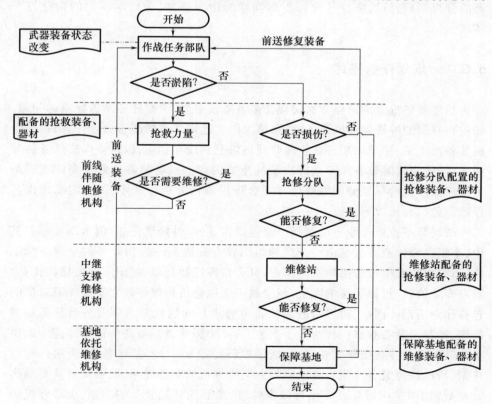

图 5-1 战场装备抢修系统要素及流程关系图

要由前线伴随保障力量实施抢救活动,并根据抢救后装备状态判断是否需要修理;对于需要进行战场抢修的武器装备,由前线伴随维修机构实施战场抢修工作,根据装备受损程度和抢修分队的保障能力综合判断受损装备是否需要后送上一级维修机构;各类维修站作为中继支撑维修机构,接收来自于前线伴随维修机构的后送受损装备并实施战场抢修,根据装备受损程度和维修站的保障能力综合判断受损装备是否需要后送上一级维修机构;装备保障基地接收来自于中继支撑维修机构的后送受损装备并实施装备维修;各级装备维修机构将修竣装备前送作战任务部队使用。

5.3 战场装备抢修规划问题分析

建立战场装备抢修规划模型,首先要对战场装备抢修规划问题进行简化和抽象,通过对规划任务描述、规划资源分析、规划目标确定、规划条件约束四个方面的分析,勾勒出战场装备抢修规划问题的边界条件,为数学模型的构建打下基础。

5.3.1 规划任务描述

战场装备抢修活动经常面对损伤装备随机多发、维修任务紧迫繁重的问题。如何在有限的维修保障资源条件下,最大限度地完成战场装备抢修任务,提高受损装备再生率,使受损装备在较短时间内恢复到战斗状态,以保证作战任务的顺利达成,成为战时装备保障指挥决策的重要内容。战场装备抢修规划的实质是为维修保障机构科学分配维修任务并合理规划任务执行次序,最大限度地提高保障资源的利用效率。

战场装备抢修作业方法包括小组包修作业、部件修理作业、流水作业等。其中,小组包修作业方法是由一个维修组织独立完成某一损伤装备的全部维修工作,不需要与其他维修组织协同作业,具有指挥控制简单、组织实施便捷的优点。随着专业抢救、抢修装备的配备,越来越多的维修机构能够独立实施保障对象的包修作业活动。因此,可以将战场装备抢修规划问题抽象为多服务台任务规划问题,即每个装备维修机构为一个服务台,每个服务台具备的维修保障能力取决于为其配备的专业维修装备;每件战场损伤装备为一个待修事件,因为包修作业体制,所以待修装备之间没有关联性。当维修机构资源充裕,能够满足待修损伤装备数时,即空闲服务台多于待修事件时,按照先到先服务的准则,由维修机构为损伤装备实施战场装备抢修活动;当维修机构资源有限,无法满足待修损伤装备数时,即待修事件多于空闲服务台时,需要按照科学的规划准则,为各维修机构合理安排待修损伤装备,以实现维修保障系统整体效益得到最大发挥。

5.3.2 规划资源分析

(1)装备损伤程度。装备损伤程度关系到维修机构的选择和维修时间的估算,它是战场装备抢修规划的一项重要指标。

(2)任务部队的作战执行时间窗口。战时装备抢修活动,以最短时间内恢复受损装备作战能力为目标,使其尽快再次投入作战任务中。如果损伤装备的修复时间超过部队作战执行时间窗口,则对于战时装备抢修活动来说就失去了实施意义。

(3)待修装备的优先度。待修装备优先度是实施装备抢修规划需要考虑的一个重要因素,也是区分受损装备抢修任务轻重缓急的考核指标。

(4)维修机构的维修属性。其主要包括维修专业、维修能力两个要素。对于新型高技术装备以及集成化、大型化装备的维修保障任务,主要依赖于为之配备的专业维修装备。维修机构配备了哪些维修装备,就具备了相应的维修专业和维修能力。

(5)维修机构的资源利用情况。装备抢修规划需要准确掌握维修资源的利用水平,通过对各维修机构现有维修工作以及现有维修工作完成时间进行分析,准确掌握各维修机构现有工作负载水平,才能科学合理地规划战场装备抢修任务。

5.3.3 规划目标确定

战场装备抢修规划的目标是在考虑待修装备优先度的基础上,力求使每个维修机构负载趋于均衡。在维修资源有限的情况下,根据待修装备优先度,合理安排战场抢修任务的先后次序,区分轻重缓急实施战场装备抢修活动。同时,为各维修机构合理分配抢修任务,使各维修机构的负载水平趋于一致,避免维修机构资源利用不均衡,力求保障系统的整体优化。

5.3.4 规划条件约束

(1)维修关系。为维修机构分配待修装备,需要与该维修机构的维修对象保持一致。

(2)维修能力。为维修机构分配待修装备,需要符合该维修机构具备的维修能力。

(3)时间窗口。为维修机构分配待修装备,装备修复时间应在任务部队的作战时间窗口内。

5.4 战场装备抢修相关参数模型

构建战场装备抢修规划模型,需要确定维修保障资源需求、装备的损伤程度、维修保障机构的维修能力等因素,充分体现待修装备优先度的影响,因此首先建立相关参数计算模型。

5.4.1 战场装备维修保障资源参数模型

5.4.1.1 影响因素分析

战场装备维修保障资源需求计算是定量化判断各作战单元维修保障任务对资源依赖程度的数学途径。传统的维修保障资源需求计算方法主要包括预测分析、仿真计算、保障性分析和基于任务成功概率的推算等。预测分析方法通常根据过去某阶段(或某种情况下)的资源需求数据,采用数学推演和计算机仿真的方法计算当前(或未来)的资源需求情况,其本身就具有一定的不准确性;而后两种方法往往以假设维修保障任务的发生满足某种概率分布为前提(如指数分布、正态分布、威布尔分布等),在此基础上计算维修保障资源数量与保障度(或任务成功概率)之间的关系来确定资源需求数据。因此,本书概括了战场装备维修保障资源需求确定的影响因素,如图5-2所示,它包括战时装备维修保障原因、作战任务需求、部件功能结构关系、维修保障策略和维修保障资源携行量等。

(1)战时装备维修保障的原因。

战时导致装备维修保障的原因包括战斗损伤和非战斗损伤。战斗损伤是指由敌方武器作用造成的装备损伤,它与装备的类型、作战样式、作战使用条件等有关。装备战损概率是衡量一次作战行动结束或在一定的作战时间内,作战单元持续作战能力的指标,数学计算公式为

$$P_{zs} = \frac{N_{zs}}{N_z} \tag{5-1}$$

式中 P_{zs}——战损概率;

N_{zs}——装备战损数;

N_z——装备总数。

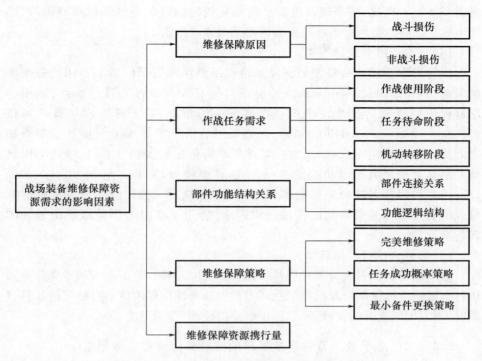

图 5-2 战场装备维修保障资源需求影响因素图

非战斗损伤是指装备在战时特定的严酷使用环境、人为差错、高使用强度等原因下造成的装备损伤情况,其发生概率远远超过平时正常条件下的装备使用。外军研究结果表明,战时装备的备件资源非战斗消耗量为正常使用消耗加上严酷使用消耗,而严酷使用消耗量N_{bi}是正常使用消耗量的$1+k$倍,假设某时间阶段某种备件的正常使用消耗量为N_{oi},则

$$N_{bi} = (1+k)N_{oi} \tag{5-2}$$

(2)装备作战任务需求。

装备作战任务阶段的不同对装备各功能单元发挥作用的需求不同,因此战场装备维修保障活动应以迅速恢复损伤装备功能以满足当前任务阶段需求为目的,如机动转移阶段仅要求装备能够实现机动转移功能,即保证其底盘部件功能的完好性,对其他任务的维修保障则可适当延迟。

(3)部件功能结构关系。

按照部件间的连接组合关系,其主要包括串联、并联、混联、K/N(N个部件中有K个正常即可工作)结构。各功能单元间的作战逻辑包括多个任务阶段(Multiple Mission Phases),如地空导弹武器装备的目标搜索雷达、跟踪制导雷达、导弹发射装置和导弹等功能单元对空袭目标拦截过程中的"发现—跟踪—

发射—制导—拦截"整个逻辑过程。因此在战时确定装备维修保障资源时,必须考虑部件间的结构关系和当前功能单元的需求因素。

（4）采取的维修保障策略。

战时采取不同的装备维修保障策略对维修保障资源的需求不同。完美维修策略(Perfect Maintenance Policy)是指对所有失效部件均进行维修,适用于维修保障资源充足且装备不担负作战任务的情况;基于任务成功概率策略(Mission Success Probability Policy)是指通过分析资源需求量与任务成功概率之间的关系来确定需求,但战时以某种概率为依据的做法欠妥当,可能会因忽略某些重要资源而影响功能发挥;最小备件更换策略(Lest Spare Replacement Policy)是指根据各功能单元的部件组成结构关系和状态,使用最少数量的维修保障资源来满足装备当前作战使用需求,适用于战时维修保障资源紧缺的客观状况。

（5）维修保障资源携行量。

通常战前会根据装备部件的易损性、关键性、运输性等因素对基本作战单元进行有限的维修保障资源携行配置。当战时装备维修保障活动有相应的备件资源时,不需要调度支援保障,可立即进行换件处理;否则反之。

5.4.1.2 基于最小备件更换策略的维修保障资源参数模型

战时装备维修保障活动最关注的是高时效性能,而且现代武器装备是高技术集成的复杂系统,这就导致维修保障任务对备件资源的依赖性增强,因此及时更换失效部件成为战时维修保障活动的最重要、最有效形式。本节将讨论考虑作战任务属性和功能系统中各部件组成结构关系的备件资源需求计算问题。

假设某装备功能系统由 M 类共 N 个部件组成,部件种类集合 $X = \{X_1, X_2, \cdots, X_M\}$,部件数量集合 $Y = \{Y_1, Y_2, \cdots, Y_N\}$,其中每类部件的数量集合 $C = \{C_1, C_2, \cdots, C_M\}$,因此有 $\sum_{i=1}^{m} C_i = N$ 成立,其中 $i = 1, 2, \cdots, M; j = 1, 2, \cdots, N$。将系统功能结构函数表述为

$$F = f\{Y_1, Y_2, \cdots, Y_N\} \tag{5-3}$$

系统在 t 时刻的部件状态集合可记作 $S_t(Y_j) = \{S_t(Y_1), S_t(Y_2), \cdots, S_t(Y_N)\}$,其中 $S_t(Y_j)$ 为 t 时刻部件 Y_j 的状态变量,各组成部件包括正常和失效两种状态,则部件状态集合数学表述为

$$S_t(Y_j) = \begin{cases} 1 & \text{部件正常} \\ 0 & \text{部件失效} \end{cases} \tag{5-4}$$

以某信息接收与发送功能系统为例进行说明与定义。假设该系统中信息接收类部件 X_1 有三个部件 (Y_1, Y_2, Y_3),而信息发送类部件 X_2 有一个部件 Y_4。系统

功能的实现条件是只要能够保证一个信息接收部件和一个信息发送部件同时正常工作即可,故该功能系统的结构函数为

$$F = Y_4(Y_1 + Y_2 + Y_3) \tag{5-5}$$

定义能够保证系统正常工作的状态路集为

$$L_f(Y_j) = \{(1,1,1,1),(1,0,1,1),(1,1,0,1),(0,1,1,1), \\ (1,0,0,1),(0,1,0,1),(0,0,1,1)\} \tag{5-6}$$

使系统正常工作的最小部件状态路集 $L_{f_{\min}}^k(Y_j)$,其中 $k = 1,2,\cdots,K$ 为最小路集个数。则系统的最小状态路集为

$$L_{f_{\min}}^k(Y_j) = \{(1,0,0,1),(0,1,0,1),(0,0,1,1)\} \tag{5-7}$$

t 时刻部件 Y_j 的状态变量 $S_t(Y_j)$ 与系统正常工作的最小部件状态路集 $L_{f_{\min}}^k(Y_j)$ 的减法运算规则为

$$S_t(Y_j) - L_{f_{\min}}^k(Y_j) = \begin{cases} 1 \mid S_t(Y_j) = 0, L_{f_{\min}}^k(Y_j) = 1 \\ 0 \mid S_t(Y_j) = 1, L_{f_{\min}}^k(Y_j) = 1 \text{ 或 } S_t(Y_j) = 1, L_{f_{\min}}^k(Y_j) = 0 \\ \text{或} S_t(Y_j) = 0, L_{f_{\min}}^k(Y_j) = 0 \end{cases}$$

$$\tag{5-8}$$

保证系统能够正常工作的最小备件需求量为

$$\text{req}_t^i(\overline{Y_j}) = \text{req}_t^i(\overline{Y_1},\overline{Y_2},\cdots,\overline{Y_N}) \tag{5-9}$$

式中 $\overline{Y_j}$ ——当取 $\min\limits_{k=1}\sum\limits_{j=1}^{N}\{S_t(Y_j) - L_{f_{\min}}^k(Y_j)\}$ 时的部件数量集合。

对于串联系统,当任一组成部件失效时都可能影响系统功能的正常实现,因此应视情采取立即更换备件策略;而对于其他组成结构的系统,则可根据系统结构与当前任务功能需求采用上述方法进行备件资源需求量计算。因此,可以根据战时各作战单元的维修备件需求量和备件资源携行情况,将部件划分成以下两类:立即可更换部件,即装备故障需要解决,且携行的备件资源满足换件需求,可执行立即更换;等待更换部件,即装备故障需要解决,但携行或本级库存的备件资源不足,等待调度供应相应备件。

5.4.2 时间参数模型

战场装备抢修规划模型涉及一些能够以时间为衡量标准的参数模型,如损伤程度模型、维修能力模型、时间余度模型。

5.4.2.1 损伤程度模型

装备损伤程度的判定是实施战场装备抢修活动的基础工作,涉及装备系

统结构、装备维修性设计、装备损伤评估等多项专业领域。为便于问题研究，适应战场装备抢修规划问题颗粒度，将受损装备的损伤等级分为无损伤、一度轻损、二度轻损、中损、一度重损、二度重损、报废，相应的装备损伤程度 ϑ_{sscdi} 算式为

$$\vartheta_{sscdi} = \{\vartheta_{sscd1}, \vartheta_{sscd2}, \vartheta_{sscd3}, \vartheta_{sscd4}, \vartheta_{sscd5}, \vartheta_{sscd6}, \vartheta_{sscd7}\} = \{0, 0.1, 0.3, 0.5, 0.7, 0.9, 1\} \quad (5-10)$$

另外，装备损伤程度还可用典型损伤程度下装备战场抢修所需时间表示，损伤程度与所需时间成正比，当损伤程度为报废时，装备不可维修，所需时间用正无穷大表示。

$$\vartheta_{sscdi} = F_{sscd} = f_{sscd}(t_{sxsji}) \quad (5-11)$$

式中 t_{sxsji} ——典型装备在损伤程度 i 下，战场抢修所需时间；

i ——典型装备的损伤等级，$i = 1, 2, \cdots, 7$。

5.4.2.2 维修能力模型

装备维修保障机构的维修能力对战场装备抢修活动起到直接作用，维修能力越强，可抢修装备的损伤程度越高，可抢修装备的数量越多。装备维修保障机构的维修能力不仅与自身固有能力有关，还与战场态势、环境因素、人为因素及其他因素有关。

（1）固有维修能力。装备维修保障机构的固有维修能力取决于该机构所配备的专业维修装备、器材。随着现代军事技术的发展，新型武器装备特别是大型装备、高技术装备，需要专业保障装备为其提供包括战场抢修在内的装备保障服务。配备哪些专业维修装备、器材，决定了该维修机构能够遂行何种损伤程度的装备抢修任务，以及单位时间内该类装备的修复数量。战时装备维修保障机构主要包括前线伴随、中继支撑、基地依托三类，具备相对独立且区分清晰的职责分工和保障能力。为便于问题研究，将相关内容进行简化。前线伴随维修机构主要承担轻损装备抢修任务，具备完成一度轻损装备的战场抢修能力。中继支撑维修机构主要承担损伤程度较重装备的战场抢修任务，具备完成中损及以下损伤装备的战场抢修能力。基地依托维修机构具备完成二度重损及以下损伤装备的战场抢修能力。

各类维修机构的固有维修能力可用该类机构最大维修时间表示。当损伤装备需要维修时间大于该机构最大维修时间时，受损装备在该维修机构不可维修，需后送上级维修机构。装备维修机构固有维修能力为

$$\vartheta_{gywxi} = F_{gywx} = f_{gywx}(t_{zdwxsji}) \quad (5-12)$$

式中 $t_{zdwxsji}$ ——某类维修机构对典型装备的最大维修时间；

i ——装备维修机构分类，i = 前线伴随，中继支撑，基地依托。

(2)其他因素的影响系数。维修能力的有效发挥还受其他因素的影响。例如,战场抢修常处于野外环境中,受自然环境的影响较大,特别是极端恶劣天气,必将严重制约装备抢修活动的实施;维修人员作为战场装备维修的主体,其训练水平、工作强度、维修经验、人员士气、指挥效能等都会影响装备抢修效能的发挥。为便于问题研究,将相关影响因素进行综合并分为:无影响、略影响、一般、较严重、严重,相应维修能力影响系数 ϑ_{yxxsi} 表示为

$$\vartheta_{yxxsi} = \{\vartheta_{sscd1}, \vartheta_{sscd2}, \vartheta_{sscd3}, \vartheta_{sscd4}, \vartheta_{sscd5}\} = \{1, 0.8, 0.6, 0.4, 0.2\}$$

(5-13)

5.4.2.3 时间余度模型

保障服务于作战。战场装备抢修活动的目的在于使受损装备在较短时间内恢复到战斗状态。如果某型受损装备的战场抢修工作无法在作战任务结束前完成,则该型装备的战场抢修活动就失去了实施的意义。因此,以时间余度模型表示为

$$T_{ydij} = T_{startik} + T_{combatik} - T_{now} - T_{delayij} - T_{repairij} \quad (5-14)$$

式中 T_{ydij} ——任务部队 i 中损伤装备 j 的时间余度;

$T_{startik}$ ——任务部队 i 执行作战任务 k 的起始时间;

$T_{combatik}$ ——任务部队 i 执行作战任务 k 的持续时间;

T_{now} ——当前时间;

$T_{delayij}$ ——任务部队 i 中损伤装备 j 实施战场抢修的预计延迟时间;

$T_{repairij}$ ——任务部队 i 中损伤装备 j 实施战场抢修的预计作业时间。

如果 $T_{ydij} > 0$,表明战场抢修任务可以在作战任务结束前完成,则可以考虑实施战场抢修工作;如果 $T_{ydij} \leq 0$,表明战场抢修任务在作战任务结束前无法完成,则可以考虑暂不实施战场抢修工作。

5.4.3 待维修装备优先度模型

待维修装备优先度是以定量化指标反映待维修装备的轻重缓急程度,是实施战场装备抢修规划的基础指标。

5.4.3.1 优先度指标

(1)指标体系构建。在遵循客观性、独立性、可操作性等指标体系构建原则的基础上,通过对战场装备抢修系统特性和待维修装备主要特征的综合分析,梳理影响待维修装备优先度的主要因素,其主要包括:待维修装备的作战应用重要

度、战场抢修工作量比率、战场抢修工作难度、抢修工作时效度,如图 5-3 所示。

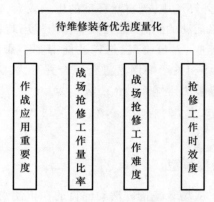

图 5-3 待维修装备优先度量化指标体系

(2)指标描述。

① 作战应用重要度 u_1。待维修装备的作战应用重要度指标反映了待维修装备对于作战任务执行的影响程度,重要度越大,说明待维修装备在作战应用中的地位和作用越突出。待维修装备的作战应用重要度往往是模糊的定性表述,需要以赋值的方式进行定量化描述。如表 5-1 所示。

表 5-1 待维修装备的作战应用重要度划分

作战应用重要度	不重要	略重要	一般	较重要	重要
u_1	1	3	5	7	9

② 战场抢修工作量比率 u_2。战场抢修工作量比率反映了在某一时间段抢修某待维修装备的工作强度。

$$u_2 = \frac{T_i}{\sum_{i=1}^{n} T_i}, i = 1,2,\cdots,n \qquad (5-15)$$

式中 T_i——完成某待维修装备 i 的抢修工作所需时间;

n——某一时间段所有待维修装备数量。

③ 战场抢修工作难度 u_3。战场抢修工作难度受主观、客观等多方面影响,与装备损伤程度、保障能力水平、战场态势、自然环境等因素密切相关,通过层次分析法对相关指标因素进行综合评定,可以以定量的形式进行表述。如表 5-2 所示。

表 5-2 待维修装备的战场抢修工作难度划分

战场抢修工作难度	轻微	略复杂	一般	较困难	困难
u_3	2	4	6	7	9

④ 抢修工作时效度 u_4。抢修工作时效度指标反映了战场抢修工作的时效性情况,如果某型待维修装备的抢修完成时间超过战场抢修时间窗口,则该项抢修工作就失去实施的意义和必要。

$$\begin{cases} u_4 = 1, 当 T_{\text{delay}} + T_{\text{repair}} \leqslant T_{\text{window}} \\ u_4 = 0, 当 T_{\text{delay}} + T_{\text{repair}} > T_{\text{window}} \end{cases} \quad (5-16)$$

5.4.3.2 指标计算方法

现有待修装备数为 n,待修装备集为 $M = \{M_1, M_2, \cdots, M_n\}$;评判指标因素为 m 个,指标集为 $C = \{C_1, C_2, \cdots, C_m\}$。设待修装备 i 的指标 j 的值为 x_{ij}($i = 1, 2, \cdots, n; j = 1, 2, \cdots, m$),则由它们组成矩阵 $\boldsymbol{X} = (x_{ij})_{n \times m}$ 表示待修装备集对指标集的决策矩阵。指标 j 的权重为 w_j($j = 1, 2, \cdots, m$)。

(1) 标准化要素的指数变换法。在所选取的指标因素里,会遇到数据量纲不一致、数据对抗和数据量级差等问题。本书运用指数变换法对决策矩阵进行标准化处理。指数变换法是构造指数形式的变换函数对标准化要素 x_{ij} 进行变换,将要素值变换为区间 $[0,1]$ 上的数值。

对于越大越优、越小越劣的要素:

$$c_{ij} = \exp\left[-\exp\left(\frac{x_{ij} - x_j^{\max}}{x_j^{\min} - x_j^{\max}}\right)\right] \quad (5-17)$$

对于越大越劣、越小越优的要素:

$$c_{ij} = \left\{1 - \exp\left[-\exp\left(\frac{x_{ij} - x_j^{\max}}{x_j^{\min} - x_j^{\max}}\right)\right]\right\} \quad (5-18)$$

其中,$x_j^{\max} = \max\{x_{ij} | 1 \leqslant i \leqslant n\}$,$x_j^{\min} = \min\{x_{ij} | 1 \leqslant i \leqslant n\}$,$j = 1, 2, \cdots, m$。标准化后的决策矩阵为 $\boldsymbol{C} = (c_{ij})_{n \times m}$。

(2) 逼近理想点法。

① 规范化矩阵 $\boldsymbol{E}$ 是基于加权的决策矩阵,其元素 $e_{ij} = c_{ij} \cdot w_j$。

② 确定正理想方案 $M^+ = \{e_1^+, e_2^+, \cdots, e_n^+\}$ 和负理想方案 $M^- = \{e_1^-, e_2^-, \cdots, e_n^-\}$。

$$\begin{cases} e_i^+ = \begin{cases} \max(e_{ij}), \text{指标越大越好} \\ \min(e_{ij}), \text{指标越小越好} \end{cases} \\ e_i^- = \begin{cases} \max(e_{ij}), \text{指标越小越好} \\ \min(e_{ij}), \text{指标越大越好} \end{cases} \\ i = 1, 2, \cdots, n; j = 1, 2, \cdots, m \end{cases} \quad (5-19)$$

③ 计算每一方案 M_i 到理想方案 M^+ 和 M^- 的距离。

$$\begin{cases} S_i^+ = \sqrt{\sum_{j=1}^{m}(e_{ij}-e_j^+)^2} \\ S_i^- = \sqrt{\sum_{j=1}^{m}(e_j^- -e_{ij})^2} \end{cases} \quad (5-20)$$

④ 计算每一方案 M_i 到理想方案 M^+ 的相对贴近度，若 M_i 和 M^+ 越接近，则 K_i 越接近1。

$$K_i = \frac{S_i^-}{S_i^- + S_i^+} \quad (5-21)$$

⑤ 按 K_i 由大到小的顺序排列，并为各方案赋值。

5.5 基于负载的战场装备抢修规划模型与算法

在前文相关规划参数的基础上，依据维修保障机构的工作饱和度及维修负载水平，进行战场装备抢修任务的调度规划工作，并设计了求解算法流程，最后以一个实例验证了该方法的可行性。

5.5.1 规划模型

设有作战任务部队 $i(i=1,2,\cdots,n)$，能够为其提供战场装备抢修保障服务的维修机构 $k(k=1,2,\cdots,m)$，任务部队 i 中的故障装备 $u_{ij}(j=1,2,\cdots,s_i)$。

待抢修的故障装备数为

$$N_u = \sum_{i=1}^{n} s_i \quad (5-22)$$

可实施战时维修的关系系数为

$$C_{ijk} = [c_{ijk}]_{m \times N_u} = \begin{cases} 1, \text{维修机构 } k \text{ 可为故障装备 } u_{ij} \text{ 提供抢修保障} \\ 0, \text{维修机构 } k \text{ 不为故障装备 } u_{ij} \text{ 提供抢修保障} \end{cases} \quad (5-23)$$

$$i=1,2,\cdots,n; j=1,2,\cdots,s_i; k=1,2,\cdots,m$$

各维修机构现有维修工作为

$$J_{now} = j_{nowk} = (j_{now1}, j_{now2}, \cdots, j_{nowm}) \quad (5-24)$$

完成现有维修工作所需维修时间为

$$T_{J_{now}} = t_{J_{nowk}} = (t_{J_{now1}}, t_{J_{now2}}, \cdots, t_{J_{nowm}}) \quad (5-25)$$

各维修机构的维修能力为

$$A_{\text{wx}} = a\text{wx}_k = (a\text{wx}_1, a\text{wx}_2, \cdots, a\text{wx}_m)$$
$$a\text{wx}_k = \vartheta_{\text{gywx}k} \cdot \vartheta_{\text{yxxs}k} \quad (5-26)$$

式中 $\vartheta_{\text{gywx}k}$——装备维修机构固有维修能力；

$\vartheta_{\text{yxxs}k}$——装备维修机构维修能力影响系数。

各维修机构现有维修工作的工作量饱和度为

$$\text{San} = \text{san}_k = \frac{t_{J_{\text{now}}k}}{a\text{wx}_k} \quad (5-27)$$

各维修机构的维修负载水平为

$$\text{Load} = \text{load}_k = \frac{\text{san}_k}{\sum_{k=1}^{m} \frac{\text{san}_k}{m}} \quad (5-28)$$

当 $\text{load}_k < 1$ 时，装备维修机构的负载水平低于维修系统的整体负载水平，维修工作量负载相对较轻；当 $\text{load}_k = 1$ 时，装备维修机构的负载水平与维修系统的整体负载水平持平，维修工作量负载相对适中；当 $\text{load}_k > 1$ 时，装备维修机构的负载水平高于维修系统的整体负载水平，维修工作量负载相对较重。

5.5.2 求解算法

战场装备抢修规划流程主要以基于负载的维修保障规划模型为核心，采用遍历比较的方法，以待维修装备优先度最大化为目标，以待维修装备时间余度为约束条件，为战场装备抢修保障实施规划活动。如图 5-4 所示。

第一步：初始化。

第二步：作战任务部队数据处理。确定作战任务部队 i 总数 n，任务部队 i 执行作战任务的时间窗口 T_{win}。

第三步：维修机构数据处理。维修机构 k 总数 m，维修机构的维修能力 $a\text{wx}_k$，可实施战场抢修的关系系数 C_{ijk}。

第四步：待维修装备数据处理。任务部队 i 中的待维修装备 u_{ij} 的总数 Nu，待维修装备的优先度 Uu_{ij}。

第五步：调用维修保障规划模型。根据基于负载的维修保障规划模型，确定各维修机构现有维修工作 J_{now}、完成现有维修工作所需维修时间 $T_{J_{\text{now}}}$、各维修机构现有维修工作的工作量饱和度 San、各维修机构的维修负载水平 Load。

第六步：缩小分配待修装备范围。选择 $\text{load}_k < 1$ 的维修机构 k'，根据可维修关系系数 C_{ijk}、装备损伤程度 $\vartheta_{\text{sscd}ij}$ 和维修机构维修能力 $a\text{wx}_k$，缩小此次可分配待修装备 u'_{ij} 范围。

第七步：待维修装备分配。根据待维修装备的优先度 Uu_{ij} 对此次可分配待修

装备 u'_{ij} 降序排列。对于 $u'_{ij}(o)$，令 $o=1$，如果该装备的修复时间在任务部队的时间窗口内 $Tu'_{ijo} \in T_{win}$，则将该待修装备分配给维修机构 k'；否则，$u'_{ij}(o+1)$，判断该装备的修复时间是否在任务部队的时间窗口内，超时间窗口待维修装备 $Nu_{win}+1$，依此类推直至找到可分配的待维修装备 $u'_{ij}(\bar{o})$。

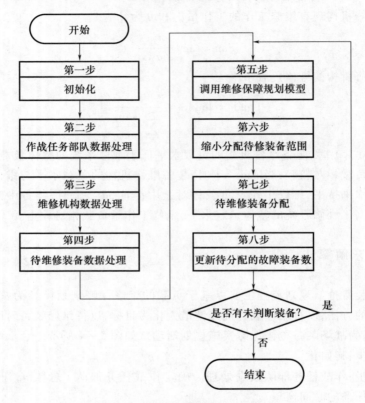

图 5-4 战场装备抢修规划流程图

第八步：更新待分配的故障装备数。任务部队 i 中的待维修装备 u_{ij} 的总数 Nu'，减去已分配待维修装备数 $Nu(\bar{o})$ 和超时间窗口装备 Nu_{win}。

第九步：判断 Nu' 是否为 0。$Nu' \neq 0$，重复第五步至第八步；$Nu'=0$，结束循环。

5.5.3 实例计算

某装备维修机构编制两个战场抢修组，固有维修能力为 $\vartheta_{gywxk}=\{200,150\}$，维修能力影响因子为 $\vartheta_{yxxsk}=\{1,0.6\}$，现有维修工作工时为 $t_{Jnowk}=\{40,100\}$。现接到三个待维修装备抢修需求，经估算待维修装备维修工时为 $T_{ui}=\{100,70,$

90},待维修装备的优先度为$Uu_i = \{1,0.6,0.8\}$。

根据式(5-27)计算现有维修工作的工作量饱和度$san_k = \{0.2,1.11\}$,维修负载水平$load_k = \{0.305,1.695\}$。由此可以看出,维修1组的负载水平低于维修系统的整体负载水平,维修工作量负载相对较轻;维修2组的负载水平高于维修系统的整体负载水平,维修工作量负载相对较重。

第一步:依据待维修装备优先度降序排列,给负载水平低的维修1组分配维修任务u_1。此时现有维修工作的工作量饱和度$san_k^1 = \{0.7,1.11\}$,维修负载水平$load_k^1 = \{0.773,1.227\}$,维修1组的负载水平低于维修系统的整体负载水平。

第二步:按照待维修装备的优先度,进行一个降序排列,给维修1组(负载水平低)分配维修任务u_3。此刻,维修工作量饱和度$san_k^2 = \{1.15,1.11\}$,维修负载水平$load_k^2 = \{1.018,0.982\}$,与维修系统的整体负载水平相比,维修2组的负载水平较低。

第三步:依据待维修装备优先度降序排列,给负载水平低的维修2组分配维修任务u_2。

如此便得出战场装备抢修任务规划方案:维修1组负责维修任务u_1和u_3,维修2组负责维修任务u_2。

5.6 不确定条件下战场装备抢修规划模型

由于战场装备抢修活动自身具有随机性、动态性、复杂性等特征,再加上多维信息传递过程中的不可靠性因素,因此实际中很难及时、准确、全面地获取装备维修保障资源调度决策的相关辅助支持信息。如战时在规定时间内、一定条件下完成装备抢修任务要求的模糊性;信息数据缺失造成的决策信息不完备;调度决策初期突发的维修保障任务对原调度决策的扰动影响等。这些客观存在于战场装备抢修活动相关信息中的模糊、不完备、随机扰动等现象统称为信息不确定性条件。

5.6.1 模糊条件下的战场装备抢修规划

模糊集(Fuzzy Sets)理论由美国加利福尼亚大学的Zadeh教授提出,它是专门用于解决模糊现象和问题的工具。首先介绍模糊集理论的两个重要概念:

设U为论域,$\widetilde{A}$为U中一个子集,对于任意元素$x \in U$,有函数关系$\mu_{\widetilde{A}}(x)$:$U \to [0,1]$。将集合$\widetilde{A}$称为模糊子集,$\mu_{\widetilde{A}}(x)$表示元素x隶属于模糊子集$\widetilde{A}$的程度,称$\mu_{\widetilde{A}}(x)$为$\widetilde{A}$的隶属度函数。$\mu_{\widetilde{A}}(x)$值越大,表明元素x隶属于$\widetilde{A}$的程度越高。

设 $\widetilde{A}$ 为论域 U 的模糊子集,则称集合 $A_\xi = \{x \in U | \mu_{\widetilde{A}}(x) \geq \xi\}$ 为模糊子集 $\widetilde{A}$ 的水平截集,其中 $\xi \in [0,1]$。

根据以上定义分别对战场装备抢修规划问题的维修保障资源需求量、供应量和调度运输时间的模糊特征进行描述。分析可知,维修保障资源的需求量过少将无法满足维修保障任务的实施要求,而资源需求量过多尽管能够完成当前维修保障任务,但却产生过多维修保障资源的运输压力和对剩余资源的储备负担。

维修保障资源需求量满意度如图 5-5 所示。其中,y_2 为维修保障资源需求量最大满意度点;$[y_1,y_2]$ 范围内由于维修保障资源需求量过少而造成满意度不高;而 $[y_2,y_3]$ 范围内则表示维修保障资源需求量过多带来的满意度下降;模糊截集 ξ 表示维修保障任务要求达到的维修保障资源需求量满意度水平。

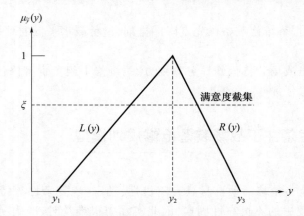

图 5-5 维修保障资源需求量满意度的三角模糊函数

$$\mu_{\widetilde{y}}(y) = \begin{cases} \dfrac{(y-y_1)}{(y_2-y_1)}, & y_1 \leq y \leq y_2 \\ \dfrac{(y_3-y)}{(y_3-y_2)}, & y_2 \leq y \leq y_3 \\ 0, & 其他 \end{cases} \quad (5-29)$$

同样,装备维修保障资源的供应量不能过多也不能过少,供应量多则运输压力大;供应量少则无法满足维修保障资源需求。

维修保障资源的供应量满意度如图 5-6 所示。其中,x_2 为恰好满足当前维修保障任务要求的资源供应量;$[x_1,x_2]$ 范围内表示维修保障资源供应量偏少,不能满足当前任务需求,用严格递增函数 $L(x)$ 表示;$[x_2,x_3]$ 范围内维修保障资源供应量满意度为 1;而 $[x_3,x_4]$ 范围内则表示维修保障资源供应量过多,这将产生一定程度的运输压力和供应负担,其供应满意度用严格递减函数 $R(x)$ 表示。

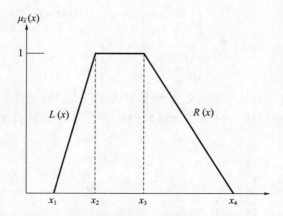

图 5-6 维修保障资源供应量满意度的梯形模糊函数

$$\mu_{\tilde{x}}(x) = \begin{cases} 0, & 0 < x \leqslant x_1 \\ \dfrac{(x-x_1)}{(x_2-x_1)}, & x_1 \leqslant x \leqslant x_2 \\ 1, & x_2 \leqslant x \leqslant x_3 \\ \dfrac{(x_4-x)}{(x_4-x_3)}, & x_3 \leqslant x \leqslant x_4 \\ 0, & x > x_4 \end{cases} \quad (5-30)$$

维修保障资源供应过程中,随着资源运输到达时刻的延迟将使时间满意度越来越低。维修保障资源的运输时间满意度如图 5-7 所示。其中,t_1 为维修保障资源最快运输到达时间;在 t_2 时刻后运输到达的时间满意度开始下降,由严格递减函数 $R(t)$ 描述;超过 t_3 时刻运输到达的维修保障资源将失去任何意义。

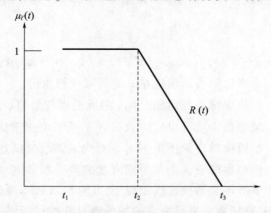

图 5-7 维修保障资源运输时间满意度的半梯形模糊函数

$$\mu_{\tilde{t}}(t) = \begin{cases} 1 & 0 \leqslant t \leqslant t_1 \\ \dfrac{(t_3 - t)}{(t_3 - t_2)} t_1 < t < t_2 \\ 0 & t \geqslant t_3 \end{cases} \quad (5-31)$$

另外,还必须考虑决策方案的维修保障资源供应点数目问题,数目过多将造成维修保障资源供应运力的浪费。维修保障资源供应点数目满意度如图 5-8 所示。

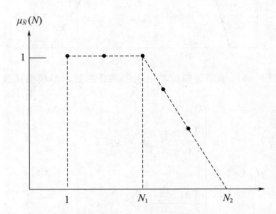

图 5-8 维修保障资源供应点数目的离散半梯形模糊函数

模糊条件下的战场装备抢修规划应当以达到要求的需求量满意度为前提,寻求使维修保障资源供应量、运输时间与供应点数目满意度最大的优化协同方案。因此,构造模糊条件下战场装备抢修规划模型如下:

$$\max(\mu_D(\varphi))$$
$$\text{s. t.} \begin{cases} \max t_\varphi \leqslant t_3 \\ \mu_{\tilde{y}}(\varphi) \geqslant \xi \end{cases} \quad (5-32)$$

$$\mu_D(\varphi) = \omega_1 \mu_{\tilde{x}}(x(\varphi)) + \omega_2 \mu_{\tilde{t}}(t(\varphi)) + (1 - \omega_1 - \omega_2)\mu_{\tilde{N}}(N(\varphi))$$

式中　　ω_1——维修保障资源供应量 x 的满意度权重值;

ω_2——维修保障资源运输时间 t 的满意度权重值;

$(1 - \omega_1 - \omega_2)$——维修保障资源供应点数目 N 的满意度权重值;

$\mu_{\tilde{y}}(\varphi)$——维修保障资源决策方案 φ 对应的需求量满意度;

ξ——维修保障资源需求量满意度的对应截集值。

对于模糊条件下战场装备抢修规划模型,其算法求解步骤设计如下。

第一步:对想定算例数据进行方案的预处理,删除不满足要求的非可行供应点,简化约束条件。

第二步:初始化各指标的隶属度计算参数和$\mu_D(\varphi_0)$值,并给定权重值ω_1和ω_2。

第三步:在可行域内计算方案φ_i对应的各项隶属度值,并根据上式计算$\mu_D(\varphi_k)$。如果有$\mu_D(\varphi_k) \geq \mu_D(\varphi_{k-1})$,则记$\varphi_k$为当前最优方案,并进行保留;否则当前最优方案仍为$\varphi_{k-1}$。

第四步:继续循环执行第三步,当遍历完所有可行方案后,取$\max(\mu_D(\varphi_k))$对应的方案为最优方案φ^*。

5.6.2 信息不完备条件下战场装备抢修规划

战时条件下,战场装备抢修相关信息中某部分属性信息丢失、不完全或者无法确定的情况是客观存在的,这就造成了规划信息系统的不完备性,它将为装备维修保障资源规划的执行带来一定困难。

粗糙集理论由波兰的 Pawlak 于 1982 年提出,它是对模糊和不确定性知识数据进行处理的重要理论,其主要思想是在保持分类能力不变的前提下,通过知识约简,导出问题的决策或分类规划。首先介绍粗糙集理论的相关重要定义。

定义:决策信息系统。记$S = \{U, A, V, f\}$为一个决策系统,其中$U = \{u_1, u_2, \cdots, u_n\}$是决策对象的非空有限集合;属性集$A = C \cup D$且$C \cap D = \emptyset$,$C = \{c_1, c_2, \cdots, c_m\}$表示条件属性集,$D = \{d_1, d_2, \cdots, d_l\}$为决策属性集;$V = V_C \cup V_D$表示属性$A$的取值集合;$f: U \times A \to V$表示决策系统函数,它对每个决策对象的属性赋予一个信息值,即对于$c \in A, u \in U$有关系$f(u, c) \in V_C$成立。

定义:粗糙集。假设U为对象集,R是U上的等价关系,则R必然是U的一个划分,称$AS = (U, R)$为近似空间,由(U, R)产生的等价关系记作$U|R = \{(x_i)_R | x_i \in U\}$,其中$(x_i)_R = \{x_i | (x_i, x_j) \in R\}$。对于任意$X \subseteq U$,记$X$的下近似为$\underline{R}(X) = \{x_i | [x_i]_R \subseteq X\}$;则$X$的上近似为$\overline{R}(X) = \{x_i | [x_i]_R \cap X \neq \emptyset\}$。若$\overline{R}(X) \neq \underline{R}(X)$,则称$X$为粗糙集,否则为可定义集。

定义:信息不完备决策系统。在决策信息系统S中,若至少存在一个属性$c \in C$使得V_c为空值(用 * 表示空值),则称S为一个不完备信息系统。同时在本书的研究中进行以下假设:决策属性值集合V_D中没有空值;$\forall u \in U$且u中至少有一个条件属性$c \in C$,使得$f(u, c) \neq *$成立。

粗糙集理论对不完备信息系统的处理主要有两种方法:一是间接处理方法,其特点是通过如基于概率统计的方法将不完备信息转化为完备信息系统,即数据补齐;二是直接处理方法,即将经典粗糙集理论中相关概念在不完备信息系统下进行适当扩充。下面介绍直接处理方法中的扩展优势粗糙集理论。

假设在不完备信息系统中,决策属性D将U划分成有限的K类,并记作$Cl = $

$\{Cl_k, k=1,2,\cdots,K\}$。同时假设这种分类是有序的,即对于 $r,s \in k$,如果 $r>s$,则表明分类 Cl_r 中的对象优于分类 Cl_s 中的对象。定义决策分类 Cl 的向上累积集和向下累积集分别为

$$\begin{cases} Cl_k^\geqslant = U_{s\geqslant k} Cl_s \\ Cl_k^\leqslant = U_{s\leqslant k} Cl_s \end{cases} \tag{5-33}$$

式中,若 $u \in Cl_k^\geqslant$,则 u 至少属于 Cl_k;若 $u \in Cl_k^\leqslant$,则 u 最多属于 Cl_k。定义的累积集具有如下性质:

$$\begin{cases} Cl_1^\geqslant = Cl_k^\leqslant = U, Cl_k^\geqslant = Cl_k, Cl_1^\leqslant = Cl_1 \\ Cl_{k-1}^\leqslant = U - Cl_k^\geqslant, k=1,2,\cdots,K \end{cases} \tag{5-34}$$

定义:假设 $u,v \in U, P \subseteq C$,定义扩展优势关系为

$$\text{EDOM}(P) = \{(u,v) \in U \times U | \forall a \in P, f(u,c) \geqslant f(v,c) \cup f(u,c) = * \cup f(v,c) = *\} \tag{5-35}$$

式中,当 u 扩展优势于 v 时,记作 $u D_P^* v$。扩展优势关系 D_P^* 满足自反性和传递性,但不满足对称性。在扩展优势定义基础上,将 $D_P^{+*}(u) = \{v \in U: v D_P^* u\}$ 称作 P 扩展优势集;将 $D_P^{-*}(u) = \{v \in U: u D_P^* v\}$ 称作 P 扩展被优势集。对于某对象子集 $X \subset U$,在扩展优势关系下有如下关系成立:

$$\begin{cases} U_{u \in X} D_P^{-*}(u) = \{u \in U: D_P^{+*}(u) \cap X \neq \varnothing\} \\ U_{u \in X} D_P^{+*}(u) = \{u \in U: D_P^{-*}(u) \cap X \neq \varnothing\} \end{cases} \tag{5-36}$$

扩展优势粗糙集的定义将对象分类情况 $Cl_k^\geqslant$ 的上近似和 $Cl_k^\leqslant$ 的下近似分别表示为

$$\begin{cases} \underline{P}^*(Cl_k^\geqslant) = \{u \in U: D_P^{+*}(u) \subseteq Cl_k^\geqslant\} \\ \overline{P}^*(Cl_k^\geqslant) = \{u \in U: D_P^{-*}(u) \cap Cl_k^\geqslant \neq \varnothing\} = \bigcup_{u \in Cl_k^\geqslant} D_P^{+*}(u) \end{cases} \tag{5-37}$$

$$\begin{cases} \underline{P}^*(Cl_k^\leqslant) = \{u \in U: D_P^{-*}(u) \subseteq Cl_k^\leqslant\} \\ \overline{P}^*(Cl_k^\leqslant) = \{u \in U: D_P^{+*}(u) \cap Cl_k^\leqslant \neq \varnothing\} = \bigcup_{u \in Cl_k^\leqslant} D_P^{-*}(u) \end{cases} \tag{5-38}$$

因此,下式成立:

$$\begin{cases} \underline{P}^*(Cl_k^\geqslant) \subseteq Cl_k^\geqslant \subseteq \overline{P}^*(Cl_k^\geqslant) \\ \underline{P}^*(Cl_k^\leqslant) \subseteq Cl_k^\leqslant \subseteq \overline{P}^*(Cl_k^\leqslant) \end{cases} \tag{5-39}$$

定义 $Cl_k^\geqslant$ 和 $Cl_k^\leqslant$ 的 P 边界:

$$\begin{cases} B_{nP}^*(Cl_k^\geqslant) = \overline{P}^*(Cl_k^\geqslant) - \underline{P}^*(Cl_k^\geqslant) \\ B_{nP}^*(Cl_k^\leqslant) = \overline{P}^*(Cl_k^\leqslant) - \underline{P}^*(Cl_k^\leqslant) \end{cases} \tag{5-40}$$

根据上式的计算,可推导出不完备信息决策系统规则:

$$u \in Cl_k^{\geq}, f(u,c_1) \geq r_{c_1}, f(u,c_2) \geq r_{c_2}, \cdots, f(u,c_p) \geq r_{c_p} \quad (5-41)$$

式中,$P = \{c_1, c_2, \cdots, c_p\} \in C, \{r_{c_1}, r_{c_2}, \cdots, r_{c_p}\} \in V_{c_1} \times V_{c_2} \times \cdots \times V_{c_p}$。

$$u \in Cl_k^{\leq}, f(u,c_1) \leq r_{c_1}, f(u,c_2) \leq r_{c_2}, \cdots, f(u,c_p) \leq r_{c_p} \quad (5-42)$$

式中,$P = \{c_1, c_2, \cdots, c_p\} \in C, \{r_{c_1}, r_{c_2}, \cdots, r_{c_p}\} \in V_{c_1} \times V_{c_2} \times \cdots \times V_{c_p}$。

$$u \in Cl_k^{\geq} \vee Cl_{k-1}^{\leq}, f(u,c_1) \geq r_{c_1}, f(u,c_2) \geq r_{c_2}, \cdots, f(u,c_g) \geq r_{c_g}$$
$$\wedge f(u, c_{g+1}) \leq r_{c_{g+1}}, f(u, c_{g+2}) \leq r_{c_{g+2}}, \cdots, f(u,c_p) \leq r_{c_p} \quad (5-43)$$

式中,$P_1 = \{c_1, c_2, \cdots, c_g\} \in C, P_2 = \{c_{g+1}, c_{g+2}, \cdots, c_p\} \in C$,且 $P = P_1 \cup P_2$,P_1 与 P_2 可以相交,$\{r_{c_1}, r_{c_2}, \cdots, r_{c_p}\} \in V_{c_1} \times V_{c_2} \times \cdots \times V_{c_p}$。

在上述扩展优势粗糙集理论基础上,本书给出不完备信息决策系统的决策判定流程,如图 5-9 所示。由于导出的决策规则中存在可能决策的情况,因此需要根据具体解决问题的情况进行视情处理,从而消除规则的不确定性,并对新对象做出准确的决策判定。

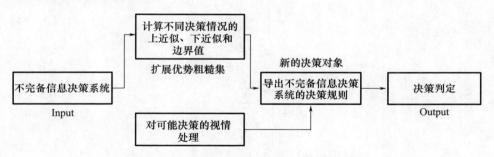

图 5-9 不完备信息决策系统的决策判定流程

5.6.3 考虑突发任务扰动的战场装备抢修规划

战时条件下,当某阶段战场装备抢修决策执行的初期,可能会出现一些新的、比较紧急的装备抢修任务,如上级命令指示、突发抢救抢修任务等。它们将对维修保障资源产生新的需求,同时还可能打破原有维修保障资源规划方案的平衡,这种情况称为考虑突发任务扰动的战场装备抢修资源规划,具体包括以下三种情况:

(1)突发装备抢修任务时刻,去除原装备抢修规划方案的资源供应量后,供应方剩余资源充足,则突发装备抢修任务不影响原有规划方案,可选择相对调度时间最短的供应点完成对新任务维修保障资源需求的支援保障。

(2)突发装备抢修任务时刻,维修保障资源供应方剩余资源紧缺,且新装备抢修任务必须执行(如上级命令),则需添加新装备抢修任务至原资源规划队列中,通过供应方剩余资源和删除原规划方案中部分维修保障任务的资源共同完成支援保障。

(3)突发装备抢修任务时刻,维修保障资源供应方剩余资源紧缺,且新装备抢修任务可能被支援保障,则具体根据新装备抢修任务属性条件和维修保障资源状况综合判定。

在上述分析的基础上,下面讨论考虑突发任务扰动的战场装备抢修规划的模型构建问题。首先进行相关符号定义与说明。

维修保障资源供应点记作 $A_i(i=1,2,\cdots,m)$,其维修保障资源储备量为 P_i;维修保障资源需求点 $B_j(j=1,2,\cdots,n)$,其维修保障资源需求量为 y_j,支援保障优先度记作 γ_j;A_i 向 B_j 调度支援维修保障资源的运输时间矩阵 $\boldsymbol{T}_{ij}$,调度运输维修保障资源量 x_{ij};描述 A_i 是否向 B_j 调度支援维修保障资源的判断矩阵为 $[\boldsymbol{C}_{ij}]_{m\times n}$,需求点 B_j 是否得到维修保障资源调度保障的判断向量 $\boldsymbol{\theta}_j$,具体计算如下:

$$\boldsymbol{C}_{ij} = \begin{cases} 1, \sum_{i=1}^{m} x_{ij} > 0 \\ 0, \sum_{i=1}^{m} x_{ij} = 0 \end{cases} \tag{5-44}$$

$$\boldsymbol{\theta}_j = \begin{cases} 1, \sum_{i=1}^{m} x_{ij} = y_j \\ 0, \sum_{i=1}^{m} x_{ij} = 0 \end{cases} \tag{5-45}$$

因此,原给定的维修保障资源规划方案描述为

$$\begin{cases} \varphi_0 = \{\varphi_{01}, \varphi_{02}, \cdots, \varphi_{0n}\} \\ \varphi_{0j} = \{(A_1, x_{1j}), (A_2, x_{2j}), \cdots, (A_m, x_{mj})\} \\ T_{\varphi_0} \leq t_{\max} \\ y_{\varphi_0} = \sum_{j=1}^{n} \sum_{i=1}^{m} x_{ij} \end{cases} \tag{5-46}$$

假设维修保障资源规划活动开始 t 时刻后突发若干新的维修保障任务 B'_k,其对应的维修保障资源需求量为 y'_k,维修保障任务优先度值记作 γ'_k,其中,$k=1,2,\cdots,K$。去除原规划方案资源需求量后的供应点剩余维修保障资源量为 $Q_i = P_i - \sum_{j=1}^{n} x_{ij}$,突发任务与维修保障资源供应点之间的调度运输时间矩阵 $\boldsymbol{T}'_{ik}$。另外,将考虑突发任务扰动影响的调整后维修保障资源规划方案记作:

$$\begin{cases} \varphi^* = \{\varphi_1, \varphi_2, \cdots, \varphi_L\} \\ \varphi_l = \{(A_1, x_{1l}), (A_2, x_{2l}), \cdots, (A_m, x_{ml})\} \\ l = 1, 2, \cdots, L \end{cases} \quad (5-47)$$

上式中 $L \leq n+K$,表明 φ^* 至多是将突发维修保障任务和原维修保障任务的维修保障资源需求全部支援。由于 t 发生在原方案执行初期,故可假设删除任务的维修保障资源将立即返回对应供应点,与剩余储备资源共同完成对突发维修保障任务的资源保障,因此调度运输时间更改为 $2t + T'_{ik}$。

根据战时装备维修保障资源的时效性要求,建立考虑突发任务扰动的战场装备抢修多目标规划模型:

$$\begin{aligned} & \max(\sum \gamma_{\varphi^*}) \\ & \min(T_{\varphi^*}) \\ & \text{s.t.} \begin{cases} T_{\varphi^*} = \max_{l=1}(\theta_l \cdot t_{il}) \leq t_{max} \\ \theta_k \cdot y'_k \leq y_{\varphi_s} + Q_s \end{cases} \end{aligned} \quad (5-48)$$

式中 γ_{φ^*} ——考虑突发任务扰动的战场装备抢修规划方案 φ^* 中的任务优先度值;

T_{φ^*} ——方案 φ^* 的最大维修保障资源到达时间;

t_{max} ——维修保障资源最大允许延迟时间;

θ_l、θ_k ——是否对维修保障任务进行资源调度支援保障的判断向量;

φ_s ——原方案中的删除任务集;

y_{φ_s} —— φ_s 维修保障资源数量规模;

Q_s ——删除任务对应维修保障资源供应点的资源剩余数量。

设计模型求解步骤如下:

第一步:参数赋值。输入原维修保障资源调度方案数据,以及突发维修保障任务的资源需求量 y'_k、优先度值 γ'_k 和调度运输时间 T'_{ik}。

第二步:计算 Q_i 值,并与突发维修保障任务资源需求量 y'_k 进行比较,判定当前算例属于何种情况。若为情况(1),则不影响原维修保障资源调度决策方案,直接在剩余资源基础上进行调度;否则,转第三步。

第三步:区分必须执行与可能执行的战时突发维修保障任务。记突发维修保障任务中必须执行的任务有 h 项;其余可能执行的突发维修保障任务为 $K-h$ 项,按照其优先度由大至小进行排序,并与原维修保障资源调度方案中优先度较小的若干维修保障任务组合进行比较匹配,依次完成对 $h+1, \cdots, K$ 项突发维修保障任务的资源调度支援保障,若第 g 次调整方案满足条件 $\theta_k \cdot y'_k \leq y_{\varphi_g} + Q_s^g$,其中 $g = 1, 2, \cdots, K-h$,则保留这些调整方案,此时删除部分任务后的原维修保障资源调度决策方案变为 $\varphi'_g = \varphi_0 - \varphi_s$。

第四步：将 φ_s 中的维修保障资源返回原供应点并与剩余资源共同对选定的突发维修保障任务进行调度支援，生成对突发维修保障任务的资源调度决策方案 φ'_{k_g}，则遍历计算后的所有可行调整方案记作 $\varphi^*_g = \varphi'_g \cup \varphi'_{k_g}$。

第五步：目标函数进行加权计算，其中值最大的 φ^*_g 即为最终调整后的维修保障资源调度决策方案 φ^*。加权计算式为

$$\omega \cdot \max(\sum \gamma_{\varphi^*_g}) - (1-\omega) \cdot \min(T_{\varphi^*_g}) \tag{5-49}$$

5.7 本章小结

本章为解决指挥员及其后装保障要素进行战场装备抢修任务调度的筹划决策和规划计划问题，完成了以下几项工作：

首先总结了战场装备抢修面临的故障杂、环境差、时间紧、任务重等现实困难，分析了战场装备抢修系统的组成要素和流程关系，为后续工作打好基础。

其次分别从规划任务描述、规划资源分析、规划目标确定、规划条件约束四个方面对战场装备抢修规划问题进行了分析，勾勒出战场装备抢修规划问题的边界条件，为数学模型的构建打下基础。

再次建立了装备损伤程度和维修机构维修能力模型，在考虑待修装备优先度的基础上，依据维修保障机构的工作饱和度和维修负载水平，构建了战场装备抢修规划模型，设计了战场装备抢修规划流程，并以实例验证了该方法的可行性。

最后针对战场装备抢修活动相关信息中的模糊、不完备、随机扰动等信息不确定性情况，从解决信息模糊条件下、信息不完备条件下和突发任务扰动条件下的战场装备抢修问题进行问题分析、模型构建和算法设计。

第 6 章

装备物资库存规划

装备物资是指装备保障系统中各个基地、补给站、仓库、作战部队等所配属的装备、弹药、器材等物资的总和,它是装备保障的重要物质资源,也是影响装备保障效能的重要因素。战时环境下装备物资的消耗种类和数量都很大,如何更好地解决装备保障对装备物资的需求是装备保障面临的长期而复杂的任务。同时,装备物资库存水平也影响战时装备保障实施的成本和效率,过多库存会导致库存成本增加、物流速度减缓、保障效率降低,且会增加装备部门的压力,加大储备"摊子",降低整个作战系统的运行效率。

各级各类装备物资仓库是供应保障的主要执行单位,既要向上申请又要向下供应,其运行和决策效率对装备供应保障的效果有很大的影响。传统的库存决策模型是单品种决策模型,但现实中,装备物资仓库往往存储多品种物资,申请补货和供应发货时也往往一次处理多种物资,显然多品种装备物资库存决策模型会更加符合实际。针对多品种装备物资库存系统的供应保障问题,开展装备物资库存规划研究,提出切实可行的策略与模型,已成为装备供应保障的迫切需求。参考张建荣的研究成果,主要从以下几个方面开展装备物资库存规划的论述。

6.1 研究现状

到目前为止,库存控制策略与模型研究的成果主要有两个方面:一是可修复件库存控制的多级技术,简称 METRIC(Multi-Echelon Technique for Recoverable Item Control)系列模型;二是经济订货批量,简称 EOQ(Economic Order Quantity)系列模型。METRIC 系列模型是从装备管理的角度进行研究的。该模型的目标是在库存投资额的约束下,使全部的预期延迟订货最小。在此模型的基础上发展了多个模型,包括 Mod-METRIC、Vari-METRIC、Dyna-METRIC 模型,还有

ASM(Aircraft Sustainability Model)和 AAM(Aircraft Availability Model)等。EOQ 系列模型是从库存管理的角度进行研究的。该模型及其改进形式广泛应用于企业和军事供应系统,其目标是通过调整订货间隔和订货批量使库存费用最小化。

上述两类模型采用的库存控制策略都是单品种策略,忽略了多品种装备物资间的联合订购。Balintfy 首先提出了(S,c,s)策略,标志着多品种联合订购问题研究的开始。经过几十年的发展,JRP 策略的研究不断深入,取得了一定的成果。依据需求及订购提前期的特性,可以将 JRP 策略分为确定型和随机型两大类,需求和订购提前期都是确定值的策略称为确定型策略,二者之中只要有一个因素为随机变量则称为随机型策略,下面分别介绍这两种联合订购策略。

6.1.1 确定型 JRP 策略

确定型 JRP 问题基于下述背景:下级库存点需要制定多种物品的采购计划,如果在某个时刻发出一个订单包含若干种物品,每一种物品都需要订购费用,此外还需要基本订购费用,基本订购费用只与订购次数有关,与每个订单包含的订购种类数无关,因此可以通过多种物品的联合订购来达到提高订购效率、节省费用的目的。确定型需求的联合订购策略只有定期策略,其模型经过成本分析很容易建立,但包含了$(n+1)$个决策变量(n为物品种类数),需要决策基本订购周期T和周期乘子K,$K = \{k_i, i = 1, 2, \cdots, n\}$,因此模型的求解比较复杂。确定型模型的启发式算法研究是该领域的一个热点。

6.1.1.1 确定型 JRP 问题的分组方法

确定型联合订购包括直接分组(Direct Grouping)和间接分组(Indirect Grouping)两种分组方法。直接分组是预先将多个物品分成M组,每组包含什么品种的物资由决策者决定,且每组的物品进行联合订购。直接分组的订购并不是等时间发生的,并且同时订购的物品是预先确定的。各组内的物品进行统一订购,不同组之间的订购时间上相互独立。如何进行分组是直接分组要解决的关键问题。直接分组的随意性大,所制定的策略需要在特定的环境中才适用。

间接分组是所有物品都建立在一个确定的补充周期上,这个确定的补充周期被称为基本补充周期,每个物品的补充周期都是基本补充周期的整数倍。当k_i为 1 时第i种物品在每个基本订购周期订购,当k_i为 2 时第i种物品每两个周期订购一次,依此类推。三种器材联合订购的实例如图 6-1 所示。

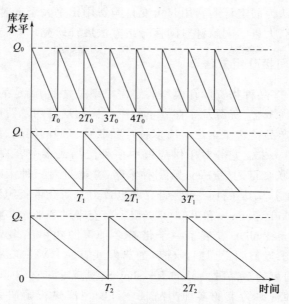

图 6-1 三种联合订购的库存水平变化情况

间接分组的库存成本模型建立如下：

假设 N 种物品中，第 i 种物品的订货量为

$$Q_i = D_i \cdot k_i \cdot T \tag{6-1}$$

式中 Q_i——第 i 种物品的订货量；
D_i——第 i 种物品的需求率；
k_i——第 i 种物品的周期因子；
T——基本订购周期。

因此 N 种物品联合订购时，系统所要产生的单位时间平均库存总费用为

$$C(T, k_1, k_2, \cdots, k_N) = \frac{A + \sum_{i=1}^{N} a_i}{k_i} + \frac{\sum_{i=1}^{N} D_i k_i T h_i C_i}{2} \tag{6-2}$$

式中 A——固定订购费用；
a_i——可变订购费用；
h_i——库存保管费率；
C_i——物资价格。

Jayaraman 等对多种物品库存系统中的单种物品库存控制系统和多物品联合控制系统的费用进行比较研究，发现多物品联合控制系统比单物品控制系统平均节约费用 10%～20%。Federgrue 利用启发式算法对确定型 JRP 问题采用直接分组的方法进行了探讨。国内学者采用回归分析方法对直接分组和间接分

组进行了对比,认为固定订购费用与可变订购费用比率大于1时,间接分组优于直接分组。因此,大量的文献针对间接分组方法展开研究。

6.1.1.2　间接分组方法

　　传统的关于多品种物资库存模型假定需求率是常数、确定的订购价格、无短缺发生,且不考虑资金、资源及库存容量约束。徐鑫从订购总费用角度对成本进行权衡,提出了产品精选子集法解决多种产品联合订购的问题,使得满足需求的总订购费用最小。朱立龙等对于供应链中多种产品或多个客户的订购策略,研究了单独订购、联合订购、统一订购三种策略,并通过对三种策略集聚效应的分析得出各自的优劣及其条件。一些研究者也致力于研究带资源约束的多物品联合库存问题,Pirkul 等,Page 和 Paul 等提出了带有单种资源约束的多品种商品库存模型。Guder 和 Zydiak 发展了一个带有多种资源约束的多品种商品库存模型,并给出了寻求近似固定周期最优解的启发式算法。Vairakarakis 建立了一个带有有限资金约束的多品种商品的 Newsboy 模型。Peter Newson 和 Faruk Guder 等就一种或多种资源约束的多种产品联合订购情况进行了研究。Federgrue 完全从库存角度对联合订购进行了研究。WarrenH 和 Hansman 从纯概率的角度对多品种联合订购问题进行了讨论。Chen 和 Feng 研究了含多个产品的一对一两级库存系统。Mendez 和 Cerda 等分别从缺货最小和单阶段库存费用的角度研究了多种商品的生产与库存策略。周涛等针对有库容约束的多品种库存控制问题,在多供应商单零售商的情形下,采用周期检查库存联合订购策略,建立了混合整数非线性规划的数学模型,并提出了求解方法。随着供应链理论的发展,一些学者从供应链的角度研究多品种库存控制问题,李芝梅对在均匀连续需求、不允许缺货情况下的多品种库存问题,选择了周期检查库存策略,并进一步建立了供应商与零售商联合库存控制的模型,分别讨论了供销双方采用一致的订货周期和不同订购策略的情况。徐长静等研究了分批订购(多品种联合订购)的方式,确定一个最小的订货周期 T 作为基本的订货周期,所有同组各品种物资的订货周期都是这一最小周期的整数倍。每个品种物资的订货量则由各自的需求率、回收率、修复率及订货周期决定。学者们对联合订购策略在很多领域的应用都有探索,如王林研究了连续生产模式下不常用备件的库存问题,采用可订购点策略,建立了考虑备件服务水平的模型;张辉讨论了考虑备件可修复性条件下的 JRP 问题,在 EOQ 模型的基础上,研究了给定修复率且库存容量有限条件下多品种备件的库存存储问题,建立了判断是否租借仓库的模型。

6.1.1.3　确定型 JRP 问题的算法

　　确定型需求的定期策略模型属于非线性混合整数规划,问题的求解比较复杂。文献证明确定型需求的 JRP 问题是一个 NP 完全问题,没有多项式算法,因此寻求较好的启发式算法成为 JRP 问题研究的一个热点。

如前文所述,确定型模型的算法研究主要集中在间接分组方法的模型上,梁志杰已经对该问题进行了回顾并详细介绍了几种代表性的算法,包括迭代式算法、非迭代算法和现代优化算法。其中,迭代式算法以 Goyal 算法为代表,在所有局部最优解中选择最优的作为全局最优解。该算法的不足之处在于需要大量的数据来计算局部最优解,运算时间会随物品数呈指数倍上升,不适用于物品种类数较多的情况。非迭代算法以 Silver 算法为代表,该算法相对简单,不需要迭代,能提高运算效率,但在保证最优解方面不如迭代式算法。现代优化算法包括禁忌算法、拉格朗日松弛算法、遗传算法和模拟退火算法等。

国内对于间接分组的算法也做了大量的工作,梁志杰等认为现有的确定型需求算法或不能保证最优或计算复杂,利用现代优化方法中的模拟退火算法和拉格朗日松弛算法,设计出了一种新的算法。欧阳强国等在对差分进化算法改进并测试性能的基础上,分析了资金和存储能力约束条件下的联合采购决策模型,设计了一种稳定可靠的自适应混合差分进化求解算法,并基于改进的差分进化算法对需求、库存持有费用以及次要准备费用等参数进行敏感性分析。

此外,仍有学者对确定型需求问题采用多项式的算法进行了尝试。张光明等考虑利用 EXCEL 规划求解确定型联合订购 JRP 问题,通过数学运算将非线性混合整数规划模型转化为整数线性规划模型,然后在 EXCEL 中通过规划求解工具求得最优解。

6.1.2 随机型 JRP 策略

随机型 JRP 策略根据库存检查方式不同,可以分为连续策略和定期策略。因此,随机型 JRP 策略的综述分连续订购策略和定期订购策略两部分来介绍。文献中查到的联合订购策略如表 6-1 所示。

表 6-1 主要的随机型 JRP 策略

联合订购策略	描述	局限性	策略提出者
(S,c,s) 策略	单品种触发可订购点;订至最大库存	参数难以确定;联合订购不同步	Federgruen, Groenevelt & Tijms(1984)
连续(Q,S)策略	总库存量触发联合订购点;订购到最大库存	只有少数几种物品短缺时,不能触发订购	Renberg & Planche(1967)
多品种(T,S)策略	订购间隔自由确定;同时订购多种物品	假设 T 和 S 互相独立	Atkins & Iyogun(1988)

续表

联合订购策略	描述	局限性	策略提出者
(T,s,Q,c)策略	定期检查库存；订购周期已知	补充时,同时运输的品种很少,只联合低于订货点的	Carlos & Armando(1997)

6.1.2.1 连续订购策略

一般地,连续策略适用于相对较重要的高价值类型物品或者拥有自动库存控制系统的仓库。连续策略通常比定期策略的计算量要大,但是直观上对物资的控制更加精细,费用也更加节约。最早的联合订购策略是(S,c,s)策略,又称为可订购点策略。在这种库存控制方式下,当第i种物资的库存水平下降到订购点s_i时,任何其他物资的库存水平如果低于可订购点c_j,则订购时被包含在订购范围之内。所有订购物品都会被补充到最大库存量S_i。Federgruen, Groenevelt和Tijms提出了在泊松分布需求和有订购提前期的情况下可订购点策略模型的启发式算法。通过实例证明,一个可订购点策略模型的近似解也要比单品种(s,S)策略更优。(S,c,s)策略的局限性在于其复杂性,因为其优化参数不容易找到。此外,如果是一组需求或者库存费用相互独立的物资,则可能会出现只有一种物资低于其订购点而没有其他物资低于其可订购点的情况。因此,这种策略可能会导致多品种物资订购的异步,从而减弱多品种物资联合订购的集聚效应。

另一种连续策略是(Q,S)策略,该策略是由Renberg和Planche提出的。Pantumsinchai在随后的研究中分析了泊松需求条件下的(Q,S)策略,这种策略针对全部库存设置了一种联合订购点。(Q,S)策略是一种连续检查库存策略,当库存物资的总库存水平下降到预先设定的订购点Q时,每种物资都会被补充到各自的基准库存水平S_i。(Q,S)策略的缺点是对于慢速流动的物资可能会缺货,因为当总库存水平还没有达到订购点时,有些物资的库存水平可能已经下降到很低了,甚至已经发生缺货。Pantumsinchai比较了(Q,S)策略与(S,c,s)策略的策略方针,并显示如果固定订购成本高而短缺成本低,则(Q,S)策略比(S,c,s)策略表现得更好,反之如果固定订购成本低则(S,c,s)策略执行得更好。Cheung和Lee也研究了(Q,S)策略,但是针对单仓库多需求点的问题展开的。从纯粹数学的角度看,该问题与多品种单仓库的库存控制问题本质相同。

国内对于随机需求的多品种库存系统优化方法的研究做了大量的工作。关于(S,c,s)策略的文献比较多,一种研究方法是以马尔可夫过程为基础进行的,如李冰等针对具有复合泊松分布需求的联合订购问题进行了研究,利用半马尔可夫过程模型重点研究了(S,c,s)策略的启发式算法,对有服务水平约束的情况进行了求解验证。另一种是利用单品种(s,S)策略的性质,类比得到(S,c,s)策略的成本函数,进而求解的方法。如董云庭等将常用的单品种库存控制发展为多品种联合订购的(S,c,s)策略,应用启发式算法得到了满意解,并与单独补充策略进行了比较;张金隆等讨论了服务水平约束的基于随机连续盘点策略的联合订购库存问题,针对多品种联合订购问题,给出了关键决策参数的确定算法。国内研究(Q,S)策略的有黄塑和梁志杰,黄塑研究了缺货不补的情况下(Q,S)策略的模型。

另外,很多学者研究了基于多品种物资的生产订购库存问题在实际生活中的实用性。Chi 等对两种订购方式下的销售商库存问题进行了探讨,建立了定期订货模型,其中两种货物的进价相同。在此基础上,黄欣研究了多品种联合订购的系统,得到了稳定需求和时变需求下的多品种联合订购库存模型以及多品种供应-需求联合订购的库存模型,分析了紧急订购和普通订购方式对需求方库存的影响。Ahmad 针对两品种变质产品的库存模型,在连续检查库存策略下,求得在不同需求类型下最佳的生产率和库存水平,论述了保证不缺货的条件。李虎针对需求服从正态分布的情况,研究了连续检查库存的(s,S)策略。与传统的库存模型不同之处在于,针对多品种备件库存金额分配和服务水平权衡问题,建立了"安全库存投资金额-服务水平曲线",使决策者便于根据偏好进行决策。文晓巍等研究了订货商为核心企业的变质产品供应链中制定多品种订购策略的问题。

6.1.2.2 定期订购策略

定期检查库存策略更加直观易懂,不需要连续监视库存水平,便于现场实施。在多品种(T,S)策略中,每 T 个单位时间检查一次库存,并且将第 i 种物品的库存水平补充到最高库存水平S_i。Rao 证明了多品种(T,S)策略下库存总费用函数是一个凸函数,可以找到以 T 和 S 为决策变量的最优解。虽然最优解是可行的,但是需要经过复杂的搜索才能得到,因此,有人提出了近似最优解的启发式算法。

假定需求服从泊松分布的情况下,库存系统的单位时间总期望费用由下式表示:

$$TC = A/S_i + \sum_{i=1}^{n} TC_i, i = 1,2,\cdots,n \tag{6-3}$$

TC_i 为第 i 种维修器材的单位时间可变运输费用和库存保管费用之和:

$$TC_i = \frac{a_i}{T_i} + \left[\frac{T_i \lambda_i}{2} + \sum_{x=0}^{s_i}(S_i - x)f_i(x)\right]h_i$$

$$\text{s.t.} \begin{cases} T_i = k_i T_0, i = 1,2,\cdots,n \\ k_i \in \{1,2,\cdots,n\} \\ T_0 \geq 0 \end{cases} \tag{6-4}$$

式中　　$T_i\lambda_i/2$——订购间隔期T_i时间内的平均库存；

$\sum_{x=0}^{S_i}(S_i-x)f_i(x)$——订购提前期内的平均库存；

λ_i——第i种物品的平均需求率。

Atkins等提出两种定期库存策略作为可订购点策略的替代办法。第一种策略是库存所有物资采用统一的订购周期；第二种策略是改进的多品种定期策略，根据不同种类物资的费用比例不同制定订购周期，使得不同种类物资的订购周期是基本订购周期的整数倍，并证明这种定期策略与单品种(s,S)策略相比可以降低库存总费用。此外，改进的定期策略优于统一订购的定期策略。如果考虑策略的实施难度，则定期策略比复杂的(S,c,s)策略更加易于理解和执行。Zhang等考虑了缺货不补和需求相关的联合订购问题，采用定期策略，但该策略的目的是尽量减少与成本相关的重大项目订货周期的倍数，通过调整物品的补货频率来解决问题。Carlos等采用仿真的方法研究了一种多品种库存系统的订购策略，即(T,s,Q,c)策略。该策略的原理是每隔T时间检查一次库存，对库存水平等于或小于s的物品，订购量为Q，对库存水平等于或小于c的物品，订购量为$Q-(c-s)$，每次订购仓库中所有符合条件的物品种类。但显然这种策略的决策参数过多，没有得到推广。国内学者对随机型定期订购策略进行了拓展研究，如张怀胜针对订购提前期为零、允许缺货且生产需要一定时间的情况，需求分别为确定和随机两种情况建立了多品种物资、同一订货地及统一订货的库存模型；文晓巍针对多种的变质商品，研究了单独订购、统一订购和联合订购三种订购决策下的库存补充策略，并将这些策略推广到多个供应商和多个订购商的情形，探讨了多品种变质商品供应链中的订购模型，得到了多品种的近似最优订购策略。

6.1.2.3　随机型JRP问题的算法

前文在综述各种策略时已经提到很多算法，由于连续策略的复杂性，优化算法成为研究的重点。在算法研究方面，很多学者针对同一个模型采用不同算法求解。文献指出随机型JRP问题的最优策略在理论上是一个巨大的马尔可夫模型，并且其状态决策空间随着品种数的增加呈指数增长，因此随机需求的JRP问题模型的建立与求解依然十分复杂。

Taleizadeh等采用混合协调搜索算法解决基于经济订货批量模型的预先付款购买高价位原料的问题。该模型考虑的成本比较全面，包括采购增量折扣下的通关成本、固定订购成本、运输成本、持有成本和资本成本。Wee等建立了一个模糊多目标的联合订购库存模型，提出采用差分进化算法求解模糊非线性规划方法，并与传统的模糊环境下的模型进行了比较。Moon等研究了动态的滚动时间表环境中实施的联合补货策略,认为任何一种算法都有两个方面的指标来评判,分别是总成本的大小和算法的稳定性。Huang 指出了 RAND 算法中存在的不合理之处,并为兰德公司原来的备件模型提出采用联合订购策略的建议。

梁志杰等着重从算法改进方面研究了确定型和随机型联合订购模型,针对随机需求策略分析了 (S,c,s) 策略和 (Q,S) 策略的算法。刘北林等建立了多变量下多商品库存模型,该模型的目标是求解达到成本最小的决策变量。模型引入了线性变换函数 $L=a-bx$,从而确定了一定误差允许范围内的订购次数和订购批量。针对现有 JRP 模型只能解决有限品种的库存问题,有些学者提出利用仿真手段解决大规模多品种的库存系统问题。如刘玉坤等利用经典 Petri 网进行扩展后实现了对大规模多品种库存系统的建模描述能力,为库存控制策略优化研究以及对复杂多品种多级库存系统的研究提供了支持。

6.2 装备物资库存规划基础

装备物资库存系统是由"订货—存储—供应"三个环节所形成的有机整体,即组织请领(订货)—进行物资保管—实施物资发放,它是在装备保障活动的驱动下进行的系统运转。库存系统的物资会因用于满足保障活动而减少,即进行物资发放活动,这就是物资的"输出"过程。为了保证装备保障活动的连续性,系统必须及时组织订货或请领以补充库存,这种补充对于装备物资仓库而言就是"输入"。为了能够及时补充库存,必须提前订货。通常,订货时从发出订单到物资进入库存系统往往需要一段时间,称为订购提前期(Lead - Time)。订购提前期可能是确定的,也可能是随机变化的。掌握装备物资在库存系统内的流动情况是分析库存变化的关键,常用的库存变量包括现有库存(Inventory on Hand)、缺货量(Back Order)、库存量(Inventory)、在途库存(Inventory on Road)和库存水平(Inventory Level)等。

装备物资库存规划是指为满足装备保障需求,实现预先确定的装备物资库存控制目标,根据外部环境和内部条件,对装备物资库存请领(订货)活动选择合理的补充时机和补充数量的过程。装备物资库存规划的任务是制定符合装备保障实际需求而进行的订货决策或请领补充决策。对于单品种装备物资而言,一个完整的装备物资订货规划涉及库存检查方式、订货时机、订货批量。多品种联合订货规划涉及库存检查方式(定期检查库存、连续检查库存)、订货时机(定期订货、定点订货、定期+定点订货)、触发订货的种类(单品种订货、多品种订货)、订货批量(定量、不定量)、订货种类(单品种、多品种)。其中,订货一般用于军委或军种,请领一般用于部队向上级装备保障部门申请补充装备物资。装备物资库存规划的核心内容主要包括装备物资补充的时机和补充的数量。

对于单品种装备物资而言,一个完整的装备物资库存规划需要回答三个问题,分别是"如何检查库存？何时请领补充？请领补充的批量？"。多品种装备物资库存规划除了要回答上述问题外,还需要明确两个问题:一是触发请领补充的种类是单品种还是多品种；二是请领补充包含的品种范围。总之,装备物资库存规划内容可以归纳为：

(1)库存检查方式——定期检查库存或者连续检查库存方式。

(2)请领补充时机——定期、定点或者定期+定点请领补充。

(3)触发请领补充的种类——单品种或者多品种。

(4)请领补充的批量——定量或者不定量。

(5)请领补充的种类——单品种或者多品种。

根据需求和订购提前期是确定值还是随机变量的情况,可以将多品种维修器材的订货决策问题分为确定型订货决策问题和随机型订货决策问题两大类。如果需求和订购提前期均为确定值,则称为确定型问题。若二者之一为随机变量则称为随机型问题。关于随机型多品种器材多周期订货决策问题,根据所采用的库存检查方式不同,可以将该问题的策略分为两大类,即定期检查库存方式下的策略和连续检查库存方式下的策略。

6.2.1 库存系统结构组成

系统是由要素组成的具有一定功能的有机整体。装备物资库存系统是由指挥机构、仓储设施、保障人员、装卸设备、运输工具、信息通信等要素组成的有机整体。装备物资库存系统是军队装备保障系统的有机组成部分,其功能是为任务部队作战提供装备物资库存保障。

同一般系统一样,装备物资库存系统也具有输入、转换和输出三个功能环节,输入和输出使装备物资库存系统与战场环境和保障要素产生联系,转换使系统目标得以实现。装备物资库存系统的输入,一般指为保障任务部队实施装备物资保障所需的人力、物力、财力和相关信息；装备物资库存系统的输出,指为保障任务部队所提供的装备物资、信息、服务等；装备物资库存系统的转换,指通过各项库存管理活动使装备物资发生的时间和空间变化,使得装备物资向作战任务部队的流动。

根据库存系统结构和等级数不同,可以将装备物资库存系统分为单级库存系统和多级库存系统。对于多级装备物资库存系统,根据装备物资流向和通路数可以分为单一串联式库存结构(一对一供应)、聚敛式库存结构(多对一供应)、分布式库存结构(一对多供应)和网络式库存结构(多对多供应)四种。其中最常见的是分布式"一对多"供应的装备物资库存系统结构,这种库存系统从上至下呈树状结构,呈现上游仓库少、下游仓库多的特点,具有统分结合、职责分明、供应有序等优势。

典型装备物资库存系统常常为多级设置,可以有两级或三级,通常采取逐级供应的方式,由基地级仓库向基层级仓库提供装备供应保障,再由基层级仓库向任务部队提供装备供应保障,在特殊情况下也可实施越级供应保障。同时,一线作战任务部队的位置、物资和装备消耗情况以及补给申领报告等信息通过战场通信网络逆向传递。如果直接面向一线部队实施装备保障活动的基层级装备物资仓库出现缺货状态,则直接造成装备保障活动的中止,进而影响作战和训练任务的执行。因此,对于直接面向保障一线部队的基层级装备物资仓库应当采取比较精确的库存控制策略,而上级仓库的缺货对装备保障活动的影响是间接的,中间还有装备物资仓库作为缓冲,因此可以采取相对宽松的策略。在建模时,这两种库存系统的假设条件应该是不同的。

6.2.2 库存系统主要特点

装备物资库存系统具有一般系统所共有的特点,即整体性、相关性、目的性和环境适应性等,同时还具有规模大、目标多、结构复杂等大系统所具有的特征。

1. 能动性

装备物资库存系统是由保障人员、仓储设施、物流设备、保障信息等组成。保障人员运用各类仓储设施设备和相关信息,进行一系列装备物资供应活动,使装备物资及时、有效满足作战任务部队的装备保障需求。在这一系列活动中,保障人员是系统的主体和核心。因此,在研究装备物资库存系统问题时,应当把人和物结合起来作为整体考虑和分析,并始终把如何发挥人的主观能动性放在首位。

2. 动态性

装备物资库存系统是连接后方装备保障力量与一线作战任务部队之间的重要环节,随着装备物资的需求、供应、采购、补充等活动的开展,装备物资库存系统的运行也会发生变化。同时,装备物资库存系统的运行随时随地受到部队的作战行动、战场环境、保障资源、保障条件等因素制约,具有鲜明的动态性特征。为适应复杂多变的保障需求,装备保障人员必须灵活运用保障法,适时对装备物资库存系统进行修改、调整和完善,以实施灵活、有效的装备保障活动。

3. 多目标

装备物资库存系统的目标体系是由安全性、时效性、经济性和服务质量等多个目标组成,目标之间普遍存在非常强的"效益背反"现象。典型问题如在库存控制决策中,增加库存量能够提高服务质量,但会增加经济成本,降低储备效率。要在装备物资库存系统的"效益背反"矛盾中寻找问题的最佳解决方案,必须充分考虑装备物资库存系统的多目标因素特性,实施多目标、多准则规划。

6.2.3 影响库存系统的主要因素

在装备物资库存系统运行过程中,装备物资库存规划会受到各种条件和因素的影响,因此需要分析装备物资及其他有关条件和因素变动对库存决策的影响。由于订货和供应决策涉及的影响因素很多,这里只能就一些共同的主要因素进行分析。

1. 需求因素

装备物资需求的品种和数量以及需求的紧迫程度是库存规划的重要依据,而装备物资需求的各类因素会受到装备类型和数量、任务类型、战场环境以及人为因素的影响,往往具有很强的不确定性。需求的紧迫程度也会随着任务执行过程的推进而发生变化。

2. 信息因素

信息是规划的基础,也是对规划实施过程进行控制的依据。在装备物资库存系统中,监控信息的采集、传递、反馈是控制的关键,会影响规划的科学性、有效性。信息技术的应用日益广泛,如果加以充分利用,如信息网络、射频技术、全资可视化系统等,则能够有效促进装备保障指挥的科学决策,提升装备保障效益。

3. 属性因素

装备物资的特殊属性对库存规划起到重要影响作用,如装备物资的采购成本、重要程度、采购周期、存储寿命等因素。价格高昂、储存寿命短的装备物资,库存量应尽可能少一些,通过多次订购满足需求;次要的、可代用的装备物资,也可适当减少安全储备量或采用相对宽松的订货策略。

6.3 基于定期订货的多品种联合订购模型

在给定的一段时间内,采用不同的库存订货策略会影响这段时间内的平均库存水平和订购次数,进而影响库存系统运作成本和装备物资保障的服务水平。其中对服务水平的影响因素主要是平均库存水平,平均库存水平越高则装备物资满足率就越高,供应延误时间就越短。对库存成本的影响则是双向的,如平均库存水平越低则库存持有成本越低,订货次数越少则订货成本越低。但是平均库存水平与订货次数之间存在悖反关系,即订货次数越少则每次订货的批量越大,库存水平越高;反之,库存水平下降必然导致订货次数增加。

单品种订货策略在订货次数与库存水平之间寻求平衡,能够得到最优的单品种装备物资订货批量和订货间隔时间(或给定时间内的订货次数)。但在实践中,往往一次集中处理多品种装备物资,这样可以达到在减少订购次数的同时提高库存水平的效果。因为每次订货都会携带一些其他品种的器材,从而提高这些器材的库存水平,给定时间内的总订购次数减少了,降低了订购的成本,虽然会增加库存保管成本,但相互抵消后,总成本还是有所降低。装备物资库存规划实践要求发展符合多品种装备物资特点的库存订货决策模型。

目前对于多品种订货决策问题的研究多数集中在确定型需求,确定型多品种联合订购模型的假设条件比较苛刻,使得它只能作为一种理论研究。现实工作中装备物资库存管理的很多因素都是不确定的,如物资需求、订购提前期、单位物资的库存保管费用、缺货损失费用等都可能是不确定的。因此,有必要分析随机需求条件下的多品种装备物资订货模型。

装备物资多品种订货决策问题属于带服务水平约束的随机型数学优化问题,优化目标是在保证装备物资服务水平的条件下,使库存总成本达到最小。已有定期多品种订货决策问题多数集中在多品种(T,S)模型上,即每间隔T时间检查一次库存,并发出订单补充所有品种装备物资的库存到最大库存量。订购时不考虑物资是否下降到订货点,这样可能导致每次订单中都包含装备物资的种类过多,不利于操作。因此提出(T,s,S)策略,每次订购时只订购库存水平等于或低于订货点的装备物资品种。本节主要讨论随机需求条件下多品种装备物资定期订货策略。需求确定时,每个周期消耗的装备物资量是已知且确定的,不需要连续监控库存水平,所采取的策略属于定期检查库存策略,求解方法采用求导寻找极值的方法。在此基础上,针对需求为随机变量的情况,提出并建立(T,s,S)策略的数学模型,并与多品种(T,S)策略进行比较分析。

6.3.1 需求率确定的装备物资定期联合订购模型

确定型联合订购 JRP 问题,是在不允许缺货和需求速度已知条件下的确定型联合订购问题。如果多种类装备物资同时订货,那么一些订货相关费用可以由这几种装备物资分摊,当固定订货费用较高或者库存保管费用较低时,库存系统成本节省显著。讨论确定型联合订购 JRP 问题是研究随机型 JRP 问题的基础。确定型联合订购 JRP 问题的模型较为简单,但模型属于非线性混合整数规划模型,没有多项式算法,因此目前对确定型联合订购 JRP 问题的研究集中在寻找有效的启发式算法上。

6.3.1.1 问题假设

某装备物资仓库存储有装备物资 i;D_i 为计划期内装备物资 i 的需求量;K 为每次订货时的固定订货成本;k_i 为假设订货含有装备物资 i 所产生的附加订货成本;h_i 为单位库存装备物资单位时间的保管成本;C_i 为装备物资 i 的单位成本;H_i 为单位装备物资的存储成本,$H_i = h_i C_i$;n_i 为装备物资 i 的年订货频率。

假设:
(1)不允许缺货。
(2)订购提前期为零,装备物资补充是即时的。
(3)装备物资的需求量是连续均匀的,用随机分布的平均值来代替。
(4)库存结构为"一对多"供应模式。
(5)库存检查方式为定期检查库存方式,且每次订货量不变。

策略:
联合订购策略,每次订货时有一种装备物资作为主导订购装备物资,联合部分其他品种的装备物资。

6.3.1.2 联合订购策略的模型

为了方便管理,在多品种库存系统中单独订货策略和定期统一订货策略都是常用的方法,但决策者总是希望库存总费用越小越好,因此联合订购策略是从单品种装备物资的订货周期出发寻求最小总库存费用的表达式。首先从多种装备物资中确定订货最频繁的装备物资,并将该装备物资的订货周期定为基本订货周期(Basic Cycle Time)T,其次令其他装备物资的订货周期为该基本订货周期的 m_i 倍,m_i 为整数。那么:

N——参与联合订购的装备物资数;
n_i——装备物资 i 在计划期内的订货频率;
K——固定订货成本/运输启动成本;
k_i——假设订货含有装备物资 i 所产生的附加订货成本/可变运输成本;
T——基本订货周期;
D_i——计划期内装备物资 i 的需求量;
H_i——单位装备物资在单位时间的存储成本,$H_i = h_i C_i$;
h_i——单位库存装备物资单位时间的保管成本;
C_i——装备物资 i 的单位成本;
L_i——装备物资 i 订购提前期,为常数;
Q_i——装备物资 i 的订货批量。

假设 N 种装备物资中,第 i 种装备物资的订货量为

$$Q_i = D_i m_i T \qquad (6-5)$$

因此 N 种装备物资联合订购时,系统所要产生的单位时间平均库存总费用为

$$C(T, m_1, \cdots, m_N) = \frac{\left(K + \sum_{i=1}^{N} \frac{k_i}{m_i}\right)}{T} + \sum_{i=1}^{N} \frac{D_i m_i T h_i C_i}{2} \qquad (6-6)$$

由于 $\partial^2 C(T, m_1, \cdots, m_N)/\partial T^2 > 0$,因此,令 $\partial C(T, m_1, \cdots, m_N)/\partial T = 0$,得

$$T^*(m_1, \cdots, m_N) = \sqrt{\frac{2\left(K + \sum_{i=1}^{N} \frac{k_i}{m_i}\right)}{\sum_{i=1}^{N} D_i m_i h_i C_i}} \qquad (6-7)$$

将其代入式(6-6)可得

$$C(m_1, \cdots, m_N) = \sqrt{2\left(K + \sum_{i=1}^{N} \frac{k_i}{m_i}\right) \sum_{i=1}^{N} D_i m_i h_i C_i} \qquad (6-8)$$

现在的问题是寻求各种装备物资的最优订货倍数 m_i,以使系统的平均总费用 $C(m_1, \cdots, m_N)$ 取得最小,即最小化下式:

$$F(m_1, \cdots, m_N) = \left(K + \sum_{i=1}^{N} \frac{k_i}{m_i}\right) \sum_{i=1}^{N} D_i m_i h_i C_i \qquad (6-9)$$

令 $F(m_1, \cdots, m_N)$ 关于 m_i 的偏导等于 0,得

$$m_j^2 = \frac{k_j \sum_{i=1}^{N} D_i m_i h_i C_i}{D_j h_j C_j \left(K + \sum_{i=1}^{N} \frac{k_i}{m_i}\right)}, j = 1, 2, \cdots, N \qquad (6-10)$$

对 $j \neq l$,有

$$m_l^2 = \frac{k_l \sum_{i=1}^{N} D_i m_i h_i C_i}{D_l h_l C_l \left(K + \sum_{i=1}^{N} \frac{k_i}{m_i}\right)} \qquad (6-11)$$

由式(6-10)和式(6-11)推导可得

$$\frac{m_j}{m_l} = \sqrt{\frac{k_j D_l h_l C_l}{k_l D_j h_j C_j}} \qquad (6-12)$$

显然,如果 $k_j/D_j h_j C_j < k_l/D_l h_l C_l$,则 $m_j < m_l$,即如果某种装备物资 i 所对应的 $k_i/D_i h_i C_i$ 的值最小,则该产品的订货倍数 m_i 也应是最小的。

基于上述结论,将装备物资种类重新编号,以使得 $k_i/D_i h_i C_i$ 值最小且所对应的装备物资为第 1 种维修器材,即 $m_1 = 1$。利用式(6-8)可得

$$m_j = \sqrt{\frac{k_j}{D_j h_j C_j}} \sqrt{\frac{\sum_{i=1}^{N} D_i m_i h_i C_i}{\left(K + \sum_{i=1}^{N} \frac{k_i}{m_i}\right)}} \qquad (6-13)$$

由 $k_j/D_j h_j C_j < k_l/D_l h_l C_l$ 可知，如果 m_j 的解存在，则

$$\begin{cases} \sqrt{\dfrac{\sum_{i=1}^{N} D_i m_i h_i C_i}{\left(K + \sum_{i=1}^{N} \dfrac{k_i}{m_i}\right)}} = \Phi \\ m_j = \Phi \sqrt{k_j/D_j h_j C_j} \end{cases} \qquad (6-14)$$

因此有

$$\sum_{i=1}^{N} D_i m_i h_i C_i = D_1 h_1 C_1 + \sum_{i=2}^{N} \Phi \sqrt{\frac{k_i}{D_j h_j C_j}} D_i h_i C_i \qquad (6-15)$$
$$= D_1 h_1 C_1 + \sum_{i=2}^{N} \Phi \sqrt{D_i h_i C_i k_i}$$

进而

$$\sum_{i=1}^{N} \frac{k_i}{m_i} = k_1 + \frac{1}{\Phi} \sum_{i=2}^{N} \sqrt{D_i h_i C_i k_i} \qquad (6-16)$$

将式(6-14)代入 $m_j < m_l$，可得

$$\frac{D_1 h_1 C_1 + \sum_{i=2}^{N} \Phi \sqrt{D_i h_i C_i k_i}}{K + k_1 + \frac{1}{\Phi} \sum_{i=2}^{N} \sqrt{D_i h_i C_i k_i}} = \Phi^2 \qquad (6-17)$$

通过对式(6-17)进一步简化，得

$$\Phi = \sqrt{\frac{D_1 h_1 C_1}{K + k_1}} \qquad (6-18)$$

将式(6-18)代入式(6-13)，可得

$$m_j = \sqrt{\frac{k_j \dfrac{D_1 h_1 C_1}{K + k_1}}{D_j h_j C_j}}, j = 1, 2, \cdots, N \qquad (6-19)$$

通过上面的分析，可以给出联合订购策略的算法如下。

步骤1：令 $k_i/D_i h_i C_i$ 值最小的维修器材为第1种维修器材，记 $m_1 = 1$。

步骤2：计算式(6-15)，且令 m_i 取整到最接近的整数。

步骤3：利用式(6-7)，计算出 T^*。

步骤4：计算最优订货量 $Q_i = D_i m_i T^*, i = 1, 2, \cdots, N$。

6.3.2 需求率随机的装备物资定期联合订购模型

定期检查库存方式下,库存状态是在确定的间隔时间检查的,需要较少的经常性的检查,而且订购的次数也会更少。定期订货策略由于不需要连续检查库存量,而是到一定时期才检查库存量,能使库存管理工作比较有规律和节奏,特别是多品种库存中,可以同时检查、同时订购甚至同时或同车装运,以提高效率(包括运输工具的利用率),从而达到节约费用、时间、资源的目的。同样,定期订货策略对库存情况的反应比较迟缓,因而需要较多的库存量,通常适用于关键程度一般且价值低的装备物资库存规划。这类装备物资通常在库存数量中占据较大份额,会消耗较多的时间和精力。为了给其他的、更加有意义的装备物资节省出更多时间,应当对这些一般装备物资的采购进行有效的组织,简化订购过程,降低成本。

6.3.2.1 问题假设

某个库存检查时刻,如果所有装备物资的库存都大于订货点,则这个周期就不需要订货,可以节约运输启动成本。但只要订货点的设计合理,这种概率是很小的,因此可以忽略。假定每个库存检查时刻至少有一种装备物资的库存水平低于订货点。这种策略与现行的单品种订购点策略有相似之处,是最容易改造后在实际工作中实施的一种策略,研究它的意义也正在于此。

某装备物资仓库存有 i 种装备物资;n 为参与联合订购的装备物资品种数;K 为运输启动成本;k_i 为装备物资 i 的可变运输成本;TC_i 为第 i 种装备物资的单位时间可变运输成本和库存保管费用之和;TC 为单位时间库存费用的总期望值;λ_i 为装备物资 i 的需求率;h_i 为单位库存单位时间的保管费用;L_i 为装备物资 i 订购提前期,为常数,且为简化计算,规定 $L_i < T_i/2$,即不会出现交叉订购,每个时间段都只有一个在途订单;S_i 为装备物资 i 的最大库存量;s_i 为装备物资 i 的订购点;a 为订购周期内装备物资需求被满足的概率;I 为库存水平,等于现有库存 + 在途库存 − 缺货量;W 为订购周期内的需求等待时间;EBO 为订购周期内的期望短缺数。

多品种 (T,s,S) 策略搜索不同的 T 并试图找到最佳的订购间隔时间 T。将 T 作为决策变量并搜索其最优解,搜索 T 的方法可以采用确定型模型的方法。订货间隔周期的长度,可以根据最小费用来确定,也可以根据维修器材供应实际需要事先确定。本节搜索最佳 T 的方法是根据费用最小确定的。如果 T 已知,则设 T 等于确定型模型的基本订购间隔时间。间隔时间为 T 的定期订购 (s,S) 策略下,总费用为

$$TC = \frac{K}{T} + \sum_{i=1}^{n} TC_i^* \tag{6-20}$$

式中 TC_i^* ——装备物资 i 的单位时间 (s,S) 策略的费用。

6.3.2.2 RAND 算法

Kaspi 和 Rosenblatt 结合 Goyal 和 Silver 算法的优点,提出了具有重要影响的 RAND 算法。该算法将 T 的有效区间分为均等的 m 段,形成 m 个 T 的初始值,应用 Silver 的改进算法来求解 T 的初始值。RAND 算法的步骤如下。

步骤1:由下式计算系统的基本订购周期的最大值和最小值。

$$\begin{cases} T_{\max} = \sqrt{\dfrac{2\left(K + \sum\limits_{i=1}^{n} k_i\right)}{\sum\limits_{i=1}^{n} D_i h_i}} \\ T_{\min} = \sqrt{\dfrac{2k_i}{D_i h_i}} \end{cases} \tag{6-21}$$

步骤2:把 $[T_{\max}, T_{\min}]$ 等分为 m 段,得到初始值 $(T_1, \cdots, T_j, \cdots, T_m)$,$m$ 由决策者决定。

步骤3:设 $j = 0, j = j + 1$。

步骤4:设 $r = 0, r = r + 1$,对每个 T_j 计算每种装备物资的周期乘子 b_{jr}。

$$b_{ir} = \frac{2k_i T_j}{D_i h_i} \tag{6-22}$$

步骤5:寻找 T_j 下的最优周期乘子。

$$b_{ir}^* = L, L(L-1) < b_{ir}^2 < L(L+1)$$

步骤6:计算新的基本订购周期时间。

$$T_j = \sqrt{\dfrac{2\left(K + \sum\limits_{i=1}^{n} \dfrac{k_i}{b_{ir}^*}\right)}{\sum\limits_{i=1}^{n} D_i h_i b_{ir}^*}} \tag{6-23}$$

步骤7:如果 $i = 1$ 或 $b_{ir}^* \neq b_{ir-1}^*$,则转步骤4并计算 $(T_j, b_{ir}^*, \cdots, b_{nr}^*)$;如果 $j = m$,则选择使系统平均总费用最小的 $(T_j, b_{ir}^*, \cdots, b_{nr}^*)$ 为最终解;否则转步骤3。

6.3.2.3 最大库存量 S 的确定

首先根据需求量的均值确定最大库存量,其次根据服务水平要求确定订货点。确定最大库存量最简单的方法是参照基本经济订货批量(EOQ)来确定,采用期望值将随机需求处理为确定型联合订购的恒定需求,这在工程实现上是可以接受的。不过,由于 S 是订单发出后库存水平达到的目标,在决策时刻如果发出订单,则订购至最大库存量 S。也就是说,如果需求是批量出现的,则每次补货批量不是固定不变的,$Q = S - I$。如果需求是逐个出现的,则等同于固定订购量模型。s 是正常订购的参照点,这样利用 EOQ 计算出来的补货批量就对应于 S 与 s 的差值。若需求取其均值 λ,则补货目标为

$$S = s + \sqrt{\frac{2\lambda k}{h}} \quad (6-24)$$

6.3.2.4 订货点 s 的确定

单位时间的需求量 D 是随机变量,均值为 λ,方差为 σ^2。订购提前期内总需求量 D_L 的均值为 $\lambda_L = \lambda L$,方差为 $\sigma_L^2 = L\sigma^2$,用 $F_L(x)$ 表示 D_L 的概率分布函数。

库存检查周期内总需求量 D_T 的均值为 $\lambda_T = \lambda T$,方差为 $\sigma_T^2 = T\sigma^2$,用 $F_T(x)$ 表示 D_T 的概率分布函数。

与连续检查库存方式不同,在定期检查库存方式下,订货点库存要满足的需求所对应的时间段不仅仅是订购提前期,还包括库存检查周期。因为采用定期检查库存方式时,对某种装备物资而言库存检查时刻可能补货也可能不补货。如不补货,则补货的机会就在下一个库存检查时刻。由此可知,在采用定期检查库存方式时,满足装备物资需求的服务水平是指在 $(T+L)$ 时间范围内。安全库存及订货点 s 是基于 $(T+L)$ 时间内总需求量来确定,其值为 $s = \lambda_{T+L} + ss$。其中,$\lambda_{T+L} = \lambda_T + \lambda_L$,是 $(T+L)$ 时间总需求量的期望值;ss 为安全库存。

假设要求服务水平不低于 a。对于装备物资这种离散类型的货物,订货点应当满足下式最小的 s:

$$F_{T+L}(s) = \sum_{x=0}^{s} P(D_{T+L} = x) \geqslant a \quad (6-25)$$

对于给定的服务水平要求 a,查标准正态分布面积表可获得对应的 z。每周期的订货点除满足提前期内需求量外,还要满足库存检查周期内的需求量,因此得到:

$$s = \lambda_{T+L} + z\sigma_{T+L} \quad (6-26)$$

式中 z——安全系数;

$z\sigma_{T+L}$——安全库存量。

根据装备物资的使用数据,按预测周期 R,选择合适的预测方法对装备物资的需求量进行预测,得到 λ_R 和 σ_R。假设各品种装备物资的需求量独立同分布,可得

$$\begin{cases} \lambda_{T+L} = \dfrac{\lambda_R(T+L)}{R} \\ \sigma_{T+L} = \sigma_R\sqrt{\dfrac{(T+L)}{R}} \end{cases} \quad (6-27)$$

除满足率约束外,订货点的确定还需要考虑需求等待时间的约束。可能发生缺货的时间阶段为$(T+L)$期间。需求等待时间表示从库存为零到下次补货到达所需的时间。因此,需求等待时间计算公式为

$$W = \frac{\text{EBO}}{\lambda} \tag{6-28}$$

其中,期望短缺数 EBO 可以表示为

$$\text{EBO} = \sum_{x=s_i+1}^{\infty} (x - s_i) f_i(x) \tag{6-29}$$

式中 s——订货点;

$f_i(x)$——分布函数。

根据上式可以求解另一个 s,然后与根据满足率求解的结果进行比较,取其中大者为最终的订货点。

6.4 基于定点订货的多品种联合订购模型

在确定型库存订货模型中,有两个假设:一是假设装备物资需求量保持不变,即出库的速度是均匀的;二是假设装备物资的订货能够按时到达。在实际情况中,这两种假设都不完全成立。比如,订货有可能延迟并导致缺货;装备物资的需求有可能发生突然增加而导致缺货等。为了消除这些随机波动的影响,需要对需求量和订购提前期进行分析和处理。

(1)需求量的处理方法。对于多品种装备物资的需求随机性,通常使用一些已知概率分布的函数来描述。常用的有正态分布、泊松分布和复合泊松分布。正态分布常用于描述从仓库到仓库的大批量需求分布;泊松分布常用于近似描述维修机构需求分布;复合泊松分布是指需求的发生为一个泊松过程,但每一次需求的量为一个随机数。

(2)订购提前期的处理方法。订购提前期根据选择的运输方式不同而差异较大,并且常常因为拥挤、堵塞和塌方等自然条件或者敌方打击等条件变动。如果同时考虑两个随机变量,则使问题的建模变得异常困难,更别说是问题的求解。因此,目前常用的方法是把订购提前期假定为一个固定的时间。虽然这样还是较难建立精准的模型,但能够建立近似模型,并可求得近似最优解。

本书建立考虑服务水平约束下的库存成本最小化的优化模型。定期订货策略的优点是不需要实时跟踪库存的变化,库存管理工作量较小,适用于库存总量较大的仓库。该策略不足之处是无法精确管理库存,容易导致缺货。连续订货策略能够精确控制库存水平,这对于采用计算机系统管理库存以及库存总量较

小的仓库而言是比较容易实现的。但是与定期检查库存方式相比,连续检查库存系统的控制参数求解比较困难。

多品种统一订货策略形式化后用 $M(s,S)$ 表示,在该策略下对于任何装备物资 i 均有最大库存量 S_i 和订购点 s_i 两个参数,且满足关系 $s_i < S_i$。当装备物资 i 的库存水平低于或等于其订货点 s_i 时,对其进行订货,此时对 i 的订货称为正常订货;与此同时,对其他装备物资 $j(j \neq i)$ 进行订货,此时对 j 的订货称为联合订购;包含在订货过程中的任何装备物资 $m(i/j)$,在订货完成后其库存水平都达到 s_m。

6.4.1 问题假设

假设单个订购提前期内的需求波动不会超过两倍的订货点水平,否则会导致交叉订货,从而产生多个批次的在途库存,单个订购提前期内被即时满足的需求量占总需求量的比例就比较复杂,不同的订购提前期重叠在一起相互影响,需要采用其他方法如排队理论来分析库存策略,不属于本书研究范畴。因此假设一个订购提前期内最多只有一个在途库存。单品种装备物资补充系统的 $M(s,S)$ 策略可以用有限半马尔可夫过程描述。半马尔可夫过程是指状态转移间隔时间服从一般分布的马尔可夫过程。半马尔可夫过程的决策可以在任何时刻做出,但为了能够处理本问题,可以约定决策期只发生在系统状态发生变化的时刻。

对于每种装备物资 i 来说,其订货机会均有两个,即正常订货和联合订购,而且正常订货的作业成本 K 要大于或等于联合订购的作业成本 k_i。另外,装备物资 i 的正常订货发生在需求期,需求期的出现次数服从泊松分布;装备物资 i 的联合订购发生在联合期,联合期的出现次数也服从泊松分布,该泊松分布由其他装备物资 j 的订货叠加所形成。正常订货一定发生在需求期,但每个需求期内不一定都发生订货,对于联合订购也是如此。

装备物资 i 的库存水平变化过程可能发生在装备物资 i 发生需求的时刻(垂直面)和其他装备物资发生需求的时刻(水平面),分别定义为装备物资 i 的需求期和联合期。装备物资 i 的需求期和联合期共同组成了它的决策期,即是否要补充装备物资就是在这两类时机进行决策的。

对于补充策略 $M(s,S)$,只要出现下面两种情况中的一种,就需要进行订货:一是需求期,库存水平低于或等于 s 时;二是联合期,库存水平低于 S 且有其他装备物资库存水平低于或等于 s 时。订货后库存水平要达到 S,其中,库存水平 = 现有库存量 + 在途库存 − 缺货数量。

6.4.2 模型构建

库存保障水平包括装备物资满足率和需求等待时间两个指标。满足率反映了需求点库存量对需求的满足程度，即反过来说明了缺货的程度。等待时间则反映了缺货持续的时间。库存保障总成本为订购成本和库存保管成本之和。库存策略应在满足这两个保障水平的前提下优化整体成本。

6.4.2.1 满足率模型

在订购提前期的开始时刻，如果现有库存量等于订货点 s，则用 s 单位的库存量来应对订购提前期内的装备物资需求。$M(s,S)$ 策略下，缺货只能发生在订购提前期内，且订购提前期开始时刻，订购点是可能出现的最小库存量，因此可以建立满足率的模型：

$$\alpha = P\{D_L < s\} = \sum_{x=0}^{s} P(x) \tag{6-30}$$

实际上，$M(s,S)$ 策略下满足率会比求解得到的更大，假设一极端情况，某种装备物资始终都是被联合订购补充的，则每次订购提前期开始时刻该装备物资的库存量都大于订购点，因此满足率也会相应提高。也就是说，式（6-26）求出的满足率为实际满足率的下界。对于装备物资这一类对服务水平要求较高的物资，这种策略可以使装备物资服务水平得到保证。

考虑到装备物资缺货造成的重大影响，对于关键的装备物资，应确定安全库存。在同一订购策略中，装备物资 i 的安全库存量为

$$ss_i = s_i - \lambda_i L \tag{6-31}$$

6.4.2.2 需求等待时间模型

可能发生缺货的时间阶段为一个订购提前期，即 L。因此，需求等待时间计算公式为

$$\begin{cases} W = \dfrac{EBO}{\lambda} \\ EBO = \sum_{x=s_i+1}^{\infty} (x - s_i) f_i(x) \end{cases} \tag{6-32}$$

式中 W——订购提前期内的期望需求等待时间；

EBO——订购提前期的期望短缺数；

s_i——第 i 种装备物资的订货点，因为在 $M(s,S)$ 策略下，用订货点的装备物资量来应对订购提前期内的需求量。

6.4.2.3 库存成本模型

系统建模的目的是在满足装备物资的服务水平基础上，使库存成本达到最小，因此建立库存总成本模型为

$$\min \sum_{i=1}^{n} [M_i(K+k_i) + J_i k_i + h_i E(I_i)] \quad (6-33)$$

式中 M_i——计划期内装备物资 i 期望的正常订货次数；

J_i——计划期内装备物资 i 期望的联合订购次数；

$E(I_i)$——平均库存水平。

6.4.2.4 成本模型分析

为了简化求解，首先令订货点 $s=0$，订购提前期 $L=0$，此时系统库存水平到达订货点后立即得到补充，并且不需要考虑安全库存。库存系统状态转移过程如图 6-2 所示。

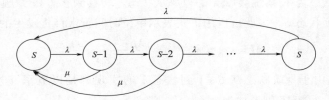

图 6-2 库存系统状态转移过程图

因此，可以采用 EOQ 的思想确定期望订购次数 M_i，因为此时最大库存量等于正常订购量 Q_i，满足下式：

$$M_i = \frac{E(D_i)}{Q_i} = \sqrt{\frac{h_i E(D_i)}{2(K+k_i)}} = \sqrt{\frac{h_i \lambda_i}{2(K+k_i)}} \quad (6-34)$$

对于装备物资 i 而言，令 μ 为以其他品种为主，而装备物资 i 也包含在订单内的概率，则

$$\mu_i = \sum M_j, j \neq i, i, j = 1, 2, \cdots, n \quad (6-35)$$

令

$$\rho_i = M_i (\mu_i + M_i)^{-1} \quad (6-36)$$

对于 $L>0$ 的情况，需要根据装备物资要求考虑订货点和安全库存。对于单品种库存系统，不带下标的系统成本模型如下所示：

$$C(S) = M(K+k) + Jk + hE[I] = MK + (M+J)k + hE[I] \quad (6-37)$$

令 p_j 表示库存水平为 j 的概率，则 p_j 满足下式：

$$(\lambda + \mu) p_j = \lambda p_{j+1} \quad (6-38)$$

由图 6-2 可知，可以从状态 1 到 $S-1$ 中任一状态通过联合订购直接转移到达状态 S（概率为 μ）。因此，有

$$\lambda p_S = \lambda p_1 + \mu \sum_{j=1}^{S-1} p_j \quad (6-39)$$

由于各库存水平可能概率之和为 1,有

$$\sum_{j=1}^{S-1} p_j = 1 \qquad (6-40)$$

根据式(6-38)和式(6-39)可以用状态 S 的概率 p_S 表示所有可能库存水平状态的概率:

$$p_j = \rho^{S-j} p_S \qquad (6-41)$$

根据式(6-40)和式(6-41)以及等比数列求和公式可以求解得到 p_S 的表达式:

$$p_S = \frac{1-\rho}{1-\rho^S} \qquad (6-42)$$

某种装备物资的库存水平只有降低到订货点 $s=0$ 时,才能触发正常订货,而且此前系统状态为 1,系统会以 λ 的概率从状态 1 转移到状态 0,并触发订货,使系统状态跳跃到状态 S。因此可以用下式表示单位时间正常订货发生的期望次数:

$$M = \lambda p_S = \lambda \rho^{S-1} p_S = \frac{\lambda \rho^{S-1}(1-\rho)}{1-\rho^S} \qquad (6-43)$$

类似地,由于系统状态从 $S-1$ 到状态 1 的实现都是以概率 μ 发生的,单位时间期望联合订购次数表示为

$$J = \mu \sum_{j=1}^{S-1} p_j = \frac{\mu \rho p_S (1-\rho^{S-1})}{1-\rho} = \frac{\lambda(1-\rho)(1-\rho^{S-1})}{1-\rho^S} \qquad (6-44)$$

根据式(6-43)和式(6-44)可以得到单位时间期望总订购次数、期望库存水平:

$$\begin{cases} M+J = \dfrac{\lambda \rho^{S-1}(1-\rho)}{1-\rho^S} + \dfrac{\lambda(1-\rho)(1-\rho^{S-1})}{1-\rho^S} = \lambda p_S \\ E[I] = \sum_{j=1}^{S} j p_j = p_S \sum_{j=1}^{S} j \rho^{S-j} = \dfrac{\rho S}{1-\rho^S} - \dfrac{\rho}{1-\rho} \end{cases} \qquad (6-45)$$

将 M、J、$E[I]$ 代入单品种装备物资库存成本 $W = \text{EBO}/\lambda$ 可得

$$C(S) = \lambda \rho^{S-1} K + \lambda K + h\left[\frac{\rho S}{1-\rho^S} - \frac{\rho}{1-\rho}\right] \qquad (6-46)$$

令 $C(S)$ 对 S 求导等于 0,可得

$$\frac{\mathrm{d}C(S)}{\mathrm{d}S} = -C(S) p_S + h\left(\frac{S+1}{2}\right) p_S = 0 \qquad (6-47)$$

用黄金分割法求解最优的 S。黄金分割法能够保证每次都以缩小整个数值区间长度 61.8% 的速度向最优点靠近。

6.4.3 算法设计

算法的最终目的是在保证维修器材满足率要求的基础上,求出使单位时间

内的平均成本达到最小值的补充策略。首先不考虑服务水平约束,采用迭代算法求解最优的系统参数;其次检查是否满足服务水平约束。在此基础上,调整各品种维修器材的系统参数,从而得到近似最优解。

6.4.3.1 主算法

不考虑服务水平约束时的迭代算法如图 6-3 所示。

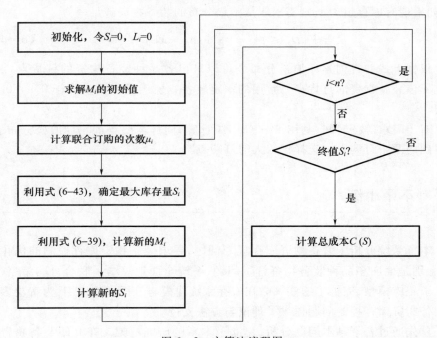

图 6-3 主算法流程图

步骤 1:初始化。令所有装备物资 $s_i = 0, L_i = 0$,基于需求率均值 λ_i 计算期望正常订货次数 M_i 的初始值,$i = 1, 2, \cdots, n$。

步骤 2:利用 $M_j, j \neq i$ 计算所有 μ_i,如式(6-35)和式(6-36)。对装备物资 i 通过式(6-39)确定最佳的 S_i,并根据式(6-43)计算新的 M_i。

步骤 3:如果 $i < n$,则重复步骤 2;否则,检查结果是否收敛,如果不收敛,则令 $i = 1$,重复步骤 2。如果结果已经收敛,则以最后一次的结果为最佳的 S_i。

步骤 4:考虑实际订购提前期 $L > 0$,利用 $\alpha = \sum_{x=0}^{s} P(x)$ 和 $W = EBO/\lambda$ 求解各品种装备物资的订购点。计算最终的解 $(s_i, S_i + s_i)$,并且 $ss_i = s_i - \lambda_i L, i = 1, 2, \cdots, n$。

6.4.3.2 服务水平算法

现实中,已知的装备物资满足率要求通常是指系统的装备物资满足率要求,而非单品种装备物资的满足率要求。当装备物资种类小于 100 时,可以用系统的装备物资满足率代替单品种装备物资的满足率。根据上述分析,已知订购提前期为常数 L,在订购提前期内需求量 D_L 为随机变量。在订购提前期的开始时刻,如果现有库存量为 s,则需求服从泊松分布的装备物资满足率为

$$\alpha = P\{D_L \leq s\} = \sum_{x=0}^{s} \exp(-\lambda L) \frac{(\lambda L)^x}{x!} \qquad (6-48)$$

根据上式并查询累计泊松分布表可以求出各品种装备物资的订货点 s_i,即确定了该装备物资的订货点。常用的预定装备物资满足率要求介于 $0.8 \sim 0.99$ 之间。

对于需求等待时间,利用 $W = \text{EBO}/\lambda$ 计算,同样需要查询累计泊松分布表。在得到的两个订购点中选择比较大的订购点。

6.5 本章小结

本章系统分析了装备物资库存规划问题,寻求装备物资库存控制的优化策略,特别是面向多品种装备物资订货问题,系统全面地总结了联合订购策略,并建立了相应模型,完善了这些策略在库存系统建模与分析中的应用,为解决多品种装备物资库存控制问题提供了理论与方法支持。

首先通过若干基本问题分析,建立了本章的研究框架。在介绍装备物资库存规划涉及的概念以及系统基本情况的基础上,对装备物资库存规划的基础性问题进行深入分析,为后续研究的开展奠定基础。

其次对定期检查库存方式下的装备物资联合订购策略进行了建模、求解和比较分析。在分析确定型需求条件下联合订购策略的基础上,提出了定期检查库存方式下,面向随机需求的多品种装备物资联合订购 (T, s, S) 策略。求解模型时,设计了一种改进 RAND 算法。

最后对连续检查库存方式下的装备物资联合订购策略进行了建模分析。在回顾经典的可订购点策略基础上,针对装备物资需求服从随机分布的情况,提出并建立了连续检查库存方式下联合订购策略的模型,即多品种统一订购的 $M(s, S)$ 策略的模型。

第 7 章

装备物资供应规划

装备物资供应规划是装备保障任务规划的重要组成部分。科学、高效的装备物资供应规划对于提升指挥决策水平,促进装备保障效益发挥,保持和恢复部队战斗力起到十分重要的作用。装备物资供应规划包括装备物资分配规划和物资运输路径规划两部分,分别针对装备物资的投向投量和运输路径选择问题,但是需要考虑的因素更为复杂。装备物资分配规划不仅要考虑供需矛盾问题,还应站在装备保障全局角度,追求整体保障效益最大和保障成本最低;物资运输路径规划在考虑运输成本最小的基础上,追求运输风险低和运输时间短的规划目标。

7.1 研究现状

装备物资供应规划是一个复合性问题,包括物资分配、路径规划等多个方面,并且紧密联系、相互影响。本节将对装备物资分配、物资运输路径两方面的研究现状进行详细介绍和总结。

7.1.1 装备物资分配规划方面

国内外、军地两方对装备物资分配规划问题的研究成果丰硕,从研究方法上看,现有研究可以分为以下几类:

7.1.1.1 运筹学方法

很多学者通过运筹学优化理论来解决物资调度问题。在这种方法的研究中,从优化目标来看,可分为单目标优化和多目标优化。

(1) 单目标优化。

① 运输费用最小。早期的研究多以运输费用的最小化为目标。Ray 和

Rathi 以运输费用最小化为目标研究了带时间窗的多商品流的应急物资运输问题。Equi 等以总运输成本最小为目标建立了一类大型综合运输和调度问题的模型,并为这类模型提出了一种拉格朗日分解方法。Ozbay 等针对交通事故发生后的应急车辆分配问题展开研究,认为事故的发生具有随机性,但是服从于某个概率分布,事故地对车辆的需求以及车辆的供应量都是随机的,引进服务水平的概念,构建了一个带有概率约束的以应急成本最小为目标的混合整数非线性随机规划模型。

② 响应时间最短。Sheu 等构建了一个以最小化应急响应时间为目标的综合模糊线性规划模型。程序芳研究应急物资运输中分次运输的情况,设计了首次运输和再次补充运输的模型,建立了以首次运输时间最短和两次总运输时间最短为目标的运输分配模型,并应用遗传算法进行解算。李进等考虑由原生灾害和次生灾害构成的灾害链下,多资源多受灾点的应急资源调度问题,建立了以调度时间最短为目标的模型,并设计了基于线性规划优化和图论中网络优化思想的启发式算法。Andrew Ercmin 和 Mark Wallace 研究了带时间窗口约束的动态调度最小扰动问题,为之建立了约束逻辑规划模型,并提出了 Bender 分解算法进行求解。贺仁杰在其博士论文中把多星联合调度问题看作是一个有时间窗口约束的多机调度问题,建立了成像侦察卫星调度问题的混合整数规划和约束满足问题两种模型,并给出了相应的禁忌搜索算法和列生成算法。朱昱等针对目前装备优化保障研究中存在的约束条件过于简单、评价指标过于单一、不能突出装备维修任务调度的特点等问题,分析了战时维修任务调度的特点,建立了基于最大保障时间的维修任务静态调度模型,并给出了相应的模型求解方法。陈英武等认为卫星任务调度问题的重要特点在于受可见时间窗口约束,因此,在进行合理假设的基础上,建立卫星任务调度问题的约束规划模型,并采用变邻域禁忌搜索算法进行模型求解。

③ 未满足量最小。Ozdamar 等建立了一个以多种应急物资总的未满足量最小为目标的应急物资分配动态模型,在此模型中将运输车辆也作为一种商品来对待,因此是一个混合整数规划模型。该模型是多阶段的,且在每个阶段的物资需求量和供应量均不同,针对模型提出了通过拉格朗日松弛法求解的思路,最后将这种方法应用于土耳其地震后对应急物流系统与物资分配问题的研究。刘家学以装备完好率为优化目标,从人员优化配置角度建立了机务维修任务调度模型。Rojanasoonthon 等针对美国的跟踪与中继数据卫星系统(TDRSS),采用并行机调度理论对中继卫星调度问题进行了研究。调度的目标是在规划的时间段内,分配中继卫星的天线资源,最大程度地完成用户所提交的任务需求数,将用户航天器视为工件,天线视为机器,并采用贪婪随机自适应搜索算法对问题进行求解。

(2) 多目标优化。

韩强认为衡量应急物资调度和分配效果的时间指标和成本指标不是同等重要的,时间指标是主要指标。因此建立了单资源应急物资调度的双层规划模型,上层为时间目标,下层为成本目标,并设计了算法。Yi 和 Kumar 研究应急车辆路径问题和整数多商品分配问题,在模型中将应急车辆和受伤人员都看成是商品来处理,建立了以未满足需求量和未得到服务的受伤人员的加权和最小为目标的整数规划模型,并用蚁群算法来求解。刘明和赵林度研究反恐突发事件下所需应急物资的特性,构建了融合点对点直接配送(PTP 模式)和传统的 HUB 模式的混合协同配送模式,使配送方案同时具有两者的优势,既可以获得前者的时间优势,又可以获得后者的规模效益和竞争优势,最后给出模式的启发式搜索算法。蒋里强和高建军通过对维修调度问题进行分析,考虑战斗力相关的多种目标因素,针对目标约束单一且考虑现实因素不充分的问题,对修复后的加权作战时间和装备尽可能少的延误数量这两个目标加以研究,建立了多目标任务调度模型。夏良华和龚传信针对装备保障任务复杂多发的特点,构建了基于资源约束的动态任务调度模型,包括:完成任务所需的时间和资源,任务的优先级,任务的难度,任务的数量和种类,装备保障实体的数量、能力、工作负荷和状态,完成任务的成本等。

7.1.1.2 博弈论方法

博弈论作为研究具有竞争性质对策问题的方法也被用于解决物资分配问题。Gupta 研究在城市环境下多种突发事件发生后应急物资的分配和管理。其用博弈模型研究了存在受灾点之间的完全信息静态博弈过程,模型考虑了物资的可得性、应急事件的严重性以及应急物资的需求,并提出纳什均衡解的求解方案。张婧等设计了一种改进的基于偏好序的效用函数,该函数能够刻画事故得到救援的及时性和有效性,将多事故资源分配问题描述为完全信息非合作博弈过程,并用 Gambit 软件计算纳什均衡解。杨继君等将多灾点作为局中人,可能的资源分配方案作为策略集,将资源调度成本的倒数作为效用函数,构建非合作博弈模型,并设计了一种求解纳什均衡点的迭代算法。杨继君等将资源调度中的不同运输方式映射为博弈模型的局中人,可能的资源调度方式组合方案作为策略集,不同运输方式调度造成的损失映射为效用函数,构造了合作博弈模型,并设计了一种求解核心 Shapley 值法。王波在非合作博弈的基础上,建立了多阶段应急物资调度动态决策模型,该模型考虑了前阶段决策给当前决策带来的影响,通过引入惩罚系数来约束该阶段的决策方案给受灾点带来的收益,并使用风险占优机制来解决博弈结果存在多重纳什均衡的问题。

7.1.1.3 分阶段决策方法

Sheu 提出了一个三层节点的分级分配概念框架,设计了一种混合模糊聚类优化方法用于解决关键救援期的应急物资分配问题,该方法包括两个递归机制,即先用模糊聚类法对受灾地进行分组,然后再以最大化满足率和最小化成本为目标,实行分级配送。于辉和刘洋首先用应急物资需求量的上下界来刻画灾害事件下的应急需求特征,其次研究单出救点、多需求点的应急物资分配两阶段策略,提出用局内决策方法求应急物资在两阶段嵌套机制下的有效分配策略,最后用数值仿真证实了两阶段嵌套策略的稳健性和优势。Barbarosoglu 等研究在灾害救援中如何对参与救援直升机的派遣和运输路径问题,并把问题分解成两个子问题,既解决飞机和飞行员组成的宏观策略问题,又解决具体飞行路径和服务的操作问题,为这两个子问题分别建立混合整数规划模型。

7.1.2 物资运输路径规划方面

物资运输路径规划是帮助装备保障指挥员为保障运输车辆提供从起点至终点的路径选择方案,从而实现装备保障活动的效益最大化。下面主要从路阻函数问题、最短路问题、车辆调度问题三个方面进行分析。

7.1.2.1 路阻函数问题

路阻函数是将交通道路阻抗定量化的数学公式,对其研究大多涉及交通分配及最优路径。由于本书所研究的主要内容是战时条件下的综合路阻函数,因此,在大量学者研究成果的基础上,本书将综合考虑战时条件下的行程时间、交通流量、城市节点延误及战时敌袭扰等因素,并通过其因素影响程度建立战时综合阻抗函数。目前国外对路阻函数研究的代表性模型有:美国公路局提出了路段特性函数(BPR 函数),它是利用非拥挤条件下的高速公路数据建立的,没有考虑交通信号对交通流量的影响。英国学者 Webster 提出并建立了交叉口延误的近似计算模型,它是根据理论研究和数值模拟的方法给出的延误计算公式。该模型虽然被广泛应用,但是其局限性也非常明显,当交通量饱和度较大并逐渐趋近于 1.0 时,该公式计算结果会过大而失真。

我国学者对路阻函数的研究主要以借鉴、引用美国公路局推出的 BPR 模型为主。但是,该模型主要适用于城市区域道路的交通负荷影响,是以自由流为基础建立的理论模型。而对于我国的混合式交通流来说,该模型在我国道路实际应用却差强人意。因此,国内很多学者综合我国道路交通流特点,对该模型进行了改进与完善,并在我国得到了广泛的应用。此方面研究成果的主要文献有:王元庆、周伟等在道路阻抗函数理论与应用研究中,在广义交通阻抗概念下,提出综合路阻函数模型,将时间、费用、交通流、收费站和城市节点影响通过参数标定建立起综合函数关系,该文献中收费站和城市节点阻抗函数可直接应用于战时城市节点延误中。靳文舟、张杰等在路阻函数的最大似然标定法中,提出了针对交通量分配中的路阻函数问题,并将行驶时间、行驶费用和交通量等综合在一起建立了路阻函数模型,在具有 OD 调查数据的基础上,应用最大似然估计法标定了路阻函数。

7.1.2.2 最短路问题

经典静态确定性网络的最短路算法,可按起终点节点和路径的数目与网络特征、求解技术分为五种类型:一是网络中给定两个顶点的最短路径;二是某一顶点到其他所有顶点之间的最短路径,又称为单源最短路径问题(The Single Source Shortest Path Problem, SSSP);三是网络中各对顶点之间的最短距离;四是 K 则最短路径;五是通过某些规定顶点的最短路径,其中又可衍生出其他一些特殊的最短路径问题,如限制弧段数目最短路径、含环最短路等。

关于最短路径算法,一般是以单源最短路径问题(SSSP)为基础,解决了单源点最短路径问题,其他几种问题便可参考 SSSP 算法加以解决。Robert Sedgewick 对当前的最短路径算法体系进行了总结,Narshingh 等将 200 多个最短路径算法按不同类型进行了介绍,如图 7 - 1 所示。

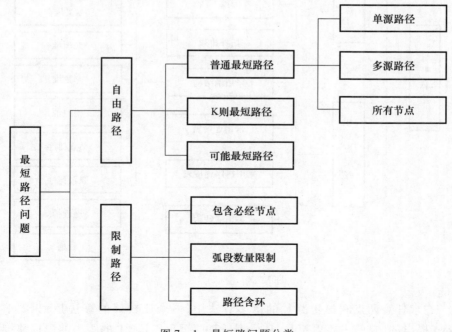

图 7 - 1　最短路问题分类

标号法由 Dijkstra 于 1959 年提出，Dijkstra 算法主要用于解决指定点对之间的最短路问题。其算法的基本思想是：记指定的某顶点为V_1，将图中顶点集合 V 分成两组，以已求出最短路径的顶点作为第一组，记作 S；其余尚未确定最短路径的顶点集合作为第二组，记作 T。按最短路径长度递增次序逐个将第二组中 T 的顶点移入 S 中，直至从指定的顶点出发可以到达的顶点都在 S 中。在此过程中，需要始终保持V_1到 S 中顶点的最短路径长度都不大于V_1到第二组任何顶点的最短路径长度。

在此算法思想的基础上，人们又演绎出几十种不同的优化算法，按照不同类型分为标号设置算法、标号修改方法、动态规划方法、基本线性代数方法、启发式和双向启发式算法、基于流体神经网络算法等，如图 7-2 所示。这些算法均属于静态算法，即处理固定网络拓扑和固定的权值，这些静态假设在许多实际应用中受到极大限制。

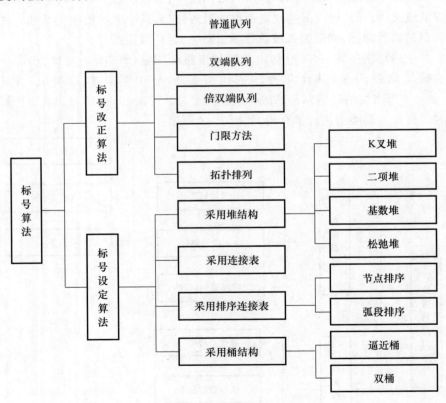

图 7-2 按标号法分类

在求任意两点间最短路径的诸多算法中，一个比较好的算法是 1962 年由 Floyd 提出的，它的主要思想是：从代表任意两个顶点V_i到V_j的距离的带权邻接矩阵开始,每次插入一个顶点V_k,然后将V_i到V_j间的已知最短路径与插入顶点V_k为中间顶点(一条路径中除始点和终点外的其他顶点)时可能产生的V_i到V_j路径距离进行比较,取较小值以得到新的距离矩阵,如此循环迭代下去,依次构造出n个矩阵$D^{(1)}$,$D^{(2)}$,$\cdots$,$D^{(n)}$,当所有的顶点均作为任意两个顶点V_i到V_j中间顶点时,得到最后的带权邻接矩阵$D^{(n)}$,反映了所有顶点对之间的最短距离信息,成为图G的距离矩阵,最后对G中各行元素求和值,并比较大小。另外,中国邮路问题和旅行商问题也是解决多点之间最优化路线较好的模型。

大规模路径选择问题,都可归结为 NP 完全类的多目标优化问题,这类问题随着规模的不断增加,求解的难度将会呈现指数级增加,用现有的优化算法会出现运行时间慢、效率低的问题。因此,常常采用一些智能算法(如遗传算法、神经网络、模糊数学等)和经典的优化算法相结合进行求解。

7.1.2.3 车辆调度问题

车辆调度问题是由 Dantiz 和 Ramser 在 1959 年首先提出的,很快引起运筹学、组合数学、网络理论和计算机应用等学科专家的高度重视,成为组合优化领域的研究前沿和热点问题。按照调度问题的空间特性和时间特性划分,车辆调度问题分为不考虑时间要求的车辆运输线路选择问题(Vehicle Routing Problem,VRP)和考虑时间要求的车辆排班问题(Vehicle Scheduling Problem,VSP)。VRP 只根据道路网络特性来安排车辆,为车辆选择运输线路,使得总运输里程或总运输费用最低。VSP 需要根据道路网络特性和客户对送货时间要求,进行车辆调度。一般情况下,VSP 研究内容比 VRP 范围广,有时也称 VSP 为带时间窗的运输线路选择问题。车辆调度问题求解算法分为精确算法和启发式算法两大类。

精确算法计算量一般随问题规模的增大呈指数增加,其在实际应用中的适用范围十分有限,主要包括整数规划法、网络流算法、动态规划法。由于 VSP 是 NP – hard 问题,高效精确算法存在的可能性不大,寻求近似算法是必要和现实的,因此专家学者主要把精力集中在构造启发式算法上。

目前已提出的多种启发式算法包括构造算法、两阶段法、改进算法等。

(1)构造算法。根据某种决策准则,每次将一个不在线路上的需求点插入线路中,直到所有需求点被安排进线路为止。该类算法的每一步把当前的线形(可能是不可行解)和另外的构形(也可能是不可行解)进行比较并加以改进,或者是根据某个判别函数(通常为总费用函数)产生最大限度的节约构形,得到一个较好的可行构形。构造算法最早用于求解旅行商问题(Traveling Salesman Problem,TSP),其运算速度快,应用方便灵活,但有时所求解离最优解有一定差距。

(2)两阶段法。专家通过对构造算法的研究,认为由构造算法求得的解可以被进一步改进,提出两阶段法。第一阶段得到一个可行解,第二阶段通过对线路中需求点顺序的调整,在始终保持可行解的前提下,进一步向最优目标靠近,每一步产生另一个可行解代替原来的解,使目标函数逐步得以改进,直到目标函数不能再改进为止。第一阶段常用构造算法寻找一个可行解。第二阶段运用需求点位置交换方法,在可行解的邻域中搜索,以改进可行解。在两阶段算法过程中,常常采用交互式优化技术,把人的主观能动作用结合到问题的求解过程当中。其主要思想是有经验的决策者具有对结果和参数的判断能力,并且根据知识直感,把主观估计加进优化模型中。

(3)改进算法。改进算法从初始解开始,通过对当前解进行局部反复扰乱得到改进解,包括并行算法和亚启发式算法。使用并行算法求解 VSP 尚处于起步阶段,由于并行算法通常具有较高的算力,其应用受到限制。亚启发式算法包括表搜索法、遗传算法、神经网络算法等。表搜索法计算方法复杂,运算量大,涉及复杂的邻域转换和求解策略,在实际应用中不容易实现。遗传算法和神经网络算法也已开始应用到求解 VSP 中,并且取得了一定的研究成果。

7.2　装备物资供应规划基础

装备物资供应保障是在作战准备和实施过程中,后装保障要素向被保障部队提供弹药、器材等装备物资的活动,它是战时装备保障的重要内容。以被保障部队的编制实力、消耗限额、消耗实际,保障部门的保障资源、储备标准、供应计划等为依据,按照集中统筹、按级负责,科学指挥、有效管控,多措并举、综合供应,掌握时机、提高效益,服务作战、保证重点的原则实施适时、适地、适量的装备物资供应活动。

装备物资供应保障活动主要由装备物资分配和装备物资运输两部分组成。装备物资分配是依据保障资源水平和物资供应需求,由指挥员和后装保障要素为各被保障部队分配装备物资份额的活动。装备物资运输是装备保障部(分)队在指挥员和后装保障要素指挥下,依据保障任务、时间进度、路况条件、运输能力等因素,采取有效的运输方式,选择适当的运输路径,将分配的装备物资安全、及时、足量、准确地运送到被保障部队的活动。

7.2.1　装备物资供应模式

装备物资供应模式是在装备保障理念指导下,由供应方式、供应时机、运输途径等组成的装备物资供应行为结构。

7.2.1.1 供应方式

装备物资的供应方式有多种,需要根据作战任务、保障态势、战场环境等多方因素综合考虑、统筹规划,以选择有效、可行的装备物资供应方式。

(1)计划供应与申请供应相结合。计划供应是指依据装备物资消耗限额和供应标准,按照装备物资供应保障预案,由上级保障部门实施装备物资供应的组织方式。其一般应用于作战准备期间装备物资的补充供应。申请供应是由被保障部队根据装备物资实际消耗情况,临时向上级保障部门申请装备物资的供应方式。其一般应用于作战实施过程中,具有较强的时效性和随机性特点。

(2)逐级供应与越级供应相结合。逐级供应是指依照建制供应关系,自上而下逐级实施的装备物资供应方式。其优点在于能够充分发挥各级保障机构的保障能力,但是缺点在于供应层级的增加必将影响供应速率及响应时间。越级供应多是战时条件下为应对紧急情况及突发事件,由后装保障要素越过中间供应环节,直接为被保障部队实施装备物资供应的活动。

(3)前送供应与伴随供应相结合。前送供应是装备物资供应的主要形式,由后装保障要素组织装备保障部(分)队,将所需装备物资前送交付给被保障部队的供应活动。伴随供应是由后装保障要素组织装备保障部(分)队,携带一定数量的装备物资,伴随被保障部队行动并随机实施装备物资供应的活动。其多运用于担负先遣作战、远洋巡航、大范围迂回穿插等不能或不便于实施前送供应的装备物资供应活动。

(4)基数供应与组件供应相结合。基数供应与组件供应是指以基数或组件为单位实施的装备物资供应活动。随着武器装备标准化建设发展、装备保障技术水平提升、国防工业实力雄厚支持,采用模块化保障思想实施装备保障活动越发适应新形势下装备保障需求。弹药的基数化供应、装备的组件化供应成为装备物资供应的主要形式。

7.2.1.2 供应时机

供应时机是指有利于实施装备物资供应保障的各类客观条件。准确恰当地把握装备物资供应时机,对于提升装备保障水平、保证作战任务顺利实施起到十分重要的作用。

(1)战前准备期间。从受领作战任务到作战行动实施的这一阶段,是组织装备物资供应的有利时机。需要根据作战任务预计装备物资供应需求量,为作战任务部队提供适量的装备物资携运行量,并为各供应站点提供适量的装备物资预置量。

(2)作战任务间隙。作战任务由一系列子任务组成,在时间上呈离散分布。

在作战任务与作战任务或子任务与子任务之间有阶段性的休整间隙,为装备保障部(分)队提供了很好的装备物资供应时机。

(3)作战效果达成。作战是以打击敌方保存自我为目的。一项作战行动的达成,除了其直接作战目的外,还有附属效果的显现。比如,抗敌空袭打击、实施火力压制等作战行动,在给敌方以沉重打击外,必将延缓或迟滞敌方的作战行动,进而为装备保障部(分)队实施装备物资供应提供了有利的时机。

(4)物资消耗临界。战前,后装保障要素应为各被保障部队制定完善的装备物资供应预案,在被保障部队装备物资损耗达到临界标准时,根据战场环境和作战进程,灵活把握装备物资供应时机,在有限的保障资源和严酷的保障环境下,为作战任务部队提供适时、适地、适量的装备物资供应保障。

7.2.1.3 运输途径

运输途径的选择是装备供应保障规划的一项重要内容。要想提高装备保障效率,实现装备物资的适时、适地、适量供应,必须合理选择运输方式,发挥多样化军事投送能力。美军对于军事运输与投送的重视及实践总结可见一斑:装备保障速度的提高能够起到乘数效应,随着运送速度的提高,整个作战单元效率的提高将是成倍的。目前,主要的运输途径包括陆上运输、海上运输、空中运输三类。

(1)陆上运输。陆上运输包括铁路运输和公路运输,是对传统交通运输方式的继承和发扬,在未来多样化、立体式军事运输体系中发挥重要的作用。我国是大陆型国家,铁路运输在全国运输体系中起到举足轻重的作用,是我国经济发展、产业布局的重要支柱,具有极其重要的军事战略价值,能够为装备保障的运输投送提供战略支撑。其缺点是目标明显、不利于隐蔽,容易成为敌方袭击的重点。相较而言,公路运输网络机动灵活、适应能力强,在中短途运输中具有突出的优势特点,可为装备保障系统提供点对点直达式运输保障。其缺点是运载能力有限,不利于承担大宗装备物资的远距离运输任务。

(2)海上运输。海上运输是在海洋、江河、湖泊等水域内,以船舶为主要运输工具的运输方式,是海军走向深蓝、军事力量全球送达的重要保障。因其运载量大、运输成本低的特点,在装备保障系统,特别是水域丰富的保障区域以及远洋巡航、训练、作战等特殊任务中,发挥重要的作用。其缺点是运输速度慢、运输周期长、受自然环境影响大。

(3)空中运输。空中运输是使用飞机等航空器作为载体的运输方式,具有安全、迅捷、机动的特点,它是实施战略投送的重要军事力量,可以为装备保障系统提供多样化的运输方式,在多样化、立体化投送体系中扮演十分重要的角色。在装备物资战略投送任务中,发挥大型运输机载重量大、运输距离远的优点,可以实现从后方保障基地向前沿任务部队实施直达式精确投送,大幅提高保障时效性。在装备物资战役、战术运输任务中,发挥中(小)型运输机、直升机的保障需求低、适用性广、机动灵活等特点,有助于战区各保障部队实施蛙跳式物资供应保障。其缺点是运输成本高、单架次运输能力弱,对机务、地勤等技术保障要求高,对机场、跑道、停机坪等配套设施要求严。

7.2.2 装备物资供应系统分析

装备物资供应系统分析是运用系统论的思想,将装备物资供应保障活动视为一个整体并对其加以分析。首先从系统的要素组成入手,在此基础上从信息流和物质流的角度对系统关系加以分析,其次明确装备物资供应系统的工作过程。

7.2.2.1 系统要素

装备物资供应保障系统是根据被保障部队装备物资需求情况,合理运用有限的保障资源,提供适时、适地、适量的装备物资供应保障,最大限度地满足被保障部队物资供应需求的各类要素的有机整体。按照系统要素的典型区分可以从系统环境、系统组成、系统结构和系统功能四个方面进行分析。

(1)系统环境。装备物资供应保障系统环境是指存在于装备物资供应保障系统周围,与装备物资供应保障系统产生交互作用的各类因素的集合。环境因素的状态偏移和属性变动会对装备物资供应保障系统施加影响、产生作用,促使装备物资供应保障系统产生变化;同时,装备物资供应保障系统的运行和作用也会对环境因素施加影响、产生作用,进而在一定程度上改变环境因素的状态和属性。在众多装备物资供应保障系统环境因素中,战场环境、战场态势、作战任务、保障任务、装备状态等起到十分重要的作用。

(2)系统组成。装备物资供应保障系统组成主要包括主体、客体、手段和信息四部分。主体是实施装备物资供应保障的各类保障力量,包括指挥员、后装保障要素、装备保障部(分)队等。客体是实施装备物资供应保障活动的作用对象,包括弹药、器材等。手段是实施装备物资供应保障活动的载体,包括陆上运输装备、海上运输装备、空中运输装备、装卸载装备以及相关的设施、设备等。信息是装备物资供应保障系统的重要组成要素,以战场态势、作战进程、保障任务、保障需求、装备状态等信息为代表,它是装备物资供应保障系统保持运行、实施交互的媒介和纽带。

(3)系统结构。装备物资供应保障系统结构是装备物资供应保障系统中各组成要素相互联系、相互作用的方式方法和规则秩序,如图7-3所示。装备物资供应保障系统的作用方式主要依托信息流和物质流。其中外部信息通过保障决策机构进入系统,并由保障决策机构向装备物资仓库和保障部(分)队分发供应决策信息,同时保障决策机构接收其他机构的反馈信息。物质流在信息流的驱动下,从装备物资供应保障系统向被保障部队流动,以满足供应保障需求。

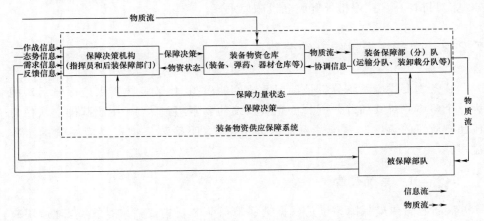

图 7-3 装备物资供应保障系统结构示意图

(4)系统功能。装备物资供应保障系统功能是在充分掌握系统内部状态和外部信息的基础上,积极响应被保障部队的物资供应需求,合理利用有限保障资源,高效控制系统运行,通过各类信息的采集、存储、处理、分发有效驱动装备物质流在系统内部与内部、内部与外部之间的流转,并根据系统环境、系统组成等要素的状态变化,实时调整与规划,以保证装备物资供应保障任务的顺利完成。

7.2.2.2 流程关系

装备物资供应保障系统的流程关系如图 7-4 所示。其中,主体部分为装备物资供应保障规划模块,承担为保障指挥决策机构提供科学合理的筹划决策和规划计划功能。按照流程步骤,装备物资供应保障系统的运转流程主要包括相关信息汇总、物资分配规划、物资运输规划、物资供应实施。

(1)相关信息汇总。主要是与装备物资供应保障相关的各类信息的采集、存储、处理。主要包括:作战部门的战场态势、作战进程等信息;包括主要任务、主要装备、重点对象等在内的保障任务情况;各被保障部队的装备物资损耗限额;库存弹药、器材的属性和数量;装备保障力量的状态和属性。此外,实时关注被保障部队的装备物资需求信息。这些信息的交互作用,成为驱动装备物资供应保障系统实施保障活动的直接动因。

(2)物资分配规划。战时条件下装备物资损伤消耗集中突发,各作战部队的装备物资需求信息汇聚于保障决策机构,往往会出现有限的装备存储物资无法完全满足部队需求的问题。这就需要物资分配规划模块根据任务的轻重缓急,结合保障对象性质和保障资源实际,为指挥员和后装保障要素提供科学合理的装备物资分配方案,并将装备物资分配方案分发给相应的装备保障部(分)队。

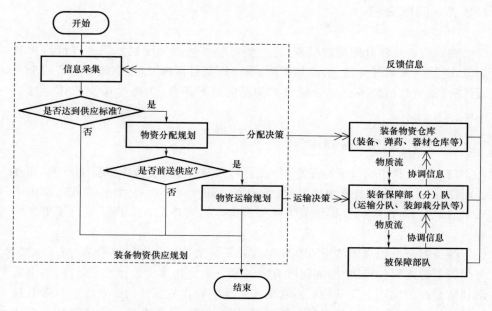

图 7-4 装备物资供应保障系统流程关系图

(3)物资运输规划。物资运输规划主要包括运输时机的把握、运输方式的确定、运输路径的选择等问题。在考虑自然环境、社会环境、战场环境等因素的基础上,还需要综合时间、风险、经济、资源等条件,为指挥员和后装保障要素提供科学合理的装备物资运输方案的决策支持,并将装备物资运输方案分发给相应的装备保障部(分)队。

(4)物资供应实施。装备保障力量内部之间(装备物资仓库、运输分队等)、内部与外部之间(装备保障分队与被保障部队)做好行动协同,按照指定的计划方案抓好实施,最大限度地为被保障部队提供适时、适地、适量的装备物资供应保障。

7.3 装备物资分配规划

现代战争装备物资损耗严重,作战部队的物资供应保障需求繁杂紧迫,如何在有限的装备物资储备资源条件下,最大化满足部队保障需求,实现装备物资供应保障整体效益最大化,成为考验指挥员及其后装保障要素指挥决策水平和规划计划能力的重要内容。

7.3.1 问题分析

建立装备物资分配规划模型,首先要对装备物资分配规划问题进行简化和抽象,通过对规划任务描述、规划资源分析、规划目标确定、规划条件约束四个方面的分析,勾勒出装备物资分配规划问题的边界条件,为数学模型的构建打下基础。

7.3.1.1 规划任务描述

信息化条件下高技术战争中,作战进程快速多变、战场环境复杂严酷、武器弹药损耗大、装备战损集中突发,装备物资资源与需求矛盾突出,往往出现供不应求的情况,对指挥员及其后装保障要素实施物资分配方案决策提出了更高的要求。

装备物资分配决策的重点是如何有效平衡急迫的物资供应需求与有限的装备物资资源之间的矛盾,即如何将有限的装备物资由多个仓库(站点)向多个需求部队分配的问题。装备物资需求的产生伴随着作战任务的全过程。虽然各任务部队的物资需求产生时间和种类数量不尽相同,但是将连续事件进行离散化处理,从指挥员及其后装保障要素的视角来看,可能形成某一时间多任务部队对某类装备物资同时产生供应需求的资源竞争情况。因此,可以运用博弈论的思想,将装备物资分配规划问题抽象为多源非合作竞争问题,综合考虑保障优先度、供应成本等因素,根据资源需求的轻重缓急,制定合理的装备物资分配方案,为各作战任务部队提供整体效益最大化的装备物资供应保障。

7.3.1.2 规划资源分析

(1)各作战任务部队的保障优先度。科学合理的装备物资分配方案应充分考虑物资供应保障效益问题,特别关注各需求部队的保障优先度指标。当有限的物资资源无法完全满足所有需求部队的物资需求总量时,应从物资供应保障整体出发,将有限的物资资源分配给最需要、对作战影响最大的作战任务部队,最大化装备物资供应保障效益。

(2)在某个时间阶段内,各作战任务部队对某类装备物资的需求量。装备物资损耗的产生是一个连续事件,当任务部队的装备物资损耗量达到申请标准或正值装备物资申请供应时机时,由任务部队向指挥员或后装保障要素提出装备物资需求申请,该申请活动呈现离散化特征。因此,选择某一时间阶段,统计各作战任务部队提出的某型装备物资申请量。

(3)各装备物资仓库(站点)和作战任务部队的位置坐标。时间成本是战时装备保障活动的一个重要关注点。准确掌握装备物资仓库(站点)和作战任务部队的位置坐标,有助于制定就近、就便的物资供应分配方案。

(4)装备物资需求提出。各作战任务部队依据战时装备物资消耗限额和作战进程伺机提出装备物资供应需求,并且希望在最短的时间内得到充足的装备物资供应。在物资供应需求方面,各作战任务部队之间是相对独立的个体,不存在协商联络的情况,具有非合作竞争关系。

7.3.1.3 规划目标确定

目标是活动实施的目的和预期结果,如果目标不明确,则活动的开展必将失去方向。装备物资分配规划目标是:从装备物资供应保障的整体效益出发,当装备物资可供应量满足装备物资总需求量时,以物资供应时间最短为首要目标;当装备物资可供应量不能满足装备物资总需求量时,需要综合考虑物资需求部队的保障优先度和物资的供应响应时间。

7.3.1.4 规划条件约束

装备物资供应分配规划的约束条件主要包括时间成本、信息损耗、资源约束。

(1)时间成本。时间成本是影响装备物资分配规划的一个重要约束条件,它是由战时装备保障的时效性决定的。作战任务部队的装备物资损耗量是时变参数,随时间的推移而持续加剧,需要物资供应保障活动的实施帮助其补充和缓解。因此,应充分考虑时间成本因素,在有限的时间内尽快完成装备物资供应保障。

(2)信息损耗。信息是装备物资分配规划的依据,细微的信息损耗都有可能对决策结果带来重要的甚至是决定性的影响。信息损耗主要贯穿于装备保障过程,由各类信息的采集、处理、传递等环节的衰减和偏差产生。因此,考虑装备保障信息损耗因素,建立具有柔性特征的装备物资分配规划模型,对于提高规划的科学性、有效性具有重要的作用。

(3)资源约束。高技术条件下的现代战争对装备保障提出了更高的要求,特别是装备物资供应的需求尤为严苛,不仅体现在数量上的规模庞大,还体现在时空上的聚集爆发。在有限的资源条件下,多个物资需求部队对同类装备物资产生竞争性冲突是装备物资分配规划需要考虑的情况。

7.3.2 模型构建

根据"规划目标确定"的分析,当装备物资可供应量满足装备物资总需求量时,考虑装备物资供应的时间成本因素,可运用线性规划理论解决该类问题,具体方法可参考文献。当装备物资可供应量不能满足装备物资总需求量时,针对某类装备物资,多个物资需求部队之间形成非合作竞争关系,可运用博弈论知识解决该类问题。考虑物资需求部队的保障优先度和物资供应的时间成本因素,力求各物资需求部队的利益最大化。本节重点研究基于非合作博弈的装备物资分配规划模型。

博弈论(Game Theory)是研究决策主体的行为具有相互作用的决策理论,主要用于解决社会经济生活中具有斗争或竞争性质的问题,因此又称为对策论,属于运筹学的一项重要研究内容。作为一种解决问题的方法,博弈论广泛应用于经济学、政治学、军事、外交、犯罪学等领域,又因其与经济学具有相同的研究模式,均强调个人理性,追求约束条件下的效用最大化,因此博弈论在经济学的应用最广泛。博弈论通过分析决策双方的行为和效果,研究双方的最优决策,其基本概念包括局中人(参与人)、战略(策略)、行动、信息、支付函数、结果、均衡等。其中局中人、策略、支付函数构成博弈的三个基本要素,局中人、行动次序、结果统称为博弈规则,而博弈分析的目的就是使用博弈规则来确定均衡。博弈论分为狭义博弈论和非对称信息博弈论,狭义博弈论在经济管理领域的应用最为广泛。狭义博弈论分为合作博弈论和非合作博弈论,而后者又可分为完全信息静态博弈、完全信息动态博弈、不完全信息静态博弈和不完全信息动态博弈四种类型。

在装备物资分配规划中,决策者往往需要在冲突环境下做出决策,经常会面临两个或者多个参与人的相互作用。决策的结果不是取决于某一方的选择,而是取决于双方或者多方策略选择,是双方或者多方策略行为相互作用的结果,是一个博弈的过程。在装备物资分配活动时,物资实际供给量经常会少于需求量总和,这时不能满足所有需求部队的需求,而且不同需求部队的运输时间和保障效率不会完全相同,造成各需求部队在物资供应点和物资分配量这两方面都存在着竞争关系。装备物资分配决策者应从装备保障全局角度比较各种分配方案,保障整体保障效益最大化,这种博弈论方法为研究装备物资分配决策提供了新思路。

7.3.2.1 条件假定与参数设置

(1)条件假定。模型是对客观事物的抽象,首先需要为其设置假定条件。

① 战时装备保障中弹药、器材的种类十分繁杂,但是从简化问题复杂性角度考虑,如果装备物资分配规划模型能够解决某一类物资的最优化分配问题,则对于多类装备物资的最优化分配问题也可采用该模型。

② 每个作战任务部队提出物资供应需求,都希望能在最短的时间内最大限度地实现装备物资供应保障,因而物资需求部队之间是非合作关系,当发生资源冲突时,都希望实现最大化的装备物资供应保障。

③ 作为规划活动主体的指挥员及其后装保障要素,在面对装备物资资源有限,无法完全满足各需求部队的物资需求总和时,应从保障全局出发,力求整体效益的最大化。

④ 为简化模型的复杂度,假设各类规划信息不存在损耗问题,即装备物资分配规划模型为确定型模型。

⑤ 对于规划目标关键内容的时间成本,考虑模型的颗粒度和方法研究的出发点,假设装备物资仓库(站点)和作战任务部队的二维坐标距离与物资供应时间成本呈线性关系。

(2)参数设置。针对某类装备物资,R 为装备物资仓库(站点)集合,R_i 为第 i 个装备物资仓库(站点),存储该类装备物资的装备物资仓库(站点)共 m 个,即

$$R = \{R_i | i = 1, 2, \cdots, m\} \tag{7-1}$$

在某一时间段内有 n 个作战任务部队向后装保障要素提出该类装备物资的供应需求,P 为提出该类装备物资供应需求的作战任务部队集合,P_j 为第 j 个作战任务部队,w_j 为第 j 个作战任务部队重要度,即

$$P = \{P_j | j = 1, 2, \cdots, n\} \tag{7-2}$$

(x_{ri}, y_{ri}) 为第 i 个装备物资仓库(站点)的二维坐标,(x_{pj}, y_{pj}) 为第 j 个作战任务部队的二维坐标。d_{ij} 为第 i 个装备物资仓库(站点)与第 j 个作战任务部队之间的平面距离,即

$$d_{ij} = \sqrt{(x_{ri} - x_{pj})^2 + (y_{ri} - y_{pj})^2} \tag{7-3}$$

另外,q_i 为第 i 个装备物资仓库(站点)中该类装备物资的存储量;b_j 为第 j 个作战任务部队对该类装备物资的需求量;x_{ij} 为第 i 个装备物资仓库(站点)为第 j 个作战任务部队提供的装备物资量。

7.3.2.2 局中人及策略

局中人是参与博弈活动的主体,是对其行动具有决策权并承担相应决策结果的人和组织。策略是指可供局中人实施的行动方案。针对装备物资分配规划而言,局中人指所有提出物资供应需求的作战任务部队,策略指作战任务部队从哪个装备物资仓库(站点)分配多少装备物资的方案组合。

在多方博弈问题中，局中人越多，策略空间就越大，问题的复杂性和结果的准确性越难以解决。因此，需要对装备物资分配规划的博弈模型进行简化处理。借鉴分阶段规划方法，减少模型的复杂程度，为资源冲突的关键点建立非合作博弈模型。

第一步：平衡转化。针对装备物资可供应量不能满足装备物资总需求量问题，需要将不平衡问题转化为平衡问题。因此，设置虚拟装备物资仓库（站点）R_{m+1}，且与任一作战任务部队的距离趋近于正无穷，则有

$$q_{m+1} = \sum b_j - \sum q_i \mid \sum q_i < \sum b_j$$
$$d_{m+1,j} = +\infty \mid j = 1,2,\cdots,n \tag{7-4}$$

式中 q_{m+1}——虚拟装备物资仓库（站点）的物资供应量；

$d_{m+1,j}$——虚拟装备物资仓库（站点）与第 j 个作战任务部队之间的平面距离。

第二步：排序。对于作战任务部队而言，根据重要度权重值 w_j 的降序排列；对于装备物资仓库（站点）而言，根据第 i 个装备物资仓库（站点）与第 j 个作战任务部队之间的平面距离 d_{ij} 的升序排列。

第三步：初始分配。按照"先近后远，先重要后一般"的原则规划初始分配方案，即先为重要度高的作战任务部队安排平面距离近的装备物资仓库（站点）提供保障，后为重要度低的作战任务部队安排平面距离远的装备物资仓库（站点）提供保障。根据各作战任务部队的装备物资需求量，为各装备物资仓库（站点）安排初始分配任务 x_{ij}。则有

$$\sum_{i=1}^{m} x_{ij} = b_j \mid x_{ij} \leq q_i \tag{7-5}$$

第四步：资源冲突判断。对初始分配方案的总分配量与可供应总量进行比较。

$$\begin{cases} \sum_{i=1}^{m} \sum_{j=1}^{n} x_{ij} \geq \sum_{i=1}^{m} q_i, & \text{有资源冲突} \\ \text{else}, & \text{无资源冲突} \end{cases} \tag{7-6}$$

第五步：简化局中人及决策空间。在有资源冲突的情况下，会产生多个作战任务部队对同一装备物资仓库（站点）R' 形成装备物资竞争的局面。设这些冲突部队 P' 为简化后的局中人，n' 为产生资源冲突的作战任务部队总量，b'_k 为产生资源冲突的作战任务部队的装备物资需求量，q' 为产生冲突的装备物资仓库（站点）的现有物资量。则有

$$P' = \{P'_k \mid k = 1,2,\cdots,n'\}$$
$$\sum b'_k > q' \tag{7-7}$$

相应地,简化后局中人策略可表示为:设局中人P'_k的策略集为$s'_k = \{o_{k1}, o_{k2}, \cdots, o_{kn(k)}\}$,其中$n(k)$为局中人$P'_k$的策略数,则所有局中人的策略集可表示为$S = \{s'_1, s'_2, \cdots, s'_k\}$。如此,简化后的局中人数量及其策略空间范围大大缩小,从而有利于减少数值计算的复杂程度。

7.3.2.3 支付矩阵

支付矩阵又称为得失函数,是指在局中人所有策略的作用结果下所得到的利益和遭受的损失。局中人的得与失不仅仅取决于单方面,而是自我策略与他人策略共同作用的结果。

对于局中人P'_k而言,$S_{k'}$为除局中人P'_k外其他所有局中人的策略集。

$$S_{k'} = \{S_{k'1}, S_{k'2}, \cdots, S_{k'm(k')}\}$$
$$m(k') = \prod_{k' \neq k} n(k) \tag{7-8}$$

局中人P'_k的支付矩阵如表7-1所示。

表7-1 局中人P'_k的支付矩阵表

s'_k	$S_{k'1}$	$S_{k'2}$	…	$S_{k'm(k')}$
o_{k1}	U_{k11}	U_{k12}	…	$U_{k1m(k')}$
o_{k2}	U_{k21}	U_{k22}	…	$U_{k2m(k')}$
…	…	…	…	…
$o_{kn(k)}$	$U_{kn(k)1}$	$U_{kn(k)2}$	…	$U_{kn(k)m(k')}$

当所有作战任务部队获得的装备物资总量等于发生冲突的装备物资总量时,局中人P'_k的支付U_{ab}为其获得的收益与其他局中人遭受的损失之和;否则,局中人P'_k的支付U_{ab}为0。

$$U_{ab} = \begin{cases} \sum x'_k = q', & w_k \cdot x'_k \cdot \Delta d_{ik} + \sum_{k' \neq k} w_{k'} \cdot (\min\{b'_k, q'\} - x'_{k'}) \cdot \Delta d_{ik'} \\ \text{else}, & 0 \end{cases}$$

$$a \in [1, n(k)], b \in [1, m(k')] \tag{7-9}$$

7.3.2.4 纳什均衡

根据纳什均衡理论,多人非合作博弈模型存在纳什均衡解。设局中人P'_k采取策略o_{kl}的概率为p_{kl}。

$$\sum_{l \in [1, n(k)]} p_{kl} = 1, \quad p_{kl} \in [0, 1] \tag{7-10}$$

设$p = p_i = (p_1, p_2, \cdots, p_n), p_{k'} = \{p_i | i \in [1, n] \text{且} i \neq k\}, p(s) = \prod_{i \in [1, n]} p_i(s),$

$u_i(p) = \sum p(s) \cdot u_i(s)$,则其适应度函数可表示为

$$\text{fitness} = \sum_i \sum_l [\max\{u_i(o_{kl}, p_{k'}) - u_i(p), 0\}]^2 + M \sum_i \sum_l (\min\{p_{kl}, 0\})^2 + \\ M \sum_i (1 - \sum_l p_{kl})^2 + M(\min\{\sum_i \sum_l p_{kl} \cdot x'_l - q', 0\})^2$$

(7-11)

其中,M 为足够大的惩罚数。该多项式求得纳什均衡解 p^* 的充分必要条件是 $\text{fitness}(p^*) = 0$。因此求式(7-11)的极小值,可得纳什均衡解。

7.3.3 模型解算

作为一种新型智能优化算法,鸽群优化算法以其全局搜索快速、局部寻优精确的特性,在求解纳什均衡问题上具有算法优势。

7.3.3.1 鸽群优化算法

通过对鸽子的飞行特性进行研究,发现其具有分段式复合导航能力。鸽子飞行的前一阶段,主要依赖地球磁场作用,通过磁感在脑中绘制地图,依据太阳的相对位置调整飞行路线,以类似指南针的工作原理引导飞行。当鸽子飞行到行程的尾段时,主要依赖对地形地物的熟悉程度,选择自主导引或跟随其他鸽子,以类似地形匹配技术引导至飞行终点。据此,对鸽子飞行两个阶段的导航方式进行特征抽取,分别建立指南针导航模型和地形导航模型,通过两个模型的多轮循环迭代实现鸽群优化算法。

(1)指南针导航模型。在多维搜索空间中定义鸽群集 $P_i = (p_1, p_2, \cdots, p_n)$,鸽子 P_i 的位置和速度迭代算式为

$$V_{p_i}^j = V_{p_i}^{j-1} \cdot e^{-R \cdot j} + \text{rand} \cdot (X_{\text{gbest}}^{j-1} - X_{p_i}^{j-1}) \\ X_{p_i}^j = X_{p_i}^{j-1} + V_{p_i}^j$$

(7-12)

式中 $V_{p_i}^j$ ——鸽子 P_i 经过 j 次迭代的速度,$j = 0, 1, \cdots, N_{\max}$;

$X_{p_i}^j$ ——鸽子 P_i 经过 j 次迭代的位置,$j = 0, 1, \cdots, N_{\max}$;

R ——指南针模型因子,$R \in (0, 1)$;

rand ——随机数;

X_{gbest}^{j-1} ——经过 $j-1$ 次迭代,鸽群的全局最优位置;

$N_{c\max}$ ——指南针导航模型的指定迭代次数,当完成 $N_{\max}$ 次迭代,指南针导航模型结束,$X_{p_i}^{N_{\max}}$ 转交地形导航模型继续计算。

(2)地形导航模型。在地形导航模型迭代计算中,伴随每次迭代,鸽群总数减半,以此将模型关注点集中在对地形熟悉的有效信息鸽群,而忽略不熟悉地形

的无效信息鸽群。$N_{l\max}$为地形导航模型的指定迭代次数,当完成$N_{l\max}$次迭代,地形导航模型结束。鸽子P_i的位置迭代算式为

$$\begin{aligned} X_{\text{center}}^{j-1} &= \sum_{i=1}^{N_p^{j-1}} X_{p_i}^{j-1} \cdot F\left(X_{p_i}^{j-1}\right) \Big/ \sum_{i=1}^{N_p^{j-1}} F\left(X_{p_i}^{j-1}\right) \\ N_p^j &= \frac{N_p^{j-1}}{2} \\ X_{p_i}^j &= X_{p_i}^{j-1} + \text{rand} \cdot \left(X_{\text{center}}^{j-1} - X_{p_i}^{j-1}\right) \\ F\left(X_{p_i}^{j-1}\right) &= \begin{cases} \dfrac{1}{\text{fitness}\left(X_{p_i}^{j-1}\right) + \varepsilon}, \text{求最小化问题} \\ \text{fitness}\left(X_{p_i}^{j-1}\right), \text{求最大化问题} \end{cases} \end{aligned} \quad (7-13)$$

式中 N_p^j——经过j次迭代,鸽群中鸽子总数;

X_{center}^j——经过j次迭代,鸽群的中心位置。

7.3.3.2 改进鸽群优化算法

鸽群算法模拟鸽子的指南针导航机理,在算法运行初期能够快速向最优可行域方向收敛,有利于相对简单问题的求解。但是,面对较为复杂的问题,快速收敛特性容易使算法陷入局部最优。因此,从增加算法多样性的角度入手,通过以下两个方面对算法进行改进。

(1) 拉丁超立方体随机数发生器。拉丁超立方抽样相较于传统的随机抽样分布更具均匀性,收敛速度更快。其设计的主要思想是基于逆函数转换法,设抽样次数为N,输入M个随机变量$X_1,X_2,\cdots,X_M$,变量X_M的累积分布函数为$Y_M = F_M(X_M)$,将取值范围$[0,1]$的分布函数分成N个子区间,以均匀分布概率在每个区间内抽取一个随机数Y_M,然后由逆函数$F_M^{-1}(Y_M)$求得X_M。依据含随机排序法的拉丁超立方抽样(LHSRP),第m维第n次抽样值为x_{mn},即

$$x_{mn} = F_m^{-1}\left(\frac{r_{mn}}{N + (n-1)/N}\right) \quad (7-14)$$

式中 r_{mn}——$[0,1]$内的独立伪随机数。

拉丁超立方体随机数发生器的目的在于提供比伪随机数发生器分布效果更均匀的随机数。这样,无论是模型中随机数的产生,还是算法初始化时具备分布更均匀的可行域,都有利于丰富算法的多样性,提高算法的寻优效率。

(2) 模型过渡因子。指南针导航模型与地形导航模型是相对独立的,分别执行迭代计算。为增加算法的运行效率,实现模型的软衔接,在此引入模型过渡因子 Tr,将两个模型融合在一个迭代循环中。鸽子P_i的位置和速度迭代算式为

$$V_{p_i}^j = V_{p_i}^{j-1} \cdot e^{-R \cdot j} + \text{rand} \cdot \text{Tr} \cdot [(1 - \log_{N_{\max}} j) \cdot (X_{\text{gbest}}^{j-1} - X_{p_i}^{j-1}) +$$
$$\log_{N_{\max}} j \cdot (X_{\text{center}}^{j-1} - X_{p_i}^{j-1})]$$
$$N_p^j = N_p^{j-1} - N_{\text{pdec}}^j \quad (7-15)$$
$$X_{p_i}^j = X_{p_i}^{j-1} + V_{p_i}^j$$

式中 N_{pdec}^j ——经过第 j 次迭代,舍弃的鸽子数;

$N_{\max}$ ——最大迭代次数。

7.3.3.3 算法步骤

鸽群优化算法模拟鸽子飞行导航特性,从无序向有序、从可行解向最优解演化的过程。在可行域中,将每个可行解视为一只鸽子,通过鸽子及鸽群状态的演变,保证鸽群向目标飞行,直至近似最优解的获取。鸽群优化算法步骤如图 7-5 所示。

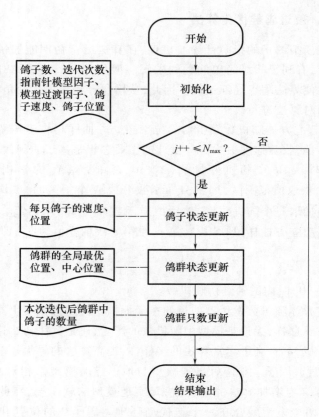

图 7-5 鸽群优化算法流程图

第一步：初始化。根据优化目标的可行解确定鸽子数量 N_p^j，设定算法的迭代次数 $N_{\max}$，确定指南针模型因子 R 和模型过渡因子 Tr。将每一个可行解视为一只鸽子，运用拉丁超立方体随机数发生器生成鸽子的初始速度 $V_{p_i}^j$ 和位置 $X_{p_i}^j$，初始化时 $j=0$。

第二步：循环迭代开始，$j++$。如果 $j \leqslant N_{\max}$，则执行下一步；否则，跳转至第五步。

第三步：鸽子状态更新。根据速度模型和位置模型，计算鸽群中每只鸽子迭代更新后的速度 $V_{p_i}^j$ 和位置 $X_{p_i}^j$ 值。

第四步：鸽群状态更新。根据鸽群中每只鸽子的位置，计算鸽群全局最优位置 X_{gbest}^j 和鸽群中心位置 X_{center}^j。

第五步：鸽群只数更新。对鸽群中鸽子位置排序，根据鸽群舍弃算式，计算经过第 j 次迭代鸽群剩余鸽子数量 N_p^j。

第六步：结果输出，循环迭代结束。

7.4 物资运输路径规划

装备物资运输方式立体多样，相较于空中运输、海上运输而言，陆上运输（特别是公路运输）更易受敌袭击干扰和战场态势影响。这是由于航空、船舶、铁路运输多数情况下无法直达装备物资需求部队一线，需要以机场、码头、车站等作为转运站点，通过公路运输至装备物资需求部队。对于指挥员及其后装保障要素而言，公路运输路径规划方案的制定和实施更需要指挥艺术与决策能力的施展和发挥。因此，本节重点针对装备物资公路运输路径规划问题进行研究。

7.4.1 问题分析

建立物资运输路径规划模型，首先要对物资运输路径规划问题进行简化和抽象，通过对规划任务描述、规划资源分析、规划目标确定、规划条件约束四个方面的分析，勾勒出物资运输路径规划问题的边界条件，为数学模型的构建打下基础。

7.4.1.1 规划任务描述

物资运输是军事装备物资运输的简称，是将装备物资从装备物资仓库（站点）运送至物资需求部队的物流活动，它是装备物资供应保障活动的重要组成部分，为保持和恢复部队作战能力提供有力支持。军事装备物资运输在现代高技术条件战争中扮演重要的角色,在充分利用信息技术的基础上,积极响应态势变化,灵活运用保障力量,为装备物资需求部队提供及时、安全、可靠的运输服务,满足作战任务部队对装备物资的供应需求。在以下四个方面具有其特殊性:一是军事装备物资运输受信息流驱动,在信息的高效控制和科学导向下,有利于实现装备保障效益的提升;二是军事装备物资运输活动的实质是实现物质在装备保障实体间的流动,其活动的实施是装备物资供应保障得以实现的直接作用结果;三是以部队需求为中心,为装备物资需求部队提供直接、高效的保障服务;四是突出适时、适地、适量的保障要求,在规定的时间、准确的地域为物资需求部队提供配套、充足的装备物资。

物资运输路径规划是为装备物资运输力量合理安排运输轨迹,引导实施科学高效的运输保障活动。它是装备物资供应规划的重要组成部分。物资运输路径规划区别于一般路径规划,主要在于其规划对象的特殊性、规划环境的严酷性、规划要求的复杂性。特别是在战时特殊环境下,受敌方袭击干扰、环境态势影响,安全、路况、流量等各项因素呈现动态变化特征,在特殊情况下还具有随机和模糊特点,不仅仅是简单的最短路径问题,更属于复杂的多目标优化问题。

7.4.1.2　规划资源分析

物资运输路径规划涉及的资源主要有连接装备物资仓库(站点)与作战任务部队之间的路网资源和用于装载运输装备物资的运载资源。

(1)路网资源。公路交通网是连接装备物资仓库(站点)与作战任务部队之间的主要交通网络,具有灵活适用、路网密集等特点。按照国标技术规范,公路等级可有以下区分:高速公路、一级公路、二级公路、三级公路、四级公路。其中,高速公路、一级公路为汽车专用公路;二级公路、三级公路、四级公路为一般公路。公路等级的区分直接关系到该类公路的交通流量、通行能力等。

(2)运载资源。对应于装备物资的运输方式,其运载资源包括车辆、火车、飞机、船舶等。以车辆为代表,军事装备物资的运载车辆包括通用车辆和特种车辆,车辆的各项性能参数直接影响装备物资的装载和运送能力,进而影响物资运输路径规划的实施。因此,应重点关注车辆的载重、长度、宽度、高度、行驶速度、转弯半径、最大爬坡角等性能参数。

7.4.1.3　规划目标确定

物资运输路径规划问题的复杂性主要由于在战时这一特殊背景下,为装备物资这一特殊对象提供规划活动,需要综合考虑时间因素、安全因素、经济因素等。因此,物资运输路径规划目标应从时效性、安全性、经济性角度进行分析。

(1)时效性。对于任何军事行动而言,时间就是生命,它是极其重要的指标因素。在装备物资运输活动中,时效性同样具有十分重要的作用。在最短的时间内将装备物资送抵物资需求部队,是物资运输路径规划的基本目标。因此,应从时效性角度出发,减少运输时间,缩短运输周期,为指挥员提供时效性强的物资运输路径方案。

(2)安全性。"保存自己,消灭敌人"是毛泽东军事思想的重要内容。保存自己是消灭敌人的基础条件。任何军事行动都不能忽视安全因素,特别是现代战争中,补给线和运输线是敌方打击的重点目标。因此,物资运输路径规划应注重安全性因素,为指挥员提供安全可靠的物资运输路径方案。

(3)经济性。对于军事行动而言,虽然经济因素不是关注的焦点,但是作为资源的组成部分,也不应被忽视。特别是在装备供应保障活动中,物资需求集中突发,运力资源冲突严重。因此,从合理安排运输里程、降低运输力量使用强度入手,在关注物资运输路径方案时效性和安全性的同时,应酌情考虑方案的经济性因素。

7.4.1.4 规划条件约束

对于物资运输路径规划这类多目标优化问题,往往伴随着多个约束条件。

(1)通行能力。通行能力是可以度量道路负荷程度、体现道路交通特征的一项重要指标,在一定条件下反映道路能够承担的最大交通流量。它受道路等级、路况、管制等因素影响。

(2)运载能力。运载能力是运输装备固有运输性能的体现,反映在载重量、载重体积等指标参数。对于某些大型装备物资而言,需要与之配套的特装车辆担负运输任务。

(3)修复能力。道路修复是抗敌打击、争取作战主动的一项重要措施,包括公路抢修、铁路抢修、隧道抢修、桥梁抢修与搭建等内容。修复能力的大小直接影响运输路径方案的制定和实施。

(4)威胁程度。信息化条件下作战,以精确制导武器为代表的高技术装备得到广泛运用。突然且精确的打击能力对运输力量和军事路网产生巨大威胁,并直接影响运输方案的制定。

(5)环境影响。诸如严寒、暴雪、雾霾、酷暑等自然环境因素对装备物资运输的方方面面产生重要的影响。特别是在战时严苛环境下,自然环境的影响会将不利因素进一步放大。

7.4.2 基于多目标规划的运输路径模型构建

装备物资运输路径规划问题是一类特殊的路径规划问题,除了考虑道路、交通等因素外,还应考虑运输任务完成时限、运力资源限制、车辆承载限制等因素。本节在条件假设、参数设置基础上,区分时效性、安全性、经济性目标需求,分别建立多目标规划模型。

7.4.2.1 条件假设

为便于模型构建和计算,需对有关问题进行设定:

(1)如果物资运输路径规划模型能够解决某一类物资的路径优化问题,则对于其他类型装备物资的路径优化问题也可采用该模型。

(2)本模型主要针对公路运输路径规划问题,经相应改进也可适用于航空、船舶、铁路运输的路径规划问题。

(3)路径起点为已知的转运站或装备物资仓库(站点),目标点为装备物资需求部队,完成物资供应后原路返回起点。

(4)所有车辆的性能参数相同。

(5)每个装备物资需求部队都由一个运输车队提供保障。

(6)整个装备物资运输任务应在规定时限内完成。

7.4.2.2 参数设置

在某一保障区域内,由装备物资仓库N_1为该区域作战任务部队N_i统一提供保障。

N_i——实体地点,$i=1$为装备物资仓库,$i=\{2,3,\cdots,n+1\}$为被保障的作战任务部队;

L_{ab}——地点a与地点b之间的距离;

Th_{ab}——地点a与地点b之间道路的受威胁程度;

c_j——总数为m的运输车队,$j=\{1,2,\cdots,m\}$;

q_c——车队c_j的最大载重量;

v_c——车队c_j的行驶速度;

q_i——作战任务部队N_i对装备物资的需求量;

t_{N_i}——在实体点装卸物资的时间,含装备物资仓库的装载时间和装备物资需求部队的卸载时间;

x_{abj}——车队c_j运输过程中是否途经ab之间的道路;

x_{ij}——车队c_j是否为作战任务部队N_i提供保障;

T_{max}——运输任务的最大完成时限。

7.4.2.3 多目标函数模型

车队c_j完成运输任务所用时间T_j为

$$T_j = \sum_{i=1}^{n+1} x_{ij} \cdot t_{N_i} + \sum_{a=1}^{n+1} \sum_{b=1}^{n+1} \frac{L_{ab} \cdot x_{abj}}{v_c} \qquad (7-16)$$

车队c_j装载装备物资总量Q_j为

$$Q_j = \sum_{i=1}^{n+1} x_{ij} \cdot q_i \qquad (7-17)$$

为完成物资供应任务,车队行驶总里程L_z为

$$L_z = \sum_{j=1}^{m} \sum_{a=1}^{n+1} \sum_{b=1}^{n+1} L_{ab} \cdot x_{abj} \qquad (7-18)$$

为完成物资供应任务,车队承担的总威胁Th_z为

$$\mathrm{Th}_z = \sum_{j=1}^{m} \sum_{a=1}^{n+1} \sum_{b=1}^{n+1} \mathrm{Th}_{ab} \cdot L_{ab} \cdot x_{abj} \qquad (7-19)$$

从时效性目标分析,装备物资运输时间越短则方案越优,即

$$f_T = \min(\max(T_j)) \qquad (7-20)$$

从经济性目标分析,装备物资运输里程越短则方案越优,即

$$f_L = \min(L_z) \qquad (7-21)$$

从安全性目标分析,装备物资运输过程中遭受的敌方威胁越小则方案越优,即

$$f_{\mathrm{Th}} = \min(\mathrm{Th}_z) \qquad (7-22)$$

从约束条件分析,运输车队不能超载,即

$$Q_j \leqslant q_c \qquad (7-23)$$

每个装备物资需求部队都有一辆车为其提供保障,即

$$\sum_{i=2}^{n+1} x_{ij} = 1 \qquad (7-24)$$

整个装备物资运输任务应在规定时限内完成,即

$$T_j \leqslant T_{\max} \qquad (7-25)$$

从时效性目标分析,优化模型为

$$f_T = \min\left(\max\left(\sum_{i=1}^{n+1} x_{ij} \cdot t_{N_i} + \sum_{a=1}^{n+1} \sum_{b=1}^{n+1} \frac{L_{ab} \cdot x_{abj}}{v_c}\right)\right)$$

$$\mathrm{s.t.} \begin{cases} \sum_{i=2}^{n+1} x_{ij} \cdot q_i \leqslant q_c \\ \sum_{i=2}^{n+1} x_{ij} = 1 \end{cases}, j \in [1, m] \qquad (7-26)$$

从经济性目标分析,优化模型为

$$f_L = \min\left(\sum_{j=1}^{m} \sum_{a=1}^{n+1} \sum_{b=1}^{n+1} L_{ab} \cdot x_{abj}\right)$$

$$\text{s.t.} \begin{cases} \sum_{i=2}^{n+1} x_{ij} \cdot q_i \leq q_c, j \in [1,m] \\ \sum_{i=2}^{n+1} x_{ij} = 1, j \in [1,m] \\ \sum_{i=1}^{n+1} x_{ij} \cdot t_{N_i} + \sum_{a=1}^{n+1} \sum_{b=1}^{n+1} \frac{L_{ab} \cdot x_{abj}}{v_c} \leq T_{\max}, j \in [1,m] \end{cases} \quad (7-27)$$

从安全性目标分析,优化模型为

$$f_{\text{Th}} = \min \left(\sum_{j=1}^{m} \sum_{a=1}^{n+1} \sum_{b=1}^{n+1} \text{Th}_{ab} \cdot L_{ab} \cdot x_{abj} \right)$$

$$\text{s.t.} \begin{cases} \sum_{i=2}^{n+1} x_{ij} \cdot q_i \leq q_c, j \in [1,m] \\ \sum_{i=2}^{n+1} x_{ij} = 1, j \in [1,m] \\ \sum_{i=1}^{n+1} x_{ij} \cdot t_{N_i} + \sum_{a=1}^{n+1} \sum_{b=1}^{n+1} \frac{L_{ab} \cdot x_{abj}}{v_c} \leq T_{\max}, j \in [1,m] \end{cases} \quad (7-28)$$

7.4.3 基于时间窗口的单车(车队)运输路径模型构建

某装备物资仓库(站点)为多个装备物资需求部队运送装备物资,所有需求部队的需求量之和不大于单车或一个车队装载容量,装备物资仓库(站点)计划用一台车辆或一个车队从装备物资仓库(站点)出发,按一定顺序到达各个装备物资需求部队并卸货,完成运输任务后返回装备物资仓库(站点)。已知装备物资仓库(站点)与需求点、需求点与需求点两两之间的运输距离、安全通过概率和行驶时间,各需求点的需求量、卸货时间和送货时间要求,以及驾驶员途中休息时间、经济性和安全性决策权重向量等条件,要求确定车辆行驶线路,使运输安全性和经济性效果最佳,并满足各装备物资需求部队的时间窗约束。

$$\begin{cases} \min \sum_{j \in K} \sum_{i \in K} x_{ij} D_{ij} \\ \max \prod_{j \in K} \prod_{i \in K} x_{ij} P_{ij} \end{cases}$$

$$\text{s.t.} \begin{cases} \sum_{i \in K} x_{ij} = 1, j \in K \\ \sum_{j \in K} x_{ij} = 1, i \in K \\ ET_i \leq T_i \leq LT_i, i \in K \\ X = (x_{ij}) \in S, i,j \in K \end{cases} \quad (7-29)$$

式中　K——网络节点集合，$K = \{1,2,\cdots,k\}$，0 为装备物资仓库(站点)，$1,2,\cdots,k$ 为装备物资需求部队；

　　　P_{ij}——从节点 i 到节点 j 的安全通过概率；

　　　D_{ij}——从节点 i 到节点 j 的运输距离；

　　　ET_i——装备物资运输车辆最早允许到达需求部队 i 的时间；

　　　T_i——装备物资运输车辆计划到达需求部队 i 的时间；

　　　LT_i——装备物资运输车辆最迟允许到达需求部队 i 的时间；

　　　x_{ij}——车辆是否从节点 i 开往节点 j，$x_{ij} = 1|0$。

7.4.4　基于时间窗口的多车(车队)运输路径模型构建

假设装备物资仓库(站点)需要向一系列装备物资需求部队运送装备物资，每个需求点需求量小于单车(或单个车队编组)的装载容量，所有需求点的需求量之和大于单车(或单个车队编组)的装载容量，需要指派多台车辆(或多个车队编组)完成运输任务，且每台车辆(或车队编组)需要配载运行。已知装备物资仓库(站点)与需求点、需求点与需求点之间的运输距离(或安全通过概率)，每个需求点的卸货时间和装备物资送达的时间要求，可供指派车型及其行驶速度和装载容量(或车队编组类型及其行驶速度和装载容量)，连续行驶一定时间需要安排驾驶员休息 30min，车辆送完装备物资后当天返回装备物资仓库(站点)。要求指派运输车辆(或车队编组)并为每辆车(或每个车队编组)选择运输线路，使整个运输行动的经济性(或安全性)效果最佳，并满足各装备物资需求点的时间窗约束和每台车辆容量约束。

多车辆配载运输线路选择问题首先需要确定调用车辆数量及其类型。一般尽可能调用装载容量大的车型，且车辆数越少越好，这既符合经济性原则，又符合在战场环境下节约运力的原则。运用整数规划方法能够求出车辆数最少的派车方案。指派车辆的整数规划模型如下：

$$\min \sum_{p \in M} n_p$$
$$\text{s.t.} \sum_{p \in M} n_p v_p \geqslant a \sum_{i \in K} g_i \qquad (7-30)$$

式中　M——车辆型号集合，$M = \{1,2,\cdots,m\}$；

　　　n_p——调用 p 型号的车辆数，$n_p \geqslant 0$；

　　　v_p——p 型号车辆的装载容量；

　　　K——装备物资需求部队集合，$K = \{1,2,\cdots,k\}$；

　　　a——总量扩展系数，与车辆容量和各需求点的需求量是否匹配有关，一般情况下可定义为 $a \in [1.05, 1.3]$；

g_i——装备物资需求点 i 的需求量。

一旦车辆数和车辆类型确定,多车辆配载运输线路选择问题就转变成多重旅行商问题。多重旅行商问题不仅涉及多条运输线路选择,还涉及运输任务在车辆数之间的分配。本书采用遗传算法研究带时间窗约束的多车辆配载运输线路选择问题。遗传算法不能像线性规划和非线性规划那样直接处理约束条件,必须将有关调度问题的约束条件转化为惩罚函数形式,再嫁接到目标函数中。基于遗传算法原理,设计战场环境下多车辆运输任务分配和运输线路选择的数学模型如下:

$$\min Z = \sum_{i \in K} \sum_{j \in K} \sum_{p \in M} \sum_{q \in N_p} G_{ij} x_{ijpq} + r \sum_{p \in M} \sum_{q \in N_p} \max\left(\sum_{i \in K} g_i y_{ipq} - v_{pq}, 0\right) + A \sum_{i \in K} \max(ET_i - T_i, 0) + B \sum_{i \in K} \max(T_i - LT_i, 0) \quad (7-31)$$

式中　Z——目标函数值;

K——装备物资需求部队集合,$K = \{1,2,\cdots,k\}$;

M——车辆型号集合,$M = \{1,2,\cdots,m\}$;

N_p——调用 p 型号运输车辆集合,$N_p = \{1,2,\cdots,n_p\}$;

r、A、B——足够大的正数;

g_i——装备物资需求点 i 的需求量;

v_{pq}——p 型号第 q 台车的装载容量;

ET_i——装备物资运输车辆最早允许到达需求部队 i 的时间;

T_i——装备物资运输车辆计划到达需求部队 i 的时间;

LT_i——装备物资运输车辆最迟允许到达需求部队 i 的时间。

$$x_{ijpq} = \begin{cases} 1, p \text{ 型号第 } q \text{ 台运输车从节点 } i \text{ 驶往节点 } j \\ 0, \text{否则} \end{cases} \quad (7-32)$$

$$y_{ipq} = \begin{cases} 1, p \text{ 型号第 } q \text{ 台运输车给装备物资需求点 } i \text{ 送货} \\ 0, \text{否则} \end{cases} \quad (7-33)$$

目标函数由以下四项之和组成:第一项是综合路权的总和;第二项是处理车辆容量约束,表示不允许车辆超载;第三项和第四项是处理时间窗约束,分别表示不允许车辆违背时间窗约束提前到达和延迟到达。由于 r、A、B 是足够大的正数,因此任一车辆超载、提前到达或延迟到达都会引起目标函数值的急剧增加,从而能够保证算法在搜索时舍去不符合车辆容量约束和时间窗约束的解。解的连通性由算法设计来保证。

7.4.5　模型解算

物资运输路径的多目标规划模型是一个 NP-hard 问题,出于计算复杂度考虑，需要采用智能优化算法进行问题解算。动态蚁群算法在解算性能上具有较强的鲁棒性，并且具有全局搜索次优解的能力，在装备物资运输路径规划问题上具有较好的适用性。

7.4.5.1 蚁群算法基本原理

1990年，Deneubourg和Franks等开始通过实验观察真实的蚂蚁群体，研究建立人工蚂蚁模型系统。在实验中，他们使一个蚂蚁巢的蚂蚁通过在巢左边的桥或右边的桥均可立即找到食物。起初，两座桥的长度相同。实验表明，虽然蚂蚁可完全自由地选择左边或右边的桥，但是几乎所有的蚂蚁很快均选择同一座桥。他们发现其原因是蚂蚁在经过的道路上存放了一种化学物质，蚂蚁能够用其触角发现这些物质。这种化学物质为荷尔蒙，可存储信息。可建立概率模型来仿真真实的蚂蚁群体。如果没有荷尔蒙，则蚂蚁只能完全随机地搜索周围区域。如果有一条荷尔蒙踪迹，则蚂蚁跟随荷尔蒙踪迹的概率会很高。如果存在两条荷尔蒙踪迹且彼此交叉，则蚂蚁追随有较大量荷尔蒙踪迹的概率较高。如果不断有蚂蚁在一条踪迹上存放越来越多的荷尔蒙，则蚂蚁模型的搜索食物程序就会做出正反馈式的响应。相反，如果没有后续蚂蚁通过，则这条踪迹上的荷尔蒙将蒸发，这条踪迹将不被使用并逐渐消失。因此，在上述实验中，大多数蚂蚁很快选择存放较多荷尔蒙的桥去寻找食物。如果实验中两座桥的长度不同，应用相同的概率模型，则可得知蚂蚁将很快选择比较短的桥。在实验开始时，两座桥均没有荷尔蒙，蚂蚁选择左边或右边桥的概率相等。由于选择较短桥的蚂蚁能较早找到食物并且较早回巢，因此在较短桥上的荷尔蒙数量增长较快，很快几乎所有蚂蚁都会选择较短的桥。蚂蚁群体就是这样利用天然的"最优化算法"，在巢和食物之间找到最短的路径，尽管每只蚂蚁只有有限的局部区域视野。

近年来的实验表明，蚂蚁群体也会利用其他路径来调节"交通流量"，避免"交通拥挤"。如果通过这两座桥的路非常宽，则在蚂蚁所偏爱的、存放了较多荷尔蒙的道路上，"交通"就会比较拥挤。但是，如果使两条路变窄，蚂蚁在经过它们所偏爱的路时就会遇到困难，则蚂蚁便会相互推挤，让一些蚂蚁去寻找另一条路径，使两条路上的"交通流量"变得更均衡。1992年，Colorni, Dorigo和Maniezzo首次利用蚁群算法（ACA）这一新型启发式方法求解了TSP及其他常见的组合优化问题。ACA利用存储器存储可修改的信息，模仿上述蚂蚁踪迹的变化，帮助蚂蚁群体在巢和食物之间找到最短的路径。研究还表明，在求解组合优化问题时，上述简单的ACA搜索食物程序并不能产生真正有效的启发式方法。简单的正反馈响应机制有时可能得出错误的解答。例如，当唯一现有踪迹仅是第一只蚂蚁通过时留下并且它的荷尔蒙数量很少时，后来的蚂蚁就很难决定是否选择这条踪迹。当正反馈效应很强时，可能出现下面两种情形：第一种情形，所有的蚂蚁都选择第一只蚂蚁走过的路径;第二种情形,第二只蚂蚁仅进行一次随机的搜索,然后所有蚂蚁就都选择第二只蚂蚁走过的路径。如果不增加更有效的存储功能,则 ACA 仅靠简单选择很难在蚁巢和食物之间发现一条最短路径。

人工蚂蚁模型逐渐采用了各种更有效、更先进的方法。蚂蚁群体可由不同类型的蚂蚁(蚁后、工蚁及兵蚁)组成并各自承担不同的工作。其中最重要的是蚁后,它能产生新的蚂蚁,并为蚂蚁分配工作,管理整个蚁群。"聪明的"蚁后还可制定与真实蚂蚁相似的各种搜索策略。Dorigo 指出:ACA 可以解决物资流通、数据传输和机器人设计等大量问题,它已成功地用于多个领域,如控制天然气的分流、优化工作计划和市场战略评估等。近年来,美军开展的使用无人机和无人船群体执行作战任务的研究表明:利用 ACA 的方法,使无人机和无人船释放信息素(荷尔蒙),可以改进它们之间的相互分工和协作,提高无人机和无人船群体的作战效能。

蚁群算法中,目标节点的状态转移概率模型为

$$p_{ij}^k = \begin{cases} \dfrac{[\tau_{ij}(t)]^\alpha \cdot [\vartheta_{ij}(t)]^\beta}{\sum\limits_{j \in \Phi}[\tau_{ij}(t)]^\alpha \cdot [\vartheta_{ij}(t)]^\beta}, & j \in \Phi \\ 0, & 其他 \end{cases} \quad (7-34)$$

式中 i——蚂蚁当前位置;

j——蚂蚁下一步可到达位置;

Φ——蚂蚁从位置 i 出发所有可行路径点的集合;

$\tau_{ij}(t)$——由位置 i 到位置 j 的信息素浓度;

$\vartheta_{ij}(t)$——由位置 i 到位置 j 的启发函数;

α——信息素因子;

β——启发函数因子。

启发函数满足对最短路径的期望程度,可表示为

$$\vartheta_{ij}(t) = d_{ij}^{-1} \quad (7-35)$$

式中 d_{ij}——由位置 i 到位置 j 的直线距离。

信息素更新模型为

$$\begin{cases} \tau_{ij}(t+1) = (1-\rho)\tau_{ij}(t) + \Delta\tau_{ij}(t) \\ \Delta\tau_{ij}(t) = \sum\limits_{k=1}^{m}\Delta\tau_{ij}k(t) \end{cases} \quad (7-36)$$

式中 m——蚁群总量;

ρ——信息素挥发系数;

$\Delta\tau_{ij}(t)$——本次循环中信息素增量;

$\Delta\tau_{ij}k(t)$——本次循环中第 k 只蚂蚁经过道路 ij 后信息素增量。

基于上述模型,动态蚁群算法的基本流程如图 7-6 所示。

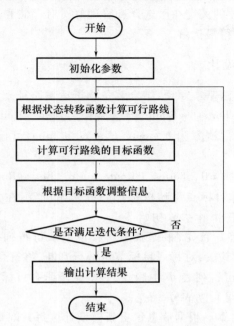

图 7-6 动态蚁群算法基本流程图

第一步:初始化。设置人工蚂蚁数,并将所有参数置零。

第二步:计算可行线路。根据状态转移函数,计算人工蚂蚁从起点至终点的路径,并记录为一个可行解。

第三步:计算可行解的目标函数,并保持最优路径。

第四步:根据目标函数调整信息素及相关参数值。

第五步:迭代条件判断。满足迭代条件则进入下一步,不满足条件则跳转至第二步。

第六步:结果输出。

早期的 ACA 没有蚁后程序,尽管它也能同时启动若干蚂蚁程序,但是各程序之间的联系不是很密切。它只能在人工蚂蚁之间进行简单、非同步的交互,一只蚂蚁不知道另一只蚂蚁正在做什么,因此它在求解很多实际问题中不是很有效。近年来,新出现的 ACA 与上述蚁群算法相比有了更强大的功能。例如,有的 ACA 具有同步机制,等全部蚂蚁程序都完成工作后才更新踪迹,并且采取更具智能的搜索策略来更新踪迹。还有的 ACA 只允许利用一个更优秀的解来更新踪迹,以此实现了一种可增强搜索效果的优化策略。最近提出了人工踪迹的概念,它是一种新型存储机制,可记录在早先所得解中特定元素的应用信息。另外,还出现了可不断学习的蚁后程序,它可以更聪明地管理大量蚂蚁程序之间的合作。成功应用 ACA 的关键在于选择和管理好所有存储和更新的信息,以及使用好这些信息迅速求得最优解。

7.4.5.2 算法设计

根据动态蚁群算法基本原理,结合装备物资运输路径规划问题,设人工蚂蚁数为 m,最短路径为 Shortest-Route,最佳路径为 Best-Route,实际路径节点集合为 Route,算法迭代总次数为 N-max,禁忌表为 Tabu,可行列表为 Φ。算法步骤如下。

第一步:初始化。$t=0$,Shortest-Route $= +\infty$,Best-Route $= \varnothing$,Route $= \varnothing$,可行列表 Φ 加入全部目标点。随机选择蚂蚁初始位置,在禁忌表 Tabu 中加入初始节点,在可行列表 Φ 中去除初始节点。

第二步:节点选择。首先,根据状态转移模型从可行列表 Φ 中为每只蚂蚁选择下一目标节点。其次,对每一目标节点进行判断,将符合路径选择的节点加入禁忌表 Tabu,并从可行列表 Φ 中删除,直至遍历所有目标节点。最后,初始节点加入禁忌表 Tabu,可行列表 Φ 清空。

第三步:更新信息素。根据信息素更新模型计算每只蚂蚁信息素浓度 $\tau_{ij}(t)$,并与 Shortest-Route 进行比较,当小于 Shortest-Route 时,更新 Shortest-Route,并将禁忌表 Tabu 中的 Route 赋予 Best-Route。

第四步:检查终止条件。判断是否达到最大迭代次数 N-max,是则进行下一步,否则重新初始化并执行第二步、第三步、第四步。

第五步:结果输出。

7.5 本章小结

装备物资供应规划方案的科学性、有效性直接决定了装备物资需求部队能否得到适时、适地、适量的装备物资供应保障,进而影响作战任务的达成。围绕装备物资供应规划问题,本章主要完成了以下几项工作:

首先从装备物资供应模式入手,分析了装备物资供应方式、供应时机、运输途径,并对装备物资供应保障系统的要素组成、流程关系进行了研究,为后续工作打好基础。

其次针对装备物资分配规划问题,从规划任务描述、规划资源分析、规划目标确定、规划条件约束四个方面界定了边界条件;针对需求部队之间存在的物资需求竞争情况,建立了基于非合作博弈模型的装备物资分配规划模型;由于鸽群算法具有全局搜索快速、局部寻优精确的特性,设计了改进鸽群算法的模型解算方法。

最后针对物资运输路径规划问题,从规划任务描述、规划资源分析、规划目标确定、规划条件约束四个方面界定了边界条件;区分时效性、安全性、经济性目标需求,分别建立了基于时效性、安全性、经济性考虑的多目标运输路径规划模型;针对模型计算复杂度问题,运用具有全局搜索且鲁棒性较强的蚁群算法进行模型解算。

第 8 章

装备保障任务规划方案评估

装备保障任务规划方案评估是装备保障任务规划研究的重要内容,它是对经过装备保障任务规划后形成的装备保障计划方案的全面评价和估量,能够从整体上评价装备保障方案对保障需求的满足程度,发现现有方案的短板弱项,帮助指挥员及时调整指挥决策,准确实施保障行动的动态监控,更为合理地筹划运用装备保障资源,有效提高装备保障效能的发挥。

8.1 研究现状

8.1.1 国外研究现状

根据对外军文献资料的收集发现,美军十分重视装备使用与保障工作,并对装备使用和维修数据进行收集、研究、分析,对现役装备保障资源进行优化配置,已开发了一些保障资源优化分析工具和系统评价工具,如基于战备完好率的备件库存确定模型 RBS、V Metric 2.1 Optimum Sparing Model、DOCSHELL、SPAR 和 TIGER 等。通过对外军文献的整理,目前外军有以下几种比较典型的评估方法和模型。

8.1.1.1 典型评估方法

姚伟召对国外经典评估方法现状综述如下:

(1) SEA 法。SEA 法是由美国麻省理工学院系统与决策实验室的 Levis 等在 20 世纪 70 年代末、80 年代中期提出的,其原理是观察系统的运行轨迹与使命所要求的轨迹相符合的程度,若符合程度高,则系统的效能高,将系统能力与使命要求进行比较,即可得到系统动态的效能值。这种方法物理含义明确,数学推理严谨,适合对具有使命任务的武器系统效能进行评估。

(2)层次分析法。层次分析法(Analytic Hierarchy Process,AHP)是美国匹兹堡大学 Saaty 教授于 20 世纪 70 年代中期提出的一种多目标、多准则的系统分析方法,1982 年由天津大学的许树柏等引入我国。这种方法思路清晰、系统、简便,但是依赖于专家的主观性,而且评估值与武器装备实际的作战效果之间不具有物理拟合性,因此,在国外武器装备作战效能评估中应用不是很广泛,但在我国的装备系统评估理论研究中却得到了广泛的应用。

(3)专家评估法。专家评估法是最早的武器装备效能评估方法,主要是通过获取专家知识来对研究问题做出评价,依据众多专家的智慧和经验进行分析和预测,因此主观性比较强。对于专家评估结果的处理,最简单的方法是平均法或加权平均法,之后又出现了德尔菲法、头脑风暴法、交叉影响分析法等,每种方法的评价机制和算法都各有侧重,结果也更为科学。

(4)系统动力学评估方法。系统动力学是由美国麻省理工学院 Forrester 教授在研究社会经济系统复杂性并总结了传统的管理方法之后,于 1956 年提出的,由杨通谊、王其藩等于 20 世纪 70 年代末引入我国。系统动力学基于系统论,同时还吸收了控制论思想。它研究的系统是一个时间尺度上动态变化的系统,通过描述系统单元的相互作用,特别是具有反馈回路的系统来研究问题。因此,这种方法适用于具有复杂运作过程的武器装备"体系"类系统。

(5)探索性评估法。探索性分析是美国兰德公司在 20 世纪 90 年代提出的一种面向高层次系统规划与论证的不确定性分析方法,用于对各种不确定性因素所对应的结果进行整体研究。常用的探索性分析方法有三种:输入参数探索分析法、概率探索分析法和混合探索分析法。探索性分析的目的是全面了解不确定性因素对问题的影响,以及探索能够完成相应任务所需要的系统能力和策略,从而全面考察大量不确定性条件下各种方案的不同结果,达到能力规划和方案寻优的目的。

(6)支持向量机方法。支持向量机方法(Support Vector Machine,SVM)是由贝尔实验室的 Vapnik 教授于 20 世纪 90 年代中期提出的,它是用最优化方法解决机器学习问题的新工具。SVM 能很好地解决选择与学习问题、非线性和维数灾难问题、局部极小问题等,因此在模式识别、处理回归问题等方面的应用有较好的效果,可以避免人为确定权重的过程,减少了评价过程的主观性。

8.1.1.2 典型评估模型

李鑫对国外经典评估模型现状综述见表 8-1。

表8-1 国外装备保障系统效能评估模型评述

模型分类	评估模型	特点描述
解析模型	WSEIAC 模型	不适用于大型复杂的装备维修保障系统效能评估
	ARINC 模型	效能的综合评估模型
	OPUS10 模型	全球用户多,功能强大,模型成熟,已升级到 8.0 版本
仿真模型	LOGAM 模型	符合 HLA 规范的装备保障仿真模型
	SIMLOX 模型	基于蒙特卡洛、排队论的装备使用与保障仿真分析工具
	LCOM 模型	基于蒙特卡洛、资源排队论、系统工程的仿真工具
	LOGSIM 模型	典型的离散事件仿真模型
	GOOPN++ 模型	增强型扩展的面向对象 Petri 网的仿真模型,运用离散时间动态系统仿真技术对 GOOPN++ 进行仿真运行
	SALOMO 模型	针对和平时期的装备使用和维修分析,可对维修、使用、准备和备件供应进行模拟

(1) LCOM 模型。该模型由美国空军后勤司令部航空系统中心与美国兰德公司于 20 世纪 60 年代开始合作开发,是一款基于蒙特卡洛法、资源排队论、系统工程理论的装备评估与分析仿真工具。起初,LCOM 模型用于空军维修人力资源与飞机出勤率方面的研究;目前,该模型被广泛应用于后勤、可靠性、维修性、保障性的均衡、分析等领域,主要用于飞机,同时也适用于其他各种武器系统,已成为美国空军主要的保障性仿真模型。LCOM 模型主要用途是:确定人力、备件、保障设备和保障设施等后勤资源组合;评估维修需求、维修策略、保障方案等因素的变化对装备使用效能的影响;评估备选装备设计方案的保障性;开展飞机固有性能、零件/子系统可靠性、飞机周转时间、出勤率、出动时间、任务综合等性能参数灵敏度分析;进行寿命周期费用分析等。

(2) SCOPE 模型。该模型是美国空军建模中心开发的后勤保障性仿真模型,它用于量化分析由于后勤策略和规程变更对武器系统可用度的影响,适用于基层级、中继级、基地级三个维修级别。其主要功能是:确定零散供应与批量供应机构的供应水平;编制修理计划;管理横向补给;当批量供应级单位缺货时,确定备件分配的优先顺序等。SCOPE 模型的输入端由 100 多种不同类型数据组成,主要输入类型包括武器系统特性、备件特性、零散供应与批量供应特性、运输时间、用户指定选项等。武器系统特性包括武器系统每月使用小时数、现场可更换单元及数量等;备件特性包括故障率、每个维修级别下的修复率、每个维修级别下备件中元器件的更换率、修理时间、维修车间的维修能力等;零散供应机构的特性包括:基层单位数量,每个基层单位武器系统的数量,各基层单位平时、战时的装备可用度要求以及对应的修理级别等;运输时间包括:批量供应到零散供应级的订货与装货次数、退货次数,横向补给的标准装货量和优先装货量等;用户指定选项包括分配备件的优选性、建立退货的优选性、设置横向补给的规则、制定各维修级别备件配置水平、基地级维修预算等。SCOPE 模型的输出端是武器系统的可用度，同时也可得出如供应可用度、出货量、报废系统的可重用率、修理车间利用率、基地级可修备件的数量等中间计算指标。

（3）WSEIAC 模型。该模型是美国工业界武器系统效能咨询委员会的 50 位专家于 20 世纪 60 年代提出的，现已在武器系统效能评估中得到了广泛应用。WSEIAC 模型将武器系统的各种效能评定准则归结为有效性向量 A、可信赖性矩阵 D 和能力矩阵 C 三个效能要素，并用三要素组合来表征武器系统总性能的单一效能度量，即 $E = A \cdot D \cdot C$。有效性向量 $A = [a_i]_{l \times n}$ 表示系统在开始执行任务时处于不同状态的概率，n 表示系统可能处于的状态数，a_i 表示系统在开始执行任务时处于状态 i 的概率。可信赖性矩阵 $D = [d_{ij}]_{n \times n}$ 表示系统在执行任务过程中的各个主要状态，d_{ij} 表示系统在状态 i 中开始执行任务，在执行任务过程中由状态 i 转移到状态 j 的概率。能力矩阵 $C = [c_i]_{n \times l}$ 表示系统完成任务的能力度量，c_i 表示系统处于状态 i 时的能力。

（4）OPUS10 模型。该模型是英国系统与后勤工程公司开发的一个仿真模型，用于解决后勤保障系统分析与评估问题。OPUS10 模型能够在后勤保障机构、系统设计参数、维修策略、库存策略等问题之间进行权衡研究与决策。其主要特点是：不受保障级别、器件数量以及装备结构深度等方面的限制；支持对不同维修策略的建模；具有强大的费用/性能建模与优化能力；能够计算优化备件分配和设计后勤保障解决方案，以最低的费用确保达到可用度性能要求；具有优化修理地点分析等能力。通过使用该模型，可实现降低维修费用、备件费用、库存费用，提高系统可用度，选择较佳费效比方案，确定最佳维修位置，模拟供应保障活动等功能。

（5）SALOMO 模型。该模型是荷兰皇家空军与 TNO–FEL 公司合作开发的一个后勤仿真模型，用于空军飞机的使用与维修分析。和平时期，荷兰空军 F–16 的使用必须满足飞行员年度的飞行训练任务，同时 F–16 的使用会导致故障以及可执行任务能力的持续降低，进而不能满足北约规定一定比例的 F–16 必须保持执行任务能力的要求。SALOMO 模型开发的目的就是解决上述问题，使飞机得到良好的后勤保障。其包括了对飞机战备完好率、飞行小时数以及基于人力及维修工作的飞行任务完成率等进行模拟仿真，分析多种因素对空军基地的影响程度，如人员、防区外行动或飞行计划变更等，对比维修与使用策略方案，为空军基地的后勤管理提供支持和帮助。

（6）LOGAM 模型。该模型是美国国防部开发的符合 HLA 规范的后勤仿真模型，用于辅助后勤工程人员在装备系统全寿命周期中对系统的设计使用、系统效能、寿命周期费用等进行分析和评估。LOGAM 模型提供了 300 多个参数描述系统和使用条件。这些参数的数据类别可分为标准数据元素、系统特有数据元素、现场可更换单元特有数据元素、模型控制数据元素等。该模型可以计算系统可用度、初始保障需求、供应件与修理件需求、测试设备需求、测试与修理人员需求、系统后勤保障费用等。

通过分析,国外装备保障效能评估研究有以下三点重要特征：

(1) 重点体现保障任务、保障系统、保障资源的建模与评估。保障任务的建模与评估是在分析保障任务剖面的基础上,依据保障任务内容以及约束条件,分析保障任务结果和需要加强的保障项目,以便满足实际任务需求。保障系统的建模与评估是对系统各要素进行描述,依据任务剖面,分析保障系统中存在的问题,并制定相关的备选方案。保障资源的建模与评估,重点针对人力、备件、保障设备、保障设施等,依据装备使用单位的编制体制、维修体制、维修策略、维修机构的级别、数量、位置等,对各种保障资源进行分类、定量、配置、优化和评定。

(2) 重视评估模型的通用性和标准化。由于目前各国普遍存在装备系统多代并存、种类繁杂的情况,因此在开展装备保障仿真评估中,将各级各类装备保障问题综合统筹考虑,强调系统指标和模型的建立符合相关规范和标准,使模型模块具有可重用性。

(3) 将系统可用度、资源利用率、任务成功率、寿命周期费用等作为评估的关键指标。从国外建立的仿真模型中不难看出,开展装备保障活动相关的最优化问题,如优化资源的配置、使用、供应策略,制定保障活动方案,都是围绕着几个关键性、总体性的指标实现的,这些指标反映了系统的总体特性,通过这些指标可评价装备保障系统设计、使用、维修、保障情况的优劣。

8.1.2 国内研究现状

国内对评估模型的研究主要分为定性评估、定量评估、定性与定量评估相结合三类方法,见表 8-2。

表 8-2 国内装备保障系统效能评估模型评述

评估模型		优点	缺点
定性评估	专家打分法	利用专家经验,对各因素的重要度进行评估,适用面广,操作性强	评估结果受个人主观印象影响
	德尔菲法	无需数据和原始信息,利用专家的丰富实践经验,集思广益,做出比较准确的评价。同时,避免了专家意见的相互影响	评估结果受个人主观印象影响
	头脑风暴法	专家的相互启迪,产生思维共振,形成更多的共识意见,使评估结果准确、全面	主观性强

续表

	评估模型	优点	缺点
定量评估	数据包络分析法	可评估多输入多输出的大系统,能够采用"窗口"技术找出单元薄弱环节	评估单元的相对发展指标,无法表示实际发展水平
	灰色理论	可将定性问题转化为定量描述	不能得到确切值,只能判断大致的大小
	神经网络法	客观性强,能够根据实际情况进行调整	需要大量的评估训练样本
	贝叶斯网络	在评估中,可以有效地利用主客观信息,抓住主要因素,提高评估效率	条件概率和先验概率确定难度大
综合评估	层次分析法	系统地综合专家经验,全面、客观地反映评估对象的状态和水平,评估结果既有定性分析,又有定量结果	评估因素数目不能过多,一般不超过九个
	模糊综合评估法	可以有效地处理评估中模糊的、非量化的、难以精确定义的定性因素	运用模糊综合评估法时,没有统一的标准,主观性强
	马尔科夫过程评估	对历史信息资料需求少,可以进行动态评估	适用范围窄

蔡文军对国内评估模型现状综述如下:

(1) 定性评估模型。俞康伦运用矩阵评估模型对部队装备保障运行状况进行评估。该模型相较于"打分求和"法有较大的改进,适用于单位工作发展趋势的评估和单位间工作质量优劣的评比。

(2) 定量评估模型。

① 灰色理论。陈红军等采取灰色关联分析评估法,在对指标灰序白化基础上,建立了灰色关联模型,并对装备保障系统进行灰色关联分析。吕乙婷等利用灰色关联分析法对部队装备保障能力进行了评估。

② 数据包络。刘义乐等运用数据包络分析法(DEA)对装备维修能力进行了评估。王猛等将装备维修保障系统看作是一个独立的决策单元,将其输入、输出进行分解,建立了维修保障系统的数据包络分析(Data Envelopment Analysis, DEA)模型,为评估维修保障系统效能提供了一种可量化的思路和方法。

③ 神经网络。神经网络具有很强的非线性映射能力、自学习能力等特征,可以较好地进行多因素非线性系统的分析。朱峰等构建了基于BP神经网络的车辆装备保障能力综合评估模型。马晓峰等运用基于人工神经网络理论及BP神经网络原理,建立了装备保障资源评估模型,初步形成了对装备保障资源各基本内容的评估。何明等针对装甲装备维修保障系统的特点,建立了评价指标体系,结合德尔菲法和层次分析法确定了各指标的权重,采用有激励与惩罚功能的变权综合法思想对初始训练样本进行再处理,以构造更为精确的训练样本,采用

了 Elaman 神经网络构建模型,评估其效能。Elaman 神经网络与前向神经网络 BP 相比,同样具有非常强的非线性映射能力,但是收敛速度却比 BP 神经网络快很多,同时克服 BP 神经网络可能得到局部最小值的缺点,更加注重全局稳定性,使评估的结果更为可信。

④ Petri 网。魏勇等以模糊 Petri 网为基础,将权重、可信度等约束条件应用到模糊 Petri 网中,建立了一种新的、加强的带权模糊 Petri 网,给出了形式化推理算法,评估了舰炮装备的保障性指标。张涛等提出了一种可用于装备保障能力评估的增强型扩展的面向对象 Petri 网(GOOPN + +)模型,给出了该模型形式化描述,引入了抽象库、抽象变迁、消息颜色以及对象间的消息传递函数等新的概念,并运用离散时间动态系统仿真技术对 GOOPN + +进行仿真运行,统计得到装备任务的成功概率、保障资源的利用率、装备任务的平均完成时间等指标,从而分析出现有的保障方案满足装备任务保障需求的能力。这种仿真方法具有较好的可理解性、可维护性和重用性,为面向任务的装备保障能力评估提供了一种新的思路。

⑤ 贝叶斯网络。彭善国等将贝叶斯网络应用到装备保障能力评估建模,采用结构化方法,提出了基于贝叶斯网络的装备保障能力评估建模流程。

⑥ 熵理论。孙栋等提出了基于熵理论的系统结构复杂度评价方法,对一体化保障力量体系结构复杂度进行了评估。

⑦ 支持向量机。赵时等提出了应用支持向量机对航空装备维修保障能力评估系统进行建模。

⑧ 主成分分析法。李玉鹏等提出了基于主成分分析法的空间雷达兵通信装备保障能力评估模型。王海涛等运用主成分分析法对装备维修资源保障能力的多项指标进行了综合聚集,在理想点的基础上,建立了综合优化决策模型。该方法通过主成分的方差贡献率来表示变量的作用,可避免在系统分析中对权重的主观判断,使权重的分配更合理,尽可能地减少重叠信息的不良影响,克服变量间的多重相关性,使系统分析简化。

(3)定性与定量相结合。

① 层次分析法。魏先军等运用网络层次分析法,建立了数字化装甲团整合式保障力量模型和配送式保障力量评估模型。

② 模糊综合法。汪正西等对装备保障资源能力评估体系构成要素的复杂性和不确定性因素,采用基于 Rough 集理论的装备保障资源能力评估模型。陈跃跃等将两种典型的主观赋值法和客观赋值法相结合,建立优化模型,通过求解优化模型来确定各指标最终的权重值,根据模糊综合评价的需要构造了评分隶属函数,使定性分析和定量分析很好地相互融合。郭建胜等以某单位的装备保障指挥控制系统为对象,考虑了在评估实践中专家评判值的缺失,在模糊一致性

的基础上,提出了一个不完全判断矩阵缺失值的估计和补偿算法。该方法对传统模糊层次分析法进行了修正。由于在采用层次分析方法开展评估过程中,评估专家有可能对部分指标之间的相对重要度不太了解,因此会降低评判的科学性与客观度。为解决这个问题,应允许专家用缺失值来代表"不知道、不清楚、不了解"的情况,这就会造成模糊层次分析法的不完全信息问题。在作者提出上述修正算法的支持下,在原有语义措辞等级的基础上添加"不知道、不清楚、不了解"一栏,解决了评判问卷对评判专家的束缚和限制,增强层次分析方法在保障效能评估中的人性化水平。时和平等针对装备维修人员保障能力评估的不足,采用多层次模糊综合评判原理,设计了评估模型,提出了指标体系及其权重分配方法,构造了评估的比较判别矩阵,给出了保障能力的一级评价模型和二级评价模型。这种方法是以模糊数学为基础,应用模糊关系合成的原理,对受到多种因素制约的事物或对象,将一些边界不清、不易定量的因素定量化,保障了评估过程与评估人对评估对象的认识过程相一致,增强了评估结果的准确性。

(4) 其他评估方法。程力等采用基于李德毅院士提出的定性定量互换模型——云模型的系统评估方法,对炮兵装备保障体系效能进行综合评定。在评估过程中用云来表示相应的权值和评估值,可更准确地捕获系统的不确定性和模糊性,以确定定性概念的定量数据范围,实现将精确的数值表达转换为恰当的定性评语。该方法避免了采用纯定量的精确数学模型的不足。精确的定量方法易忽略评估中的不确定性,特别是模糊性和随机性,会将研究问题的客观约束条件限制得过于严格,以至于效能评估结果难以有明确的物理含义。

艾宝利等在建立装备维修保障系统指标体系的基础上,针对当前评估方法在处理不确定信息方面的不足,提出了一种基于灰色-证据理论的维修保障系统效能评估模型。首先通过专家法、实地调研法和仿真分析法获取系统效能的评估指标值,并通过计算评估指标值与系统评估等级之间的灰色关联度,构建不同方法下系统效能评估等级的基本概率分配,其次利用证据理论的合成规则对不同方法下系统的评估等级进行合成,从而获得系统效能的评估结论。这种模型通过不同方法获取系统状态信息,避免了采用单一方法的片面性,同时利用灰色关联理论处理不确定性的优势及证据理论的合成规则,一定程度上提高了评估结论的可靠性。

杨懿等采用了改进逼近理想解排序法(Technique for Order Preference by Similarity to Ideal Solution, TOPSIS)法对维修保障系统效能进行了综合评估。TOPSIS法是一个有限方案多目标决策分析方法,借助于多目标决策问题的"理想解"和"负理想解"来进行排序,以确定各方案的优劣程度,比较符合决策者的主观思维习惯。但在实际应用过程中,TOPSIS法以与理想解和负理想解的欧几里得距离为基础来判断方案的优劣程度,这样就存在与理想解欧几里得距离近的方案可能与负理想解的距离也近,按相对欧几里得距离对方案进行排序并不能完全反映各方案的优劣性。作者对 TOPSIS 法进行了改进,用"垂面"距离代替欧几里得距离,很好地解决了上述问题。

8.2 方案评估指标体系构建

方案评估的指标体系是指由若干相互关联,可以反映装备保障任务规划方案特征的各类标准或参量组成的有机整体。指标体系中的单个指标是对装备保障方案某一特征的标度,全体指标的有机组合形成了对装备保障任务规划方案整体的完整度量。装备保障任务规划方案评估指标体系不是简单的筛选与堆积,而是需要采用科学的方法和手段进行构建。

8.2.1 指标体系构建的原则和流程

8.2.1.1 构建原则

在文献的基础上,结合装备保障规划方案的特殊实际,总结装备保障任务规划方案评估指标体系构建应遵循的原则如下:

(1)系统性原则。构建的指标体系应反映装备保障方案的综合情况,突出主要特征和主体因素,既能反映单一指标的个体特征,又能反映保障方案的整体属性,实现指标体系的完整与平衡,从而保证评估结果的全面可信。

(2)实战性原则。构建的指标体系应满足实战化需求,紧贴装备保障实际情况,着眼"能打仗、打胜仗"的总要求,突出影响指挥决策的关键节点,聚焦装备保障能力的整体提升,保证评估结果的切实有效。

(3)完备性原则。构建的指标体系应覆盖广泛,具备对装备保障方案的综合度量能力,避免因对某一方面特征的忽视或遗漏,造成对装备保障任务规划方案评估的偏差与失真。

(4)可测性原则。构建的指标体系应描述清晰、易于理解、便于操作,突出指标的规范化和标准化,做到有条可依、有据可循、有量可测,便于指标数据的采集和处理。

(5)一致性原则。一方面是指构建的指标体系应与评估目标保持一致,避免本末倒置或南辕北辙;另一方面是指各指标间应避免自相矛盾,减少交叉关联,提高指标的独立性。

8.2.1.2 构建流程

装备保障任务规划方案评估指标体系构建是一项系统工程,需要遵循科学、可行的方法步骤。因此,需要对装备保障任务规划方案评估指标体系构建流程进行系统的设计和谋划。如图 8-1 所示。

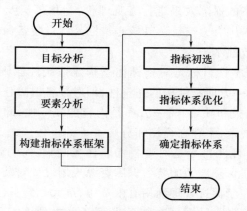

图 8-1 装备保障任务规划方案评估指标体系构建流程图

(1)目标分析。构建指标体系,首先要明确目标。分析装备保障任务规划方案的核心目标,为指标构建指引了方向。

(2)要素分析。按照系统论的思想,评估过程是分解还原的过程。因此,分析装备保障任务规划方案的构成要素,有利于厘清指标体系框架、梳理总分之间关系。

(3)构建指标体系框架。指标体系的结构直接影响指标的选取,因此要明确指标体系框架,为后续工作打好基础。

(4)指标初选。指标初选是对装备保障任务规划方案进行系统的分析和抽象的过程。要求选择的指标能够有效反映装备保障任务规划的特征和特性,尽量做到详细和全面。

(5)指标体系优化。经过初选后形成的指标体系草案可能还存在结构不合理、指标不恰当的问题。因此,需要通过指标体系优化以保证得到科学、有效的评估指标体系。

8.2.2 指标体系草案

按照指标体系构建流程,分别经过目标分析、要素分析、框架构建和指标初选,形成装备保障任务规划方案评估指标体系草案。

8.2.2.1 目标分析

目标是对事物状态的一种期望。目标分析是构建装备保障任务规划方案评估指标体系的基础和前提。装备保障任务规划方案评估是以实战化装备保障为背景，紧贴作战任务执行对装备保障的实际需求，采用科学的评估方法和手段，对现有任务规划方案的保障效果进行客观评价，为指挥员及后装保障要素实施装备保障指挥决策提供有力支持。其核心目标是度量装备保障任务规划方案的完整性、合理性、有效性水平。

(1)完整性。完整性目标是对指标体系构建系统性原则的遵循和体现，主要包括两方面内容：一方面是结构的完整性，即对装备保障任务规划方案各要素涵盖齐全，不存在短板和缺项；另一方面是内容的规范性，即对装备保障任务规划方案各要素表述规范，不存在模糊和分歧。

(2)合理性。合理性目标是对装备保障任务规划方案适用程度的度量，反映了方案中基于现实保障能力的装备保障资源规划设计对装备保障任务需求的满足程度。其作用在于促进合理利用有限资源，最大化装备保障效益。

(3)有效性。有效性目标是对装备保障任务规划方案作用发挥的直接描述，主要包括两方面内容：一方面是结构要素的有效性，即各要素在装备保障活动这一有机体内充分发挥各自作用；另一方面是方案运行的有效性，即在装备保障任务规划方案指导下装备保障活动的实施运行情况。

8.2.2.2 要素分析

确定评估目标后，采用系统工程理论和方法对装备保障任务规划方案进行全面的分析和研究，明确关键要素及其相互关系，为后续研究提供依据。装备保障任务规划方案评估可以是围绕保障能力的评估也可以是围绕保障要素的评估，相较而言，更侧重于围绕保障要素的评估。根据装备保障重点关注领域，结合装备保障任务规划的主要分支行动，重点对保障指挥、力量配置、供应规划、装备抢修四个方面进行分析。

(1)装备保障指挥评估。重点关注指挥关系是否畅通、指挥机构编组是否合理、指挥机构配置是否得当等方面内容。

(2)保障力量配置评估。重点关注装备保障力量配置形式、配置地域情况、保障任务的区分情况等方面内容。

(3)装备供应保障评估。重点关注供应保障关系、物资库存控制、运输力量运用、运输路径选择、运载方式选择等方面内容。

(4)战场装备抢修评估。重点关注战场装备抢修力量的编组与配置、战场装备抢修关系、抢修任务分工等方面内容。

8.2.2.3 设计指标体系框架

通过目标分析与要素分析,可以明确装备保障任务规划方案评估是由装备保障指挥指标、保障力量配置指标、装备供应保障指标、战场装备抢修指标四个要素和完整性、合理性、有效性三个评估目标组成。并且,要素与要素之间、目标与目标之间存在相对的独立性,可以选择递阶层次型评估指标体系描述装备保障任务规划方案评估指标体系框架。其主要由目标层、一级指标、二级指标和评估指标组成。其中,为了突出对各装备保障分支规划模块的监督与控制,便于指挥员及后装保障要素实施动态规划,将四个要素指标设为一级指标,将三个目标指标设为二级指标。如图 8 – 2 所示。

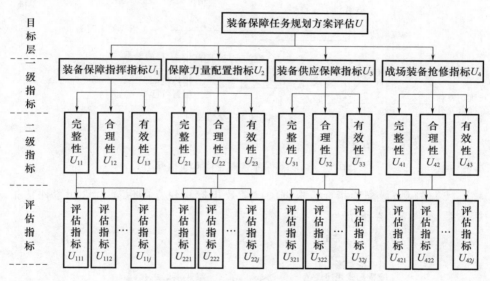

图 8 – 2 装备保障任务规划方案评估指标体系框架图

8.2.2.4 指标初选

指标初选是在装备保障任务规划方案评估指标体系框架基础上,遵循现实性原则,坚持实战标准,采用科学的方法实施指标的初步选择。因此,采用关键绩效指标(Key Performance Indicator,KPI)方法,对影响方案评估的关键指标进行选取。

(1)装备保障指挥指标。根据关键绩效指标法建立的装备保障指挥评估指标体系,如图 8 – 3 所示。

① 完整性指标。主要描述指挥关系、指挥机构编组、指挥机构配置、机动转移预案四个方面要素是否齐全,表述是否规范。

② 合理性指标。主要描述指挥关系明确与否,涉及指挥关系、协同关系、支

援关系等;描述指挥机构编组合理与否,涉及编组满足部队需求、适应指挥方式、席位设置适当等;描述指挥机构配置可行与否,涉及空间充足、隐蔽安全、交通便利、邻近水源等;描述机动转移准备充分与否,涉及时机、方式、安全等。

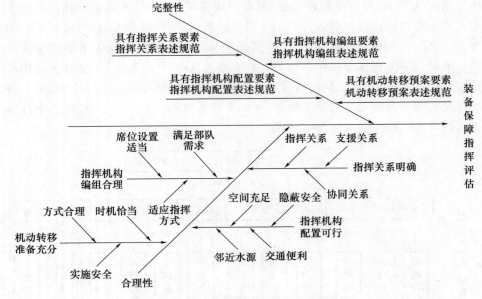

图 8-3 装备保障指挥评估 KPI 指标图

(2)保障力量配置指标。根据关键绩效指标法建立的保障力量配置评估指标体系,如图 8-4 所示。

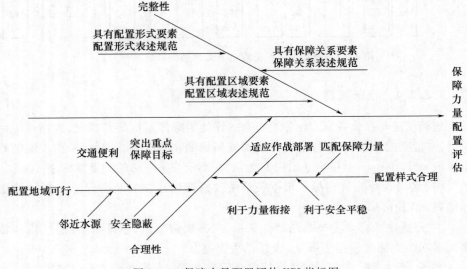

图 8-4 保障力量配置评估 KPI 指标图

① 完整性指标。主要描述保障力量配置形式、保障关系、配置区域三个方面要素是否齐全,表述是否规范。

② 合理性指标。主要描述保障力量配置样式合理与否,涉及与作战部署相适应、与保障力量相匹配、利于保障力量相互衔接、利于安全平稳等;描述保障力量配置地域可行与否,涉及突出重点保障目标、安全隐蔽、交通便利、邻近水源等。

(3)装备供应保障指标。根据关键绩效指标法建立的装备供应保障评估指标体系,如图8-5所示。

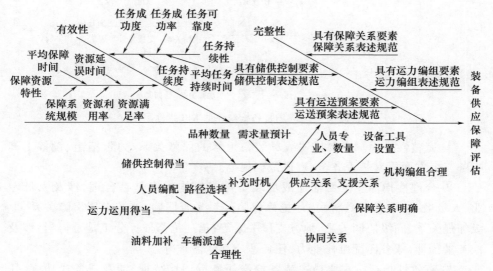

图8-5 装备供应保障评估KPI指标图

① 完整性指标。主要描述装备供应保障的保障关系、储供控制、运力编组、运送预案四个方面要素是否齐全,表述是否规范。

② 合理性指标。主要描述装备供应保障机构编组是否合理,涉及人员专业、人员数量、设备工具等;描述供应保障关系是否明确,涉及直接供应关系、上级支援关系、同级协同关系等;描述储供控制是否得当,涉及装备物资品种数量、需求量预计、补充时机等;描述运力运用是否得当,涉及人员编配、路径选择、车辆派遣、油料加补等。

③ 有效性指标。主要描述装备供应任务持续性特征,涉及任务成功度、任务成功率、任务可靠度、任务持续度、平均任务持续时间等;描述装备供应保障资源运用特征,涉及平均保障时间、资源延误时间、资源满足率、资源利用率、保障系统规模等。

(4)战场装备抢修指标。根据关键绩效指标法建立的战场装备抢修评估指标体系,如图8-6所示。

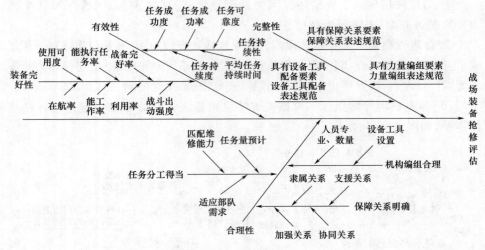

图 8-6 战场装备抢修评估 KPI 指标图

① 完整性指标。主要描述战场装备抢修的保障关系、力量编组、设备工具配备三个方面要素是否齐全,表述是否规范。

② 合理性指标。主要描述战场装备抢修机构编组是否合理,涉及人员专业、人员数量、设备工具等;描述抢修保障关系是否明确,涉及隶属保障关系、上级加强关系、同级协同关系、地方支援关系等;描述抢修任务分工是否得当,涉及任务量预计、任务匹配维修能力、任务适应部队需求等。

③ 有效性指标。主要描述装备抢修任务持续性特征,涉及任务成功度、任务成功率、任务可靠度、任务持续度、平均任务持续时间等;描述装备完好性特征,涉及战备完好率、能执行任务率、使用可用度、战斗出动强度、利用率、能工作率、在航率等。

8.2.3 指标体系优化

经过初选得到的指标体系草案还不能用于方案评估,特别是目前的二级指标和评估指标的独立性、合理性有待进一步考量,需要通过科学的方法和手段进行优化处理,简化指标体系、保证指标独立、检验信息完整,以确保装备保障任务规划方案评估的科学性、有效性。因此,采用基于主成分分析与专家咨询相结合的方法,为装备保障任务规划方案评估指标体系优化提供支持。

8.2.3.1 主成分分析法

主成分分析法又称主轴分析法,属于多元统计评估方法。其主要运用统计学方法对多元指标的样本数据进行分析,将多个指标优化为少数几个指标。这些优化指标是原始指标的线性组合表达,具备原始指标的主要特征信息。主成分分析法数学模型及算法步骤如下:

步骤1:标准化原始指标的样本数据矩阵 X,得标准化矩阵 Z。
定性指标定量化处理,采用1~9标度法,如表8-3所示。

表8-3 定性指标赋值表

数值	赋值标准
1	指标 x_i 同于指标 x_j
3	指标 x_i 略优于指标 x_j
5	指标 x_i 优于指标 x_j
7	指标 x_i 显然优于指标 x_j
9	指标 x_i 绝对优于指标 x_j
指标 x_i 劣于指标 x_j 时,以倒数形式表示 2、4、6、8 可表示中间值	

采用标准分数法计算标准化矩阵,公式表示为

$$z = \frac{(x - \mu)}{\sigma} \tag{8-1}$$

式中 μ——均值;
 σ——标准差。

步骤2:求标准化矩阵 Z 的相关系数矩阵 R。

$$r_{jk} = \frac{1}{n-1} \sum_{i=1}^{n} \frac{(x_{ij} - \overline{x_j})}{s_j} \cdot \frac{(x_{ik} - \overline{x_k})}{s_k} \Big| r_{ii} = 1, r_{jk} = r_{kj} \tag{8-2}$$

步骤3:求 R 的特征根 λ_g、特征向量 e_g 和方差贡献率 a_g。
R 的特征根、特征向量满足:

$$Re_g = \lambda_g e_g \tag{8-3}$$

R 的方差贡献率为

$$a_g = \frac{\lambda_g}{\sum \lambda_g} \tag{8-4}$$

步骤4:确定主成分指标个数 M。

$$\begin{cases} a(M) = \left(\sum_{g=1}^{M} \lambda_g\right) \cdot \left(\sum_{g=1}^{P} \lambda_g\right)^{-1} \\ a(M) \geq 85\% \end{cases} \tag{8-5}$$

步骤5:根据特征根 λ_g 对指标集排序,并选取前 M 个指标为优化指标集。

8.2.3.2 基于主成分分析和专家咨询的指标体系优化流程

专家咨询法是群决策理论中的一种经典方法,具备背靠背匿名判断、多轮迭

代的受控反馈、统计群体判断信息三个主要特点,在指标体系优化方面具有良好的应用空间。将主成分分析法与专家咨询法相结合,可以有效发挥两种方法的特点和优势,有利于提高装备保障任务规划方案评估指标体系的科学性、有效性。基于主成分分析和专家咨询的指标体系优化流程如图8-7所示。

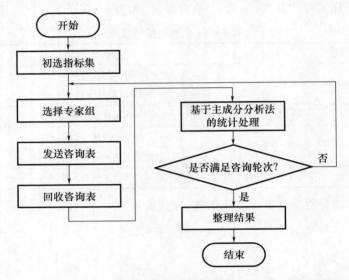

图8-7 基于主成分分析和专家咨询的指标体系优化流程图

步骤1:明确目标,准备初选指标集。

步骤2:选择专家组。每组专家数以20~50人为宜;人员专业结构合理,覆盖指挥、技术、管理、作战、保障等专业领域;对装备保障方案评估问题比较熟悉,具有一定的经验积累和知识储备。

步骤3:发送咨询表。

步骤4:回收咨询表。

步骤5:运用主成分分析法分析本轮采集的评判样本,形成本轮咨询成果。

步骤6:反馈咨询结果,并开启下一轮咨询,直至完成预定咨询轮次并且专家组达成一致意见。

8.2.3.3 装备保障任务规划方案评估指标体系的确立

运用主成分分析法和专家咨询法对装备保障任务规划方案评估指标体系进行优化,综合了专家组的多轮评估意见并达成最终优化方案,将原始项目繁杂的指标进行精简优化,最终确定装备保障任务规划方案评估指标体系,如表8-4所示。

表 8−4 装备保障任务规划方案评估指标体系表

一级指标	二级指标	评估指标
装备保障指挥指标 U_1	指挥关系指标 U_{11}	合理规范 U_{111}
	机构配置指标 U_{12}	隐蔽安全 U_{121}
	机构编组指标 U_{13}	适应需求 U_{131}
	机动转移指标 U_{14}	时机恰当 U_{141}
		方式合理 U_{142}
保障力量配置指标 U_2	配置样式指标 U_{21}	适应作战部署 U_{211}
		利于衔接 U_{212}
	配置地域指标 U_{22}	突出重点 U_{221}
		安全隐蔽 U_{222}
		交通便利 U_{223}
装备供应保障指标 U_3	储供控制指标 U_{31}	补充时机合理 U_{311}
		品种数量 U_{312}
	运力运用指标 U_{32}	车辆派遣 U_{321}
		路径选择 U_{322}
	任务持续性指标 U_{33}	任务成功度 U_{331}
	资源特性指标 U_{34}	资源满足率 U_{341}
战场装备抢修指标 U_4	任务调度指标 U_{41}	适应部队需求 U_{411}
		匹配保障能力 U_{412}
	任务持续性指标 U_{42}	任务持续度 U_{421}
	装备完好性指标 U_{43}	使用可用度 U_{431}

8.2.3.4 装备保障任务规划方案评估指标度量标准与方法

为保证指标体系的可操作性、可度量性,在查阅文献、部队调研、专家咨询的基础上,明确各指标的内涵和度量方式。

(1) 装备保障指挥指标 U_1。

① 合理规范 U_{111}。从指挥关系要素齐全、表述准确、指挥渠道畅通、指挥关系合理的角度进行判断。主要采用资料分析、专家评判的方法采集指标数据。

② 隐蔽安全 U_{121}。从装备保障指挥机构设置的隐蔽安全角度判断。主要采用现场检查、问卷调查、专家评判的方法采集指标数据。

③ 适应需求 U_{131}。从是否满足部队保障需求和指挥方式的角度判断装备保障指挥编组的合理性,重点观察指挥席位设置、指挥人员配备等情况。主要采用访谈了解、问卷调查、专家评判的方法采集指标数据。

④ 时机恰当 U_{141}。从装备保障指挥机构机动转移预案中查看机动转移时机是否恰当。主要采用查阅资料、考核检测、综合演练、专家评判等方法采集指标数据。

⑤ 方式合理 U_{142}。从装备保障指挥机构机动转移预案中查看机动转移方式是否合理。主要采用演习演练、查阅资料、专家评估等方法采集指标数据。

（2）保障力量配置指标 U_2。

① 适应作战部署 U_{211}。从保障任务的区分、保障力量的配置地域、保障力量的配置样式是否符合作战任务部署的要求进行判断。主要采用查阅资料、专家评判、仿真分析等方法采集指标数据。

② 利于衔接 U_{212}。纵向上从后方依托、中继支持、前线伴随三级保障力量的衔接情况，横向上从同级保障力量相互支援的衔接情况进行判断。主要采用查阅资料、专家评判、仿真分析等方法采集指标数据。

③ 突出重点 U_{221}。判断装备保障力量配置是否突出重点方向、重点区域、重点对象。主要采用查阅资料、专家评判、仿真分析等方法采集指标数据。

④ 安全隐蔽 U_{222}。从装备保障力量配置的隐蔽安全角度判断。主要采用现场检查、问卷调查、专家评判的方法采集指标数据。

⑤ 交通便利 U_{223}。从装备保障力量配置的交通条件判断。主要采用现场检查、问卷调查、专家评判的方法采集指标数据。

（3）装备供应保障指标 U_3。

① 补充时机合理 U_{311}。从装备物资仓库的供应条件判断装备物资供应预案制定是否合理。主要采用调阅文档、演习训练、检验检测、专家判断等方法采集指标数据。

② 品种数量 U_{312}。从装备物资储存的品种数量判断装备供应保障方案是否合理。主要采用检查记录、考核考察、演习演练、数据统计、专家评判等方法采集指标数据。

③ 车辆派遣 U_{321}。从车辆运载方案、车辆调度计划等方面判断装备保障物资供应方案是否合理。主要采用查阅记录、组织演练、检验检测、专家评估等方法采集指标数据。

④ 路径选择 U_{322}。从装备物资运输路径选择方面判断装备保障物资供应方案是否合理。主要采用查阅资料、数据分析、仿真分析、专家评判等方法采集指标数据。

⑤ 任务成功率 U_{331}。通过对随机时间下装备完成规定任务的概率来表示。主要采用数据统计、仿真分析的方法采集指标数据。

⑥ 资源满足率 U_{341}。通过需求资源与可供资源的比值表示。主要采用数据统计、仿真分析的方法采集指标数据。

(4)战场装备抢修指标 U_4。

① 适应部队需求 U_{411}。从维修任务分配情况判断装备抢修方案合理与否。主要采用查阅资料、专家评判、仿真分析等方法采集指标数据。

② 匹配保障能力 U_{412}。从维修能力匹配情况判断装备抢修方案合理与否。主要采用查阅资料、专家评判、仿真分析等方法采集指标数据。

③ 任务持续度 U_{421}。通过特定保障时间和工作强度下完成装备抢修任务的概率来判断。主要采用数据统计、仿真分析的方法采集指标数据。

④ 使用可用度 U_{431}。通过对随机时间下装备能工作时间与不能工作时间的比值来表示。主要采用数据统计、仿真分析的方法采集指标数据。

8.3 基于云重心评判的方案评估模型构建

本节参考欧阳欢的有关研究,针对确定的装备保障任务规划方案评估指标体系,结合保障工作的实际,设计基于变权理论的 AHP-Delphi 模型确定评估基础指标权重,提出云重心评判-最小二乘支持向量机模型,用于构建装备保障任务规划方案评估模型。

8.3.1 基础指标标准化

装备保障任务规划方案指标从度量角度方面大致可分为三类:第一类是可以通过技术手段或采取相关标准通过直接的测量或测试获取相关数值,一般这类指标具有量纲;第二类是不能通过直接测量或测试获取数值,但可以通过现有或拟定公式计算得出;第三类是其余的能够反映目标程度或特征的量。在综合评估中,各类指标的单位和量级不同,存在不可公度性,为了避免因单位和数值数量级悬殊差别大而影响评估结果,必须对评估指标进行无量纲化处理。

8.3.1.1 定量指标的规范化

定量指标的规范化处理包括一致化处理和无量纲化处理。一致化处理是指对评估指标类型进行统一,即将极大型指标、极小型指标、居中型指标和区间型指标进行处理,一般来说,将非极大型指标都转换为极大型指标。无量纲化处理是通过数学变换,将指标实际值转化为指标评价值,消除指标单位不统一的影响。定量指标规范化方法大致可分为直线型法、折线型法、曲线型法等。直线型法一般用于评估指标随实际值等比例变换,又分为阈值法、统计标准化方法、比重法等。阈值法是用实际指标值与阈值相比以得到评估值的标准化的方法;统计标准化方法可充分利用原始数据的所有信息,但评估结果标度不易控制;比重法是用指标实际值所占指标值总和的比重进行标准化转换。针对装备保障任务规划方案评估基础定量指标的适用性,将变换区间设置在[0,1]范围内,本书采用线性尺度变换法,规范化参照表见表8-5。

表8-5 定量指标规范化参照表

序号	类型	规范化公式	特点
1	极大型指标	$y_i = \dfrac{x_i}{\max(x_i)}$	越大越优
2	极小型指标	$y_i = \begin{cases} 1 - \dfrac{x_i}{\max(x_i)}, \min(x_i) = 0 \\ \dfrac{\min(x_i)}{x_i}, \min(x_i) \neq 0 \end{cases}$	越小越优
3	居中型指标	$y_i = \dfrac{x_i^*}{x_i^* + \lvert x_i - x_i^* \rvert}$	越接近于某个值越优
4	区间型指标	$y_i = \begin{cases} 1 - \left(a - \dfrac{x_i}{\delta}\right), x_i < a \\ 1, x_i \in [a, b] \\ 1 - \left(x_i - \dfrac{b}{\delta}\right), x_i > b \end{cases}$ $\delta = \max\{a - \min(x_i), \max(x_i) - b\}$	越接近于某区间值越优

8.3.1.2 定性指标的定量化

在评估过程中,有些指标是通过语言值进行定性的判定。定性的描述无法利用指定的计算公式进行处理,为了和定量指标组成有机的评估体系,必须对定性指标进行量化处理。目前,定性指标定量化的方法较多,大致可以分为两种类型:一种是直接打分法,通过专家直接打分法对定性指标设定明晰数值,由于客观事物的复杂性和主体判断的模糊性,专家很难准确地进行判定,因此直接打分法给专家评价带来很大难度;另一种是量化标尺法,把定性评判的语言值通过一个量化标尺映射为定量数值,如果标尺取定的等级数越大,则表明定量化越精细,传导到最终评估结果值就越准确,同时为了避免丢失模糊信息,还常用三角模糊数、梯形模糊数标度量化法等。装备保障任务规划方案基础定性指标的评定主体和评定信息具有模糊性和随机性的特点,云模型是定性与定量之间转换的不确定性模型,实现了定性概念描述向定量数值的转换,较好地解决了既有模糊性又有随机性的分布不确定性评估问题,本书采用云模型实现定性指标定量化转换,具体转换方式在后续部分进行详细说明。

8.3.2 评估指标权重确定

8.3.2.1 权重确定方法对比分析

评估指标权重是各项指标对总目标实现的贡献程度,反映不同指标在评估对象中的价值地位。目前,大部分的效能评估算法都涉及指标权重。科学合理地设定评估指标权重,对最终评估结果正确性、可靠性起着至关重要的作用。根据评估的需求,不同权重类型应选用不同的确定方法。有关权重的确定方法有数十种,根据计算权重原始信息的来源不同,可分为主观赋权法、客观赋权法和组合赋权法三类。三类权重确定方法对比分析见表8-6。

表8-6 权重确定方法对比分析表

方法分类	主要方法	优点	缺点
主观赋权法	相对比较法 连环比率法 关联树法 专家咨询法 集值迭代法 层次分析法	依靠专家的知识经验确定各指标相对重要程度,进行各指标权重的排序,与实际情况大致相同	存在主观随意性,受专家的知识和经验缺乏的影响,个别指标内在联系不易进行主观识别
客观赋权法	信息熵法 离差最大化法 相关矩阵判别法 逼近理想点法	根据指标间的联系程度等进行度量,确定权重客观性强,由于依据数学理论便于计算机处理	绝对的客观性,容易出现"重要指标的权重系数小而不重要指标的权重系数大"的不合理现象
组合赋权法	基于最小二乘原理 基于对数最小二乘原理	结合主、客观赋权系数,确定之间所占比例,求得综合评估权重系数,既反映决策者主观信息,又利用原始数据等客观信息	准确性依赖于主、客观赋权法权重系数所占比例的确定,研究处于起步阶段

客观赋权法避免了人为主观因素的影响,具有一定的客观性和精确性的特点,但是不宜用于无经验数据或数据采集困难的指标;同时,该方法一般是在大量可信数据的基础上,通过综合、分析、计算得出,所确定的指标权重不能很好地体现整个系统所关注的焦点问题和特殊性。因此,在装备保障任务规划方案评估基础指标聚合中,将采用主观赋权法。

8.3.2.2 采用 AHP – Delphi 模型确定常权

(1)层次分析法。层次分析法(Analytic Herarchy Process,AHP),是美国匹兹堡大学教授 T. L. Saaty 于20世纪70年代开发的一种综合定性与定量分析,模拟人的决策思维过程,以解决多因素复杂系统的方法。AHP法将人们的思维过程和主观判断等定性过程定量化,不仅简化了系统分析与计算工作,而且有助于决策者保持其思维过程和决策原则的一致性。它具有思路清晰、方法简便、使用面广、系统性强等特点。装备保障方案评估体系是一个复杂多维度系统,AHP法具有很强的适应性。通过 AHP 法,将各指标的属性和重要性利用相对标度的方法加以定量化比较,细化了主观判断的测度;同时,通过判断矩阵的一致性检验,排除了当评估指标增多时人的思维判断不一致的现象。AHP法确定权重步骤如下:

第一步:建立递阶层次结构。

层次结构的层次数取决于问题的复杂程度和问题分析所需要的深度,通常分为三个层次,即目标层、准则层和措施层。建立层次结构时,必须对问题进行全面深入的分析,并做充分的调查研究,在此基础上进一步广泛征询专家的意见和反复交换信息,建立一个既科学合理又符合实际的递阶层次结构。

第二步:构造判断矩阵。

递阶层次结构中,假定上一层次的元素 C_k 作为准则,对下一层次的元素 A_1, A_2, $\cdots$, A_n 有支配关系;采用两两比较的方法对 C_k 下各元素的重要程度赋予 1~9 的比例标度,见表 8-7。

表 8-7　AHP 法指标权重标度

序号	标度值	意义
1	1	表示两个元素相比,具有同等重要性
2	3	表示两个元素相比,一个元素比另一个元素稍重要
3	5	表示两个元素相比,一个元素比另一个元素明显重要
4	7	表示两个元素相比,一个元素比另一个元素强烈重要
5	9	表示两个元素相比,一个元素比另一个元素极端重要
6	2,4,6,8	事物的差别介于两者之间时,可取上述相邻判断的中间值
7	倒数	若元素 i 与元素 j 重要性比为 a_{ij},则元素 j 与元素 i 重要性比为 $a_{ji}=1/a_{ij}$

第三步:权重计算。

得判断矩阵 A 之后,求解如下特征根方程:

$$AW = \lambda_{\max} W \tag{8-6}$$

所得特征向量 W 经归一化后为元素 A_1, A_2, $\cdots$, A_n 在 C_k 准则下的重要性排序。

计算 W 和 $\lambda_{\max}$ 的方法主要包括幂法、和法、根法等,本书采用和法进行计算。

将判断矩阵 A 每一列正规化:

$$a_{ij} = \frac{a_{ij}}{\sum_{i=1}^{n} a_{ij}}, i,j = 1,2,\cdots,n \qquad (8-7)$$

将 $A = (a_{ij})_{n \times n}$ 各行元素相加：

$$w_i = \sum_{j=1}^{n} a_{ij}, j = 1,2,\cdots,n \qquad (8-8)$$

将所得的行和向量正规化，得权重向量 W：

$$w_i = \frac{w_i}{\sum_{j=1}^{n} w_j}, i = 1,2,\cdots,n \qquad (8-9)$$

按下式计算 $\lambda_{\max}$：

$$\lambda_{\max} = \sum_{i=1}^{n} \frac{(A \cdot W)_i}{n \cdot W_i} \qquad (8-10)$$

第四步：一致性检验。

在构造判断矩阵时，并不要求判断矩阵具有严格的一致性，这是客观事物的复杂性与人们认识的多样性所决定的，但是要求判断矩阵具有基本的一致性却是必要的。因此，在求出 $\lambda_{\max}$ 后，要进行一致性检验。若一致性指标值 CR > 0.1，则需对判断矩阵进行调整，直到满足 CR ≤ 0.1 为止。一致性检验的步骤如下所述。

计算一般一致性指标 CI：

$$CI = \frac{\lambda_{\max} - n}{n - 1} \qquad (8-11)$$

当判断矩阵具有满意的一致性时，$\lambda_{\max}$ 稍大于 n，其余特征根接近于 0，此时应用和法求得的重要性排序向量 W 基本符合实际，这正是确定一致性指标 CI 的依据。

查表 8-8，得到平均随机一致性指标 RI。

表 8-8 修正函数表

N	1	2	3	4	5	6	7	8	9	10	11
RI	0	0	0.58	0.96	1.12	1.24	1.36	1.41	1.45	1.49	1.52

计算一致性指标 CR：

$$CR = \frac{CI}{RI} \qquad (8-12)$$

当 CR ≤ 0.1 时，认为判断矩阵 A 的一致性是可以接受的。

当 CR > 0.1 时，认为判断矩阵 A 不满足基本的一致性，有必要对判断矩阵中的错误元素进行识别和调整。

(2) 德尔菲法。德尔菲法通过组织对评价系统非常熟悉的专家,按照一定的方式对指标权重独立地发表意见,采用统计的方法进行数据处理,不断反馈和修改,直到得出满意的结果。其具体步骤如下。

第一步:组织 r 名专家,对每个指标 $X_j(j=1,2,\cdots,n)$ 的权重进行估计,得出指标权重估计值 $w_{k1},w_{k2},\cdots,w_{kn}(k=1,2,\cdots,r)$。

第二步:计算权重平均估计值。

$$\overline{w_j} = \frac{1}{r}\sum_{k=1}^{r} w_{kj}, j = 1,2,\cdots,n \tag{8-13}$$

第三步:计算估计值的偏差。

$$\Delta_{kj} = |w_{kj} - \overline{w_{kj}}|, k = 1,2,\cdots,r; j = 1,2,\cdots,n \tag{8-14}$$

第四步:对于偏差 Δ_{kj} 较大的第 j 个指标估计值,请第 k 个专家重新打分,反复经过几轮后,偏差值满足设定的标准要求,最后可得到一组指标权重的平均值 $\overline{w_j}$。

(3) AHP – Delphi 法。由于装备保障任务规划方案评估基础性指标较多,各类指标之间的关系难以判定,为了便于权重的确定和计算,提高权重的可信性和准确性,本书将综合应用 AHP 法和 Delphi 法确定基础指标聚合的常权。具体步骤如下。

第一步:邀请一名装备保障领域的权威专家,采用 AHP 法初步确定基础指标权重。

第二步:将初步确定的权重结果、补充材料和确定权重的要求,发放给另外 5~7 名装备保障领域的相关专家,采取背靠背问卷调查的形式征询各位专家意见,运用 Delphi 法对权重进行审核修改。

第三步:评估活动的组织者控制反复修改次数,一般不超过三次,否则专家会对此次活动产生厌烦心理。

第四步:当专家意见趋于一致,将均值作为指标的常权值。

8.3.3 装备保障任务规划方案评估指标聚合模型

装备保障任务规划方案评估基础指标中,既有定量指标又有定性指标,为了便于在基础指标聚合过程中进行合理的统一测评,针对指标模糊性和随机性并存的特点,采用基于云模型的评估方法进行分析。

8.3.3.1 云模型理论

在以往的数据挖掘和知识发现研究中,研究人员将主要的精力集中在数据挖掘算法上,对知识表达、定量定性转换、不确定性推理等一些基础性关键问题研究较少，一般沿用的是以往人工智能的成果。同时，在人工智能领域，将不确定性主要分为模糊性和随机性两方面展开研究。概率论和数理统计可研究揭示随机现象，模糊集理论可作为处理模糊性问题的主要工具，用隶属度来刻画模糊事物的亦此亦彼性。然而，一旦用一个精确的隶属函数来描述模糊集，模糊概念定义、定理的叙述及证明等陷入数学思维环节中，就不再有丝毫的模糊性，这也表明了传统模糊集理论的不彻底性。针对这一问题，李德毅教授在传统模糊集理论和概率统计的基础上，提出了定性定量不确定性转换模型——云模型。

（1）云的基本概念。云模型是用语言值表示的某个定性概念与其定量表示之间的不确定转换模型。简单地说，云模型是定性定量间转换的不确定性模型。云模型把模糊性和随机性完全集成在一起，研究自然语言中最基本的语言值所蕴含不确定性的普遍规律，使得可以从语言值表达的定性信息中获得定量数据的范围和分布规律，也可以把精确数值有效转换为恰当的定性语言值。

设 $U=\{x\}$ 为用精确数值量表示的论域，U 上对应的定性概念 A，对于论域中的任意一个元素 x，都存在一个有稳定倾向的随机数 $\mu_A(x)$，称为 x 对概念 A 的隶属度，隶属度在论域上的分布称为云模型，简称云。云由许多云滴组成，云的整体形状反映了定性概念的重要特性，云滴则是对定性概念的定量描述，云滴的产生过程表示定性概念和定量值之间的不确定性映射。根据论域 U 的维数，云又可以分为一维云、二维云、多维云等。

$\mu_A(x)$ 在 $[0,1]$ 中取值，即有

$$\mu_A(x):U \rightarrow [0,1], \forall x \in U, x \rightarrow \mu_A(x) \tag{8-15}$$

（2）云的数学特征。运用期望值 Ex(Excepted Value)、熵 En(Entropy)和超熵 He(Hyper Entropy)三个数学特征值来表征，如图 8-8 所示。

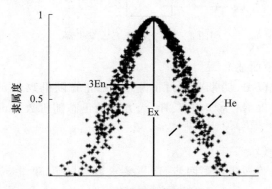

图 8-8 云模型的数学特征

Ex 是概念在论域中的中心值，也是在论域空间中最能代表定性概念的点，可作为概念量化的最典型样本点。

En 是定性概念亦此亦彼性的度量,表征一个定性概念的可度量粒度,反映定性概念的不确定性,即模糊度。在论域空间中,视为被定性概念接受的取值范围大小。

He 是熵的不确定性的度量,即熵 En 的熵,是整个云厚度的最大值,表示云的离散程度,表征定性概念值的样本出现的随机性,反映模糊性和随机性的关联。

一般意义上,概念可通过多个数学特征表示,例如,概率理论用期望、方差表征随机性,但不能反映模糊性;隶属度可解决模糊性问题,但是没有考虑随机性;粗糙集用于精确知识背景下的两个精确集合度量不确定性,但没有考虑背景知识的不确定性。云模型通过三个数学特征,将模糊性和随机性有机结合,并通过一定的计算方法实现定性概念和定量表示的相互映射关系,实现了不确定转换。

(3)正态云发生器。正态分布是概率理论中最重要的分布之一,用均值和方差表示数学特征;钟形隶属函数是模糊集合中使用最多的隶属函数,用 $\mu(x) = e^{(x-a)^2/2b^2}$ 表示。正态云是云模型中的一种,适用性较为普遍,它是在上述两者基础上发展的全新模型。

正向正态云发生器是从定性到定量的映射,根据云的数学特征(Ex,En,He)产生云滴。正向正态云输入:表征定性概念 A 的数学特征值 Ex,En,He,以及云滴数 N;输出:N 个云滴的定量值,以及每个云滴代表概念 A 的确定度,如图 8-9 所示。

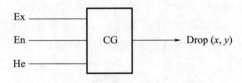

图 8-9　正向正态云发生器

具体算法如下所述。

第一步:生成以 Ex 为期望值,En 为方差的正态随机数 x。

第二步:生成以 En 为期望值,He 为方差的正态随机数 Enn。

第三步:计算 $y = e^{-(x-Ex)^2/2Enn^2}$。

第四步:组合 (x,y)。

第五步:重复第一步至第四步,产生要求数目的云滴,生成正态云模型的数学期望曲线。

逆向正态云发生器是从定量到定性的映射,根据云滴计算云的数学特征 (Ex,En,He)。逆向正态云输入:一组云滴样本 (x_i,y_i);输出:云的数学特征向量值 (Ex,En,He)。如图 8-10 所示。

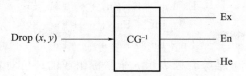

图 8-10 逆向正态云发生器

具体算法如下所述。

第一步：
$$Ex = \text{mean}(x_i), \text{mean 为求均值函数} \quad (8-16)$$

第二步：
$$En = \text{stdev}(x_i), \text{stdev 为求标准差函数} \quad (8-17)$$

第三步：
$$Enn = \sqrt{-\frac{(x_i - Ex)^2}{2\ln y_i}}$$

$$He = \text{stdev}(Enn) \quad (8-18)$$

8.3.3.2 基于云重心评判的方案评估模型

基于云模型理论的效能评估，是运用云模型刻画定性指标，并运用云理论的相关规则，结合求取的指标权重值，推理计算出多维加权综合云的重心，用加权偏离度衡量云重心的改变，激活云发生器，得出对评价对象的评估值，判定聚合指标的性能状态。

云重心可以表示为 $T = a \times b$，a 表示云重心的位置，b 表示云重心的高度，期望值表示模糊概念的信息中心值，当期望值发生变化时，云重心的位置也相应改变。期望值相同的云可采用比较云重心高度的不同判定重要度。因此，云重心的变化情况可以表征系统状态信息的变化。基于云重心评判法具体步骤如下：

第一步：求取各指标的云模型。

在评估指标体系中，既有精确数值的定量指标，又有用语言值描述的定性指标。精确数值实际可用 En 和 He 均为 0 的云表示，即数学特征为 (Ex,0,0)，定性指标的云数学特征为 (Ex,En,He)。定量指标和定性指标组成的指标集可形成判定矩阵。n 个精确数值表示的一个指标可用一个云模型表示。其中：

$$Ex = \frac{Ex_1 + Ex_2 + \cdots + Ex_n}{n}$$

$$En = \frac{\max(Ex_1, Ex_2, \cdots, Ex_n) - \min(Ex_1, Ex_2, \cdots, Ex_n)}{6} \quad (8-19)$$

n 个语言值（云模型）表示的一个指标可以用一个一维综合云表示。其中：

$$Ex = \frac{Ex_1 En_1 + Ex_2 En_2 + \cdots + Ex_n En_n}{En_1 + En_2 + \cdots + En_n}$$
$$En = En_1 + En_2 + \cdots + En_n \tag{8-20}$$

第二步：用一个 p 维综合云表示 p 个指标组成的评价对象状态。

p 个指标可以用 p 个云模型表示，当 p 个指标反映的评价对象状态发生变化时，它的重心也会相应变化，p 维综合云的重心 T 用一个 p 维向量表示，即 $\boldsymbol{T} = (T_1, T_2, \cdots, T_p)$，其中 $T_i = a_i \times b_i (i = 1, 2, \cdots, p)$。当评价对象状态变化时，其重心变化为 $\boldsymbol{T}^G = (T_1^G, T_2^G, \cdots, T_p^G)$。

第三步：求加权综合云重心向量。

设理想状态下 p 维综合云重心的位置向量为 $\boldsymbol{a} = (Ex_1^o, Ex_2^o, \cdots, Ex_n^o)$，云重心高度向量为 $\boldsymbol{b} = (b_1, b_2, \cdots, b_p)$，可得 p 维综合云重心向量 $\boldsymbol{T}^o = (T_1^o, T_2^o, \cdots, T_p^o)$。

第四步：用加权偏离度衡量云重心的改变。

加权偏离度 θ 可以表示上述两种状态下综合云重心的差异情况，首先将某一状态下的综合云重心向量归一化，得到一组向量 $\boldsymbol{T}_i^G = (T_1^G, T_2^G, \cdots, T_p^G)$。其中：

$$T_i^G = \begin{cases} \dfrac{T_i - T_i^o}{T_i^o} & T_i < T_i^o \\ \dfrac{T_i - T_i^o}{T_i} & T_i \geqslant T_i^o \end{cases} \tag{8-21}$$

将归一化后的各指标向量值乘以权重值，相加后得出加权偏离度 θ，即

$$\theta = \sum_{j=1}^{p} w_j \boldsymbol{T}_i^G, \quad -1 \leqslant \theta \leqslant 0 \tag{8-22}$$

第五步：用云模型实现评测的评语集。

在合理范围内划定语言值的标尺，评语集越细，评估结果就越准确。采用云模型实现的评测评语集由 11 个评语组成，即 $V = \{$极好，非常好，很好，较好，好，一般，差，较差，很差，非常差，极差$\}$，为了便于专家评测，与上述评语集建立对应关系，将评语改定为 $V' = \{A^+, A, A^-, B, B^-, C, C^-, D, D^-, E, E^-\}$。将 11 个评语置于连续的语言值标尺上，并且每个评语值都用云模型来实现，构成一个定性评测的云发生器，如图 8-11 所示。

对于一个具体的状态，将求得的 θ 值输入评测云发生器，可能出现两种激活情况：一种是激活某个评语值云对象的程度远大于其他评语值（当二者的激活程度差值的绝对值大于某个给定的阈值 γ），此时该评语值可作为对状态的评测结果输出；另一种是激活两个评语值云对象且激活程度相差不大（当二者的激活程度差值的绝对值小于某个给定的阈值 γ），运用云理论中综合云的原理，生成新的云对象，将其期望值作为对评测结果的输出。

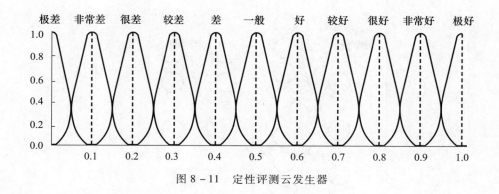

图 8-11　定性评测云发生器

8.4　基于组合神经网络的方案评估模型构建

装备保障任务规划方案评估同样涉及多类方案评估问题,如力量配置方案、物资供应方案、装备抢修方案等,选择一种具有普遍适用性的方案评估方法模型就显得十分必要。鉴于人工智能算法在方案评估领域的众多优势,特别是神经网络的自主学习能力,本书分析两类神经网络模型的优势和缺点,并将两者有机结合以实现装备保障任务规划方案评估的客观、适用、科学、有效。

8.4.1　基本组成模型

本节对采用的概率神经网络(PNN)模型和 Hopfield 神经网络(HNN)模型进行简要的原理介绍。

8.4.1.1　概率神经网络

概率神经网络属于前向型人工神经网络。其原理是通过对训练样本的概率密度函数进行分类学习,来估计后续事件分类的概率。概率神经网络结构组成和功能是:输入层是将训练样本特征以概率密度分布函数的形式进行表达,其神经元个数与训练样本维数相同;模式层是将训练样本的特征与等级相匹配,在高斯激活函数作用下形成该层的输出,其神经元个数与训练样本数相同;求和层是将同等级样本信息求和,得到该等级概率的最大可能,其神经元与等级一一对应,并且仅与对应等级的模式层神经元相连接;输出层主要执行等级判断功能。如图 8-12 所示。

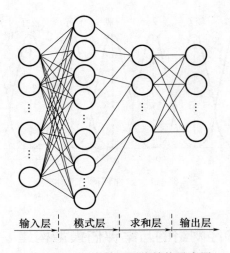

图 8-13 概率神经网络结构示意图

概率神经网络有如下优点：一是收敛速度快，相比 BP 神经网络具有更快的训练速度；二是收敛能力强，在训练样本充足的情况下，能够解决复杂分类问题的最优解；三是训练实施简便，可以对训练样本进行实时的增减操作而不影响训练结果；四是鲁棒性较强，具有较强的抗干扰能力，在样本噪声较大的情况下依然能够实现收敛。

同时，概率神经网络有如下缺点：一是神经元数量约等于训练样本集合，网络节点较多；二是输出层的分类精度较低。

8.4.1.2 Hopfield 神经网络

Hopfield 神经网络属于反馈型人工神经网络，具有联想记忆存储功能。这是由于 Hopfield 神经网络在输入信息的触发下，会产生由输出端向输入端反馈的作用过程，随着反馈与迭代的循环运算，反馈信息越来越小，直至网络达到平衡状态。如果将网络达到平衡的状态视为记忆，则网络从不平稳状态向平稳状态反馈迭代的过程可视为联想的过程。如图 8-13 所示。

Hopfield 神经网络的联想记忆过程主要由两部分组成，即记忆过程和联想过程。记忆过程是在对样本训练的基础上，通过设计网络和求取权值的方式使网络趋于稳定状态。这些稳定状态可表示为吸引子，而由初始状态趋近于稳定状态的集合可表示为吸引域。联想过程是在经过训练后得到网络结构和权值的基础上，在输入信息驱动下从不稳定状态运行至平稳状态，从吸引域收敛于吸引子的活动。

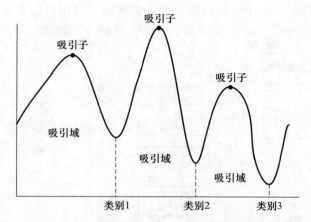

图 8-13　Hopfield 神经网络吸引子和吸引域示意图

8.4.2　组合神经网络评估模型

在分析概率神经网络与 Hopfield 神经网络组合优化的可行性基础上,对基于概率神经网络和 Hopfield 神经网络的方案评估模型进行了设计。

8.4.2.1　可行性分析

概率神经网络具有较强的训练能力和收敛速度。在训练样本量满足条件的情况下,能够解决复杂分类问题,并且训练实施简单,可以对训练样本进行增减而不影响训练结果。但是,输出层的神经元在分类上存在精度不高的问题。与之对应,Hopfield 神经网络的联想记忆功能强大,在经过样本训练后的吸引子和吸引域作用下,能够有效提高算法的分类输出精度。因此,可以将概率神经网络的输出层与 Hopfield 神经网络相联系,并将方案评估等级视为网络稳定状态的吸引子,引导概率神经网络的概率输出向相应吸引子收敛,从而实现装备保障任务规划方案评估结果的准确分类输出。

8.4.2.2　模型设计

根据组合模型可行性分析结果,本书构建了基于概率神经网络和 Hopfield 神经网络的方案评估模型。概率神经网络模块经过样本集的训练,得到方案评估网络,能够对评估方案进行高精度的特征分析,并以概率的形式输出等级类别。当方案等级区分复杂时,单纯依靠概率神经网络的输出层对类别概率进行判断会出现一定的误差。因此,引入 Hopfield 神经网络模块改进概率神经网络输出层的缺陷。通过方案等级集样本的训练,使 Hopfield 神经网络具备方案等级联想记忆功能。以概率神经网络的等级类别概率输出信息为驱动,促使信息数据从吸引域向吸引子收敛,最终得到评估方案的等级输出。如图8-14所示。

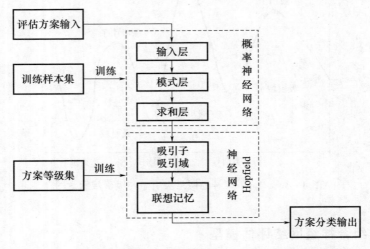

图8-14 基于概率神经网络和Hopfield神经网络方案评估模型结构图

基于概率神经网络和Hopfield神经网络的方案评估算法流程如图8-15所示。

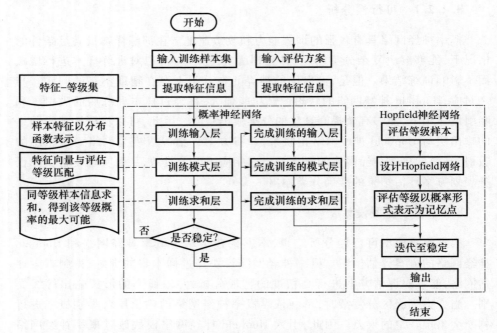

图8-15 基于概率神经网络和Hopfield神经网络方案评估算法流程图

步骤1:概率神经网络训练。
步骤2:Hopfield神经网络训练。
步骤3:输入评估方案并进行特征数据处理。
步骤4:概率神经网络进行方案等级分析。
步骤5:表述为概率的等级分析结果输入至Hopfield神经网络。
步骤6:联想记忆至平稳收敛。
步骤7:方案评估结果输出。

8.5 案例分析

8.5.1 案例构想

以某联合防空作战为背景,受空袭影响,部队装备损伤程度已超过伴随保障力量的抢修能力范围,随即向上级提出战场装备抢修请求。现有机动抢修队 m 个,保障需求 n 个。为更好地支持指挥员进行装备保障指挥筹划,后装保障要素在不同态势预判情况下,运用战场装备抢修规划模型和技术,分别制定了三套战场装备抢修方案。现在需要对这三套方案进行评估判断。

8.5.2 评估程序

基于组合神经网络的装备保障任务规划方案评估实施程序包括评估准备、获取指标数据和方案集、样本训练、案例评估、形成结论五个部分,如图8-16所示。

(1)评估准备。评估准备是为实施装备保障任务规划方案评估而进行的基础性、前瞻性的工作,包括以下几方面:

① 确定评估目标。确定评估目标是实施装备保障任务规划方案评估的首要工作,决定了评估的方向和内容。通过对评估案例的分析,明确本次装备保障任务规划方案评估"评什么"的问题。

② 确定评估指标体系和评估标准。评估指标体系是对评估对象主要属性的反映。根据8.2.3.4节的研究成果,战场装备抢修指标包括适应部队需求指标 U_{411}、匹配保障能力指标 U_{412}、任务持续度指标 U_{421}、使用可用度指标 U_{431}。

③ 确定指标信息的获取方法。适应部队需求指标 U_{411} 和匹配保障能力指标 U_{412} 主要采用查阅资料、专家评判的方法采集指标数据。任务持续度指标 U_{421} 和使用可用度指标 U_{431} 主要采用数据统计、仿真分析的方法采集指标数据。

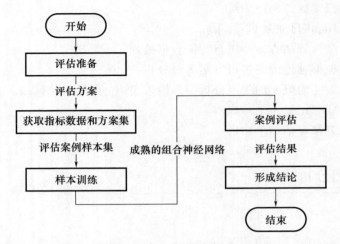

图 8-16 基于组合神经网络的装备保障任务规划方案评估实施程序

④组织评估专家组。评估专家是进行装备保障任务规划方案评估的主体，在评估过程中起主导作用。应组织多个专家组，每组以 20~50 人为宜，人员专业结构合理，覆盖指挥、技术、管理、作战、保障等专业领域，对装备保障方案评估问题比较熟悉，具有一定的经验积累和知识储备。

（2）获取指标数据和方案集。评估指标数据的获取应遵循真实性、适用性、时效性的原则，具体包括查阅资料、座谈了解、专家评判等定性方式和数据统计、仿真分析等定量方式。其中，定性评判的指标应采用 1~9 标度法表示，见表 8-9。

表 8-9 标度法及其指标含义表

标度值	含义
1	差
3	较差
5	一般
7	较优
9	优
2,4,6,8 是可以使用的其他中间值	

选取大量战场装备抢修方案，并交由多个专家组进行数据采集和方案评估。这些采集的数据及对应的评估结果构成了具有大样本特征的方案集。

（3）样本训练。以这些大样本的方案集为输入，对基于概率神经网络和 Hopfield 神经网络的组合神经网络评估模型进行训练，得到成熟的组合神经网络。

（4）案例评估。将本想定案例各套保障方案的指标数据作为输入值，输入至组合神经网络评估模型，经过模型运算最终得到想定案例各套保障方案的结果输出。

（5）形成结论。运用组合神经网络对保障方案进行评估具备容错能力、自学习能力、自适应能力等特点，在训练样本量满足条件的情况下，能够自动生成评估结果。但是，受训练样本集的影响较大，样本集的覆盖特征和数量质量都对评估结果产生差异性影响。因此，需要指挥员及其后装保障要素对案例评估结果进行研判并形成结论。

8.5.3 数据计算

本书采集方案样本集共 200 组数据，见表 8－10。

表 8－10　装备保障方案训练样本集数据表

方案集	适应部队需求 U_{411}	匹配保障能力 U_{412}	任务持续度 U_{421}	使用可用度 U_{431}	战场装备抢修 U_4
No. 001	9	8	63%	0.64	5
No. 002	6	8	75%	0.53	4
…	…	…	…	…	…
No. 200	8	9	82%	0.69	7

其中，用于训练数据 160 组，确认试验数据 20 组，测试数据 20 组。通过训练得到方案评估组合神经网络，在第 93 次迭代时网络达到稳定状态。组合神经网络性能曲线如图 8－17 所示。

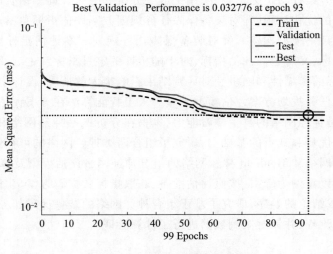

图 8－17　组合神经网络性能曲线图

现将待评估的三套战场装备抢修方案特征数据输入方案评估组合神经网络,即可得到方案评估结果,见表8-11。

表8-11 待评估方案的指标数据及评估结果表

待评估方案	适应部队需求 U_{411}	匹配保障能力 U_{412}	任务持续度 U_{421}	使用可用度 U_{431}	战场装备抢修 U_4
方案1	9	9	81%	0.72	8
方案2	7	7	41%	0.48	3
方案3	7	8	74%	0.62	6

8.6 本章小结

装备保障任务规划方案评估是监控装备保障行动、实施动态规划的关键环节,能够帮助指挥员及其后装备保障要素预测各项预案的保障效益和风险代价,准确掌握保障行动与预设效果之间的矛盾,及时发现态势发展与既定目标之间的偏差,进而实现保障预案的动态调整和保障行动的精准控制。围绕装备保障任务规划方案评估问题,本章主要完成了以下几项工作:

首先是指标体系构建。在明确指标体系构建原则和实施流程的基础上,按照目标分析、要素分析、框架构建、指标初选的步骤,从装备保障指挥指标、保障力量配置指标、装备供应保障指标、战场装备抢修指标四个方面,获得了装备保障任务规划方案评估指标草案;采用主成分分析和专家咨询相结合的方法,设计了指标体系的优化流程,并对装备保障任务规划方案评估指标草案进行了优化。

其次是评估模型构建。针对装备保障任务规划方案评估指标体系中,既有定量评估指标,又有定性评估指标,对于随机性的定量指标及主观评价的定性指标,各分指标的模糊性和随机性对评判结果影响很大的情况,设计了基于云理论的装备保障任务规划方案评估模型。鉴于人工智能算法在方案评估领域的众多优势,特别是神经网络的自主学习能力,本书在分析概率神经网络和Hopfield神经网络模型优势和缺点的基础上,研究了组合两类神经网络的可行性,设计了基于概率神经网络和Hopfield神经网络的组合神经网络评估模型及算法流程。

最后是以案例为牵引,按照评估准备、获取指标数据和方案集、样本训练、案例评估、形成结论的顺序,研究了基于组合神经网络的装备保障任务规划方案评估主要实施流程,并针对案例数据进行了计算验证。

第 9 章

研究进展与发展展望

本书紧跟领域发展前沿,着眼备战打仗的关注焦点,探索装备保障任务规划的基本理论,研究各类装备保障行动的规划方法技术,对于加快转变保障力生成模式,促进装备保障指挥决策的科学有效,引导装备保障任务规划的系统建设和长远发展具有重要的现实意义。

9.1 研究进展

面对信息化条件下体系作战装备保障能力生成模式转变的深入推进,本书以装备保障任务规划理论与方法研究为切入点,探索构建了装备保障任务规划基础理论框架,研究了由复杂任务向简单任务的分析方法,分别针对保障力量配置、装备库存控制、装备物资供应、战场装备抢修四项战时装备保障主用工作构建了规划模型、设计了解算方法,最后为装备保障任务规划方案建立了评估指标体系、设计了智能评估模型。具体来说完成了以下几方面主要工作:

(1) 初步构建了装备保障任务规划基础理论。运用归纳和演绎的方法界定了装备保障任务规划的基本概念;分析了装备保障任务规划"目标是遂行的保障任务,本质是保障效益最大化,目的是决策的科学有效,注重对行动的动态控制,成果是行动的计划指令"的科学内涵;阐述了装备保障任务规划"保障系统的核心枢纽,保障指挥的筹划决策和规划计划,保障资源的统筹优化,保障行动的评估与调控,助力保障信息化和精确化"的功能作用;归纳了装备保障任务规划"实战性、系统性、时效性、灵活性、精确性"的特点;总结了装备保障任务规划应遵循的四项原则,即目标原则、柔性原则、时间原则、整体原则;剖析了装备保障任务规划的六个组成要素,即规划主体、规划客体、规划任务、规划资源、规划工具、规划成果;从任务流程、信息流转、过程控制三个方面分析了装备保障任务规划的内部运行方式;梳理了装备保障任务规划的主要研究方法,如归纳与演绎、分解与综合、抽象与具象、定性与定量；最后指出了装备保障任务规划的主要规划流程，如任务分析、行动规划、方案评估、控制实施。

（2）研究了基于任务清单和综合微观分析的装备保障任务分析方法。装备保障任务分析是装备保障任务规划的基础环节，解决了将抽象的、不可执行的装备保障任务，分解细化为一系列具体的、有可操作性的装备保障简单任务，并对这些简单任务进行适用性量化描述的问题。分析了影响装备保障任务的三个要素以及与装备保障任务之间的相互关系，并阐述了实施装备保障任务分析应遵循的四项主要原则，为装备保障任务分析提供理论支持；借鉴成熟的任务清单方法，阐述了装备保障任务清单的基本描述，按照"任务＋条件＋指标"的模式设计了装备保障任务清单的组成结构。采用综合微观分析方法，通过目标、组织、规则三个要素建立复杂任务与简单任务之间的联系，借助装备保障任务清单的制定实现任务的分解；并从时间、空间、信息三项属性对装备保障任务进行量化描述。

（3）构建了装备保障力量配置规划模型并设计了解算方法。将网络化装备保障模式引入装备保障力量配置规划研究中，对装备保障网络节点、边、规则三个要素进行分析，总结了装备保障力量配置规划应遵循的原则；从规划任务描述、规划资源分析、规划目标确定、规划条件约束四个方面分析出装备保障力量配置规划问题的边界条件；在随机因素影响下，以装备保障网络整体费用最小和安全性最高为目标，分别建立了基于随机期望的多源目标连续选址模型和基于随机机会的多源目标离散选址模型；针对规划模型的解算复杂度，分析了随机模拟、神经网络、遗传算法相融合的可行性，设计了基于随机模拟和神经网络的混合遗传算法流程，并以实例验证了算法的可行性。

（4）构建了战场装备抢修规划模型并设计了解算方法。总结了战场装备抢修面临的故障杂、环境差、时间紧、任务重等现实困难，分析了战场装备抢修系统的组成要素和流程关系；分别从规划任务描述、规划资源分析、规划目标确定、规划条件约束四个方面对战场装备抢修规划问题进行了分析；建立了装备损伤程度和维修机构维修能力模型，在考虑待修装备优先度的基础上，依据维修保障机构的工作饱和度及维修负载水平，构建了战场装备抢修规划模型，设计了战场装备抢修规划流程，并以实例验证了该方法的可行性。

（5）构建了装备物资库存规划模型并设计了解算方法。为解决随机需求条件下的装备物资库存管理与控制优化决策问题，满足装备的战备完好性，本书对装备物资库存的订货过程和供应过程进行了分析和优化，建立了面向随机需求的多品种装备物资联合订购策略（T, s, S）模型，设计了一种改进 RAND 算法。对连续检查库存方式下的装备物资联合订购策略进行了建模分析，针对装备物资需求服从随机分布的情况，提出并建立了连续检查库存方式下的联合订购策略的模型。

(6) 构建了装备物资供应规划模型并设计了解算方法。将装备物资供应规划分解为物资分配规划和运输路径规划两个问题；从装备物资供应模式入手，分析了装备物资供应方式、供应时机、运输途径；对装备物资供应保障系统的要素组成、流程关系进行了研究；从规划任务、规划资源、规划目标、规划约束四个方面界定了物资分配规划问题的边界条件，建立了基于非合作博弈模型的装备物资分配规划模型，设计了基于改进鸽群算法的模型解算方法；从规划任务、规划资源、规划目标、规划约束四个方面界定了运输路径规划问题的边界条件，区分时效性、安全性、经济性目标需求，建立了基于时效性、安全性、经济性考虑的多目标运输路径规划模型，运用具有全局搜索且鲁棒性较强的蚁群算法进行模型解算，并以实例验证了该算法的可行性。

(7) 建立了装备保障任务规划方案评估指标体系和智能评估算法模型。在明确指标体系构建原则和实施流程的基础上，按照目标分析、要素分析、框架构建、指标初选的步骤，筛选了装备保障任务规划方案评估指标体系草案，采用主成分分析和专家咨询相结合的方法对草案进行了优化；在分析概率神经网络和Hopfield神经网络优缺点及组合可行性的基础上，设计了基于概率神经网络和Hopfield神经网络的组合神经网络评估模型及算法流程；按照评估准备、获取指标数据和方案集、样本训练、案例评估、形成结论的顺序，研究了方案评估实施流程，并针对案例数据进行了计算验证。

9.2 主要创新点

本书以信息化条件下体系作战装备保障能力生成模式转变为背景，以基础理论框架为起点，开展装备保障任务规划理论与方法研究工作，对于提升装备保障指挥筹划决策和规划计划的科学化水平，促进联合作战装备精确化保障实施，推进装备保障任务规划建设与发展，丰富军事装备保障理论成果具有重要意义。总体来说，本书的创新性工作主要有以下几点：

(1) 首次建立了装备保障任务规划基础理论框架。本书从装备保障任务规划概念与内涵的界定出发，阐述了装备保障任务规划具备的功能作用和特点规律，总结了装备保障任务规划应当遵循的规划原则，分析了装备保障任务规划的要素组成和内部运行方式，归纳了研究装备保障任务规划问题应采用的方法，设计了实施装备保障任务规划的典型流程。通过研究上述问题，首次建立了装备保障任务规划的基础理论框架。

(2) 提出了基于任务清单和综合微观分析的装备保障任务分析方法。将装备保障任务分析分为任务分解与任务建模两部分。对于任务分解,提出了基于任务清单和综合微观分析相结合的装备保障任务分析方法,通过目标、组织、规则三个要素建立复杂任务与简单任务之间的联系,实现了对装备保障任务的简化与分解;对于任务建模,提出了从时间、空间、信息三个维度对装备保障任务进行定量描述的观点,实现了对装备保障任务分解结果的定量化描述。

(3)设计了四项分支行动规划模型和解算方法。从保障力量配置、战场装备抢修、装备库存控制、装备物资供应四项战时装备保障主要工作入手,按照规划基础、问题分析、模型构建、算法设计、实例计算的逻辑程序,分别构建了相应分支行动的规划模型和解算方法。其中,保障力量配置规划是考虑随机因素影响,以装备保障网络整体费用最小和安全性最高为目标,建立了基于随机期望的多源目标连续选址模型和基于随机机会的多源目标离散选址模型;战场装备抢修规划是在考虑装备优先度的基础上,构建了基于负载的战场装备抢修规划模型;面向多品种装备物资订货问题,系统全面地总结了联合订购策略,并建立了相应模型,从定期和定量两个方面构建了装备物资库存规划模型;装备物资供应规划分别建立了基于非合作博弈的装备物资分配规划模型和基于时效性、安全性、经济性考虑的多目标运输路径规划模型。

(4)提出了装备保障任务规划方案评估指标体系。在明确指标体系构建原则和实施流程的基础上,按照目标分析、要素分析、框架构建、指标初选的步骤,明确了方案应具备的完整性、合理性、有效性三个目标,梳理了方案涵盖的保障指挥、力量配置、物资供应、装备抢修四个要素内容,采用关键绩效指标方法对影响方案评估的关键指标进行初选。运用主成分分析和专家咨询相结合的方法对初选指标进行优化,形成装备保障任务规划方案评估指标体系。

9.3 发展展望

本书涉及内容较多、研究难度较大,加之个人能力有限,有待进一步拓展和深入研究,具体归纳如下:

(1)装备保障任务规划基础理论有待丰富。本书对装备保障任务规划理论研究还不够全面,有待进一步丰富完善。如装备保障任务规划的作用机理,它是装备保障任务规划中各要素相互联系、发生作用的规则和原理,也是对装备保障任务规划的基本认识和客观遵循。本书虽然针对装备保障任务规划的内部运行规律进行了抽象分析,但是还没有上升到运行机理的理论高度,需要在后续研究中进一步深入。

(2)装备技术准备规划问题有待研究。装备技术准备是战时装备技术保障的主要内容之一，它是针对特殊作战需求及特殊装备特点进行的技术性工作，具体包括装备的测试、计量、充填、加挂等活动。随着部队高技术装备比重不断提高，装备技术准备工作的筹划决策和规划计划的重要性越发凸显。因此，需要在后续工作中针对装备技术准备的任务区分、力量编组、工序流程等问题进行研究，建立规划模型，设计解算方法。

（3）装备保障任务规划系统初样有待设计。本书研究是以指导装备保障任务规划的建设和发展为目标，以装备保障任务规划系统的设计与构建为落脚点。在相关理论、模型、算法的基础上，设计装备保障任务规划系统体系结构和技术体系结构，统筹系统建设的主要内容，规划系统建设的方法步骤，是后续研究工作的内容。

9.4 发展建议

指导装备保障任务规划的建设和发展是本书研究的目标方向和落脚点，必须坚决贯彻"能打仗、打胜仗"的总要求，以信息化条件下作战装备保障指挥筹划决策和规划计划需求为牵引，以提高基于信息系统体系作战装备保障能力为目标，以装备保障任务规划系统建设为抓手，引导装备保障任务规划的持续深入和长远发展。重点在以下几个方面聚力抓实：

（1）更新观念。转变始于理念，行动源于思想。坚持把装备保障任务规划的持续深入和长远发展作为贯彻落实"提高作战组织和管理标准化、流程化、精细化水平"的重要举措，瞄准未来信息化条件下作战装备保障的基本要求和可能遂行的装备保障任务，以宽广的视野、创新的思路开展研究工作，通过破除思维定式、借鉴有益经验，牢固树立信息主导、体系对抗、精确保障的理念，打牢装备保障任务规划长远发展的思想基础。

（2）夯实基础。突出基础性建设工作的重要地位。适应复杂系统特点、遵循军事规律，从顶层上描绘清楚军事需求与基础数据、算法模型、条令法规之间的关系，协同建设、扎实推进，统筹装备保障任务规划与基础性工作协调发展。从军事需求入手，全面梳理涉及的装备保障基础数据，引导数据采集和积累，做好数据支撑工作；从基础研究入手，学习和消化装备保障行动的相关规划模型和技术方法，提高算法模型在装备保障任务规划中的适用性和精确性；从遵循依据入手，整理分析装备保障相关思想方法、条令条例、法规制度，结合任务执行、训练演练的经验积累，归纳总结装备保障任务规划的依据条件。

（3）集成创新。针对装备保障任务规划面向对象广、涉及内容多、规划难度大的特点，瞄准信息化条件下作战装备保障能力提升，坚持集成创新的发展思路。一方面，充分借鉴一体化指挥平台、联合作战任务规划系统的成功经验，在相关数据库、模型库建设的基础上，综合集成多方建设成果；另一方面，创新建设团队组成，联合机关、院校、部队、科研院所多方力量，合理分工、优势互补，突出机关的集中统管优势、院校的理论先导优势、科研单位的技术密集优势以及部队的实践支持优势，密切衔接、形成合力，营造利于装备保障任务规划建设发展的良好条件。

（4）先行先试。以典型系统为突破口，坚持建用并举、以用促建，以军事需求牵引系统研发，以技术创新驱动功能实现，发挥典型系统的示范作用，以点带面，引领系统全面建设。组织指挥员、保障人员与研发人员的对接，深度介入系统研发全过程，注重发挥军事需求的主导作用，切实将装备保障相关理论、思想、方法融入装备保障任务规划系统。坚持边研发、边试用、边完善，及时发现试用问题并改进系统建设，逐步提升、滚动前进，实现建设中发展、发展中完善，确保系统实用、适用、好用。

参考文献

[1] 贺仁杰,李菊芳,姚峰. 成像卫星任务规划技术[M]. 北京:科学出版社,2011.

[2] 胡中华,赵敏. 无人机任务规划系统研究及发展[J]. 航天电子对抗,2009,25(4):49-51.

[3] 王玥,张克,孙鑫. 无人飞行器任务规划技术[M]. 北京:国防工业出版社,2015.

[4] 缪旭东,王永春. 舰艇编队协同防空任务规划理论及应用[M]. 北京:国防工业出版社,2013.

[5] 刘忠,张维明,阳东升,等. 作战计划系统技术[M]. 北京:国防工业出版社,2007.

[6] 王正元,朱昱,曹继平,等. 装备维修保障辅助决策方法[M]. 北京:国防工业出版社,2014.

[7] 谭跃进,陈英武. 军事系统工程[M]. 北京:中国大百科全书出版社,2008.

[8] 柳少军. 军事决策支持系统理论与实践[M]. 北京:国防大学出版社,2005.

[9] 高洪深. 决策支持系统(DSS)理论·方法·案例[M]. 北京:清华大学出版社,2005.

[10] 袁方,王汉生. 社会研究方法教程[M]. 北京:北京大学出版社,2014.

[11] 路建伟,李磊,王慧泳. 军事系统科学导论[M]. 北京:军事科学出版社,2007.

[12] 贺毅辉,胡斌,彭伟,等. 作战模拟基础[M]. 北京:国防工业出版社,2012.

[13] 胡欣. 基于本体的联合作战计划表示与校验研究[D]. 长沙:国防科学技术大学,2011.

[14] 余加振. 基于OOR框架的作战任务分析方法研究[D]. 长沙:国防科学技术大学,2010.

[15] 杨世幸,等. 作战使命分解与任务建模方法[J]. 火力与指挥控制,2009,34(8):24-29.

[16] 曹裕华,冯书兴,徐雪峰. 作战任务分解的概念表示方法研究[J]. 计算机仿真,2007,24(8):1-4.

[17] 刘剑锋,沙基昌,陈俊良,等. 面向战争设计工程的作战任务设计建模方法[J]. 火力与指挥控制,2008,23(10):41-44.

[18] 刘志忠,姚莉. 基于本体的计划表示[J]. 广西师范大学学报:自然科学版,2003(1):164-168.

[19] 雷霖. 基于AWSTL的战时空军装备保障任务规划研究[D]. 长沙:国防科学技术大学,2007.

[20] 欧阳莹之. 复杂系统理论基础[M]. 上海:上海科技教育出版社,2002.

[21] 孙宝龙. 通用装备保障概论[M]. 北京:国防大学出版社,2011.

[22] 曹迎槐,尹健,梁春美. 军事运筹学[M]. 北京:国防工业出版社,2013.

[23] 李勇奎. 计算机图形学[M]. 北京:清华大学出版社,2004.

[24] 吴祈宗,侯福均. 模糊偏好关系与决策[M]. 北京:北京理工大学出版社,2009.

[25] 鲁晓春,詹荷生. 关于配送中心重心法选址的研究[J]. 北京交通大学学报,2000,24(6):108-110.

[26] 王东胜. 地域评估选优模型[C]//军事运筹学研究与创新. 北京:军事科学出版社,2000:339-402.

[27] 翁东风,费奇,刘晓静,等. 高技术条件下军事设施选址多目标决策[J]. 军事运筹与系统工程,2004,18(2):53-58.

[28] Miravite A, Charles F S. Global enroute basing infrastructure location model[R]. Air Force Inst of Tech Wright-Patterson AFB OH School of Engineering and Management,2006.

[29] 方磊,何建敏. 综合AHP和目标规划方法的应急系统选址规划模型[J]. 系统工程理论与实践,2003,12(12):116-120.

[30] Weber A. On the location of industries[M]. Chicago:University of Chicago Press,1929.

[31] Hakimi S L. Optimum locations of switching centers and the absolute centers and medians of a graph[J]. Operations Research,1964,12(3):450-459.

[32] Brandeau M L, Chui S S. An overview of representative problems in location research[J]. Management Science,1989,35(6):645-674.

[33] Hamacher H W, Nickel S. Classification of location models[J]. Location Science,1998,6(1):229-242.

[34] Klose A, Drexl A. Facility location models for distribution system design[J]. European Journal of Operational Research,2004,162(1):4-29.

[35] Jia H, Ordóñez F, Dessouky M. A modeling framework for facility location of medical services for large-scale emergencies[J]. IIE Transactions,2007,39

(1):41-55.

[36] Toregas C, Swain R, ReVelle C, et al. The location of emergency service facilities[J]. Operations Research,1971,19(6):1363-1373.

[37] Plane D R, Hendrick T E. Mathematical programming and the location of fire companies for the Denver fire department [J]. Operations Research,1977,25(4):563-578.

[38] Church R L, Revelle C. The maximal covering location problem [J]. Papers of the Regional Science Association,1974,32(1):101-118.

[39] Owen S H, Daskin M S. Strategic facility location: A review [J]. European Journal of Operational Research,1998,111(3):423-447.

[40] Church R L, Meadows B. Location modeling using maximum service distance criteria [J]. Geographical Analysis,1979,11(6):358-373.

[41] Minieka E. The centers and medians of a graph [J]. Operations Research,1977,25(4):641-650.

[42] Kariv O, Hakimi S L. An algorithmic approach to network location problems: Part Ⅱ: The p-medians [J]. SIAM Journal of Applied Mathematics,1979,37(3):539-560.

[43] Daskin M S. Network and discrete location: models, algorithms and applications [M]. New York: Wiley Interscience,1995.

[44] Alba E, Dominguez E. Comparative analysis of modern optimization tools for the p-median problem [J]. Statistics and Computing,2006,16(3):251-260.

[45] 秦固. 基于蚁群优化的多物流配送中心选址算法[J]. 系统工程理论与实践,2006,26(4):120-124.

[46] Caruso C, Colorni A, Aloi L. Dominant, an algorithm for the p-center problem [J]. European Journal of Operational Research,2003,149(1):53-64.

[47] Galvao R D, Espejo L G A, Boffey B. A comparison of Lagrangean and surrogate relaxations for the maximal covering location problem [J]. European Journal of Operational Research,2000,124(2):377-389.

[48] Arostegui M, Kadipasaoglu S, Khumawala B. An empirical comparison of Tabu Search, Simulated Annealing, and Genetic Algorithms for facilities location problems [J]. International Journal of Production Economics,2006,103(2):742-754.

[49] 黎青松,杨伟,曾传华. 中心问题与中位问题的研究现状[J]. 系统工程,2005,23(5):11-16.

[50] 杨丰梅,华国伟,邓猛,等. 选址问题研究的若干进展[J]. 运筹与管理,

2005,14(6):1-7.

[51] Berman O,Krass D,Drezner Z. The gradual covering decay location problem on a network[J]. European Journal of Operational Reseach,2003,151(3):474-480.

[52] Karasakal O,Karasakal E K. A maximal covering location model in the presence of partial coverage[J]. Computers and Operations Research,2004,31(9):1515-1521.

[53] Othman I A,Graham K R. Extensions to emergency vehicle location models[J]. Computers and Operations Research,2006,33(9):2725-2743.

[54] 马石峰,杨超,张敏,等. 基于时间满意度的最大覆盖选址问题[J]. 中国管理利学,2006,14(2):45-51.

[55] Dawson M C. Minimizing security forces response times through the use of facility location methodologies[D]. Wright-Patterson Air Force Base,Ohio:Air Force Institute of Technology,2005.

[56] Şahin G,Sürall H. A review of hierarchical facility location models[J]. Computers & Operational Research,2007,34(8):2310-2331.

[57] Syarif A,Yun Y,Gen M. Study on multi-stage logistic chain network:a spanning tree-based genetic algorithm approach[J]. Computers and Industrial Engineering,2002,43(1):299-314.

[58] Lee C Y. The multi-product warehouse location problem:applying a decomposition algorithm[J]. International Journal of Physical Distribution and Logistics Management,1993,23(6):3-13.

[59] Hindi K S,Basta T. Computationally efficient solution of a multi-product,two-stage distribution-location problem[J]. The Journal of the Operations Research Society,1994,45(13):1316-1323.

[60] Ozdemir D,Yucesan E,Herer Y T. Mufti-location transshipment problem with capacitated transportation[J]. European Journal of Operational Research,2006,175(1):602-621.

[61] 孙宏,舒正平. 装备保障学[M]. 北京:国防工业出版社,2007.

[62] 舒正平,等. 军事装备维修保障学[M]. 北京:国防工业出版社,2013.

[63] 李智舜,吴明曦. 军事装备保障学[M]. 北京:军事科学出版社,2009.

[64] 吴越忠. 装备保障指挥[M]. 北京:解放军出版社,2009.

[65] 刘保碇. 不确定多属性决策方法与应用[M]. 北京:科学出版社,2001.

[66] 邢文训. 现代优化计算方法[M]. 北京:清华大学出版社,1999.

[67] 李建平,石全,甘茂治. 装备战场抢修理论与应用[M]. 北京:兵器工业出

版社,2000.
- [68] 牛天林.战时装备维修保障资源调度决策问题研究[D].西安:空军工程大学,2011.
- [69] 朱雪平.陆军战役军团防空兵作战资源需求理论研究[M].北京:军事科学出版社,2006.
- [70] 张文修,吴伟业.粗糙集理论与方法[M].北京:科学出版社,2001.
- [71] 何亚群,胡寿松.不完全信息的多属性粗糙决策分析方法[J].系统工程学报,2004,19(2):117-120.
- [72] 张建荣.多品种维修器材库存决策优化模型研究[D].石家庄:军械工程学院,2012.
- [73] Shu F. Economic ordering frequency for two items jointly replenished[J]. International Journal of Production Economics,2001,17(6):406-410.
- [74] 庞海云.突发性灾害事件下应急物资分配决策优化过程研究[D].杭州:浙江大学,2012.
- [75] 王煜.战时陆军军事运输路径优化研究[D].哈尔滨:哈尔滨工业大学,2011.
- [76] 汪娟.综合路阻建模与应用研究[D].成都:西南交通大学,2006.
- [77] 海军.战区联勤配送运输路径优化问题研究[D].北京:清华大学,2008.
- [78] 龚延成.战时军事物流系统决策理论与方法研究[D].西安:长安大学,2004.
- [79] 张杰,唐宏,苏凯,等.效能评估方法研究[M].北京:国防工业出版社,2009.
- [80] 佟春生.系统工程的理论与方法概论[M].北京:国防工业出版社,2005.
- [81] 俞康伦.部队装备保障运行评估研究[J].河北科技大学学报,2002(4):97-100.
- [82] 张涛,等.基于增强型扩展的面向对象Petri网模型的装备保障能力评估建模[J].兵工学报,2006,3:273-277.
- [83] 彭善国,等.基于贝叶斯网络的装备保障能力评估建模研究[J].计算机与数字工程,2011,6:61-64.
- [84] 赵时,等.支持向量机在航空装备维修保障能力评估的应用[J].科技信息,2009,15:436-437.
- [85] 王海涛,阳平华.基于主成分分析法的装备维修资源保障能力评估[J].四川兵工学报,2008(2):30-32.
- [86] 魏先军,等.基于ANP的联合作战中数字化装甲团装备保障能力评估[J].指挥控制与仿真,2000,12:63-66.
- [87] 汪正西,等.基于Rough集理论的装备保障资源能力评估研究[J].中国市场,2010,4:18-20.
- [88] 陈跃跃,等.基于综合赋权法的装备保障能力模糊综合评价[J].舰船电子工程,2010,11:140-143.
- [89] 郭建胜,黄莺,惠晓滨,等. 修正 FAHP 方法的装备保障指挥效能评估[J]. 火力与指挥控制,2007,32(7):91-94.
- [90] 时和平,韩桃,许颜晖. 基于模糊综合评判方法的装备维修人员保障能力评估[J]. 现代电子技术,2008(1):96-98.
- [91] 程力,韩国柱. 基于云理论的陆军炮兵装备保障体系效能评估[C]//战争复杂性与军事系统工程论文集. 北京:军事科学出版社,2006:338-341.
- [92] 马亚龙,邵秋峰,孙明,等. 评估理论和方法及其军事应用[M]. 北京:国防工业出版社,2013.
- [93] 李军峰,彭冲. 基于 KPI 的高校院系整体绩效考核应用研究[J]. 北京航空航天大学学报(社会科学版),2011,24(4):111-114.
- [94] 徐玖平,胡知能. 运筹学[M]. 2版. 北京:科学出版社,2004.
- [95] 叶义成,柯丽华,黄德育. 系统综合评价技术及其应用[M]. 北京:冶金工业出版社,2006.
- [96] 王媛. 基于云模型的网络信息系统可生存性评估方法[D]. 南京:南京理工大学,2008.
- [97] 李德毅,杜鹢. 不确定性人工智能[M]. 北京:国防工业出版社,2005.
- [98] 宋晶. 基于云模型和粗糙集的分类挖掘方法研究[D]. 成都:西南交通大学,2007.
- [99] 郭强,毕义明. 基于云模型的导弹信息作战指挥效能评估[J]. 指挥控制与仿真,2008(4):63.
- [100] 王茂才,戴光明,宋志明,等. 成像卫星任务规划与调度算法研究[M]. 北京:科学出版社,2019.
- [101] 程恺,张宏军,邵天浩. 智能任务规划——基于层次任务网的作战任务规划方法研究[M]. 北京:兵器工业出版社,2021.
- [102] 吕跃,李战武,徐安,等. 作战飞机突击任务筹划与规划管理[M]. 西安:西北工业大学出版社,2022.
- [103] 雅斯米娜·贝索伊·塞班. 多无人机规划与任务分配[M]. 北京:国防工业出版社,2023.
- [104] 张永亮,刘勇,董浩洋,等. 基于深度强化学习的作战任务规划技术研究[M]. 北京:中国原子能出版社,2022.
- [105] 袁博. 争夺作战筹划优势——联合作战任务规划研究[M]. 北京:兵器工业出版社,2022.
- [106] 王原,邢立宁,李豪,等. 空天资源智能任务规划方法[M]. 北京:清华大学出版社,2022.